学前教育专业教育教研成果系列教材

幼儿教师礼仪

主　编　赵惠岩　李宏娟
副主编　金晓峰　盛　丽

北京理工大学出版社
BEIJING INSTITUTE OF TECHNOLOGY PRESS

图书在版编目（CIP）数据

幼儿教师礼仪 / 赵惠岩，李宏娟主编. --北京：北京理工大学出版社，2022.7（2022.8 重印）

ISBN 978-7-5763-1506-6

Ⅰ.①幼…　Ⅱ.①赵…②李…　Ⅲ.①幼教人员-礼仪　Ⅳ.①G615

中国版本图书馆 CIP 数据核字（2022）第 123978 号

出版发行 / 北京理工大学出版社有限责任公司
社　　址 / 北京市海淀区中关村南大街 5 号
邮　　编 / 100081
电　　话 /（010）68914775（总编室）
（010）82562903（教材售后服务热线）
（010）68944723（其他图书服务热线）
网　　址 / http://www.bitpress.com.cn
经　　销 / 全国各地新华书店
印　　刷 / 涿州市新华印刷有限公司
开　　本 / 787 毫米×1092 毫米　1/16
印　　张 / 14.75
字　　数 / 347 千字
版　　次 / 2022 年 7 月第 1 版　2022 年 8 月第 2 次印刷
定　　价 / 45.00 元

责任编辑 / 李慧智
文案编辑 / 李慧智
责任校对 / 周瑞红
责任印制 / 施胜娟

前言

荀子曾说："礼者，所以正身也；师者，所以正礼也。无礼，何以正身？无师，吾安知礼之为是也？"礼仪是人与人交往中的过程、方式及实施交往行为时表象方面的规范，是社会确定的人们应当共同遵守的思想道德规范和行为规范，是道德的外在表现形式。礼仪的形成与发展一直同整个人类社会的发展紧密相连，人们把讲究礼仪、讲究礼节礼貌作为一个国家和民族文明程度的重要标志。

《幼儿园工作规程》中明确指出："幼儿园实行保育与教育相结合的原则，对幼儿实施体、智、德、美诸方面全面发展的教育，促进其身心和谐发展。"幼儿教育是人类教育活动的最初阶段，是幼儿人生第一个重要的学习阶段。在幼儿教育过程中，"显性"的"礼仪教育"，是常规课堂中学习的基础礼仪内容，而更重要的部分是"隐性"的"礼仪教育"，是幼儿教师在与幼儿的交往和互动中，所自然显示出来的教师自身的礼仪素养与能力。

作为幼儿教师，作为传道授业解惑者，要知礼、学礼、传礼，将华夏文明的璀璨精华传承下去。礼仪是教师必备的基本素质之一，幼儿教师对幼儿的影响不仅贯穿于幼儿受教育过程的始终，而且会影响幼儿的一生。幼儿教师的言谈举止、仪容仪表、举手投足，乃至一颦一笑，都蕴含着教育的力量，是幼儿最直观、最容易接受的信息。幼儿都具有向师性，在他们的心目中、视野里，教师就是榜样。通过耳濡目染、潜移默化，孩子们会自觉或不自觉地产生一种学习和模仿老师的意向。因此，加强幼儿教师的礼仪修养，不仅是完善幼儿教师职业形象的需要，完成幼儿教育工作的需要，更是正确引领下一代、提高民族素质的需要。

有"礼"走遍天下，无"礼"寸步难行。学礼、知礼、守礼、讲礼、行礼，早已成为现代职场人士的必修课程。幼儿教师只有具备良好的礼仪修养，才能在幼儿教育工作中举止大方、谈吐得体、彬彬有礼、处事有度，才能真正为人师表，展现良好的自我形象和幼教水平，给孩子们树立学习的榜样。

《幼儿教师礼仪》教材编写的目的就是立足幼儿教师岗位需求，结合职业教育特点，通过介绍幼儿教师日常生活中的交际礼仪和工作中的职业礼仪，使学生内在素质和外在形象兼修，力求把学生培养成为气质高雅、知书识礼的高素质应用型人才。本书包括礼仪之理、形象之礼、社交之礼、职场之礼和幼儿之礼五个模块，内容全面。其中幼儿之礼模块更是创新性地从教育者的视角，归纳讲解幼儿在幼儿园、家庭、社会活动中所必须遵守的行为规范，有利于幼儿教师在教育教学工作中有的放矢地教导幼儿了解礼仪知识、学习礼仪言行、增长礼仪经验，通过多种形式让幼儿与礼仪亲密接触，建立礼仪习惯，传承中华民族礼仪传统。

本教材以习近平新时代中国特色社会主义思想作为指导，在教材五大模块中均融入了“课程思政”元素，从教学内容到教材体例均体现了课程的“思政内涵”。教材每个模块都设定了素质目标，对幼儿教师的育人观念、职业道德、教师师德、隐性职业素养等进行了明确要求。从教材体例上看，情境案例导入、知识学习、思政小窗口、素养提升、拓展延伸、学练结合、实践训练项目的设置，凸显思政教育的目标指向，创新礼仪文化的传承方式，在提升学生职业能力的同时，指导学生如何做人，如何从教。

本教材由赵惠岩教授担任主编，具体分工如下：模块一、模块二学习单元四、模块五由赵惠岩编写，模块二学习单元一、二、三由金晓峰编写，模块三由李宏娟编写，模块四由盛丽编写。

教材在编写过程中，参考和借鉴了国内有关专家、学者及互联网上的最新礼仪研究成果，限于篇幅，未能一一注明，在此向各位专家、学者表示诚挚的谢意，同时也要感谢北京理工大学出版社的领导和编辑，在他们的精心安排、组织和督促下，本教材才能得以顺利出版。

由于编者水平有限，加上时间仓促，教材中难免存在疏漏之处，恳请各位专家、同行及读者不吝指正，以便今后修订，使本教材日臻完善。

编　者

目录

模块一

礼仪之理

【目标导航】

［**素质目标**］树立知礼明德理念，形成高标准审美品位，成为德育有效载体，促进学生形成正确的世界观、人生观和价值观。

［**知识目标**］了解礼仪的起源，认识礼仪的本质，理解礼仪的特点和原则。

［**能力目标**］掌握学习幼儿教师礼仪的途径和方法。

【情境案例导入】

一位先生要雇用一个没带任何介绍信的小伙子到他的办公室做事，先生的朋友挺奇怪。先生说："其实，他带来了不止一封介绍信。你看，他在进门前先蹭掉脚上的泥土，进门后又先脱帽，随手关上了门，这说明他很懂礼貌，做事很仔细；当看到那位残疾老人时，他立即起身让座，这表明他心地善良，知道体贴别人；那本书是我故意放在地上的，所有的应试者都不屑一顾，只有他俯身捡起，放在桌上；当我和他交谈时，我发现他衣着整洁，头发梳得整整齐齐，指甲修得干干净净，谈吐温文尔雅，思维十分敏捷。怎么难道你不认为这些小节是极好的介绍信吗?"

"行为心表，言为心声"，从表面看，礼仪仅仅涉及个人穿着打扮、举手投足之类无关痛痒的小节小事，但小节之处显精华，举止言谈见文化。

学习单元一　礼仪起源

【知识学习】

中国素有"礼仪之邦"的美誉，在五千年的历史长河中，形成了独特的礼仪文化传统。春秋末期孔子就曾说过："不学礼，无以立。"著名历史学家钱穆先生也曾这样评述："中国文化的特质是'礼'，它是整个华夏民族一切习俗行为的准则。"礼仪是一个人道德水准、整体素质的外在表现，更是一个民族精神风貌、文明程度的标志。其中“礼”更强调尊重，它是指在人际交往中要尊重自己，尊重别人。“仪”是“礼”的表现形式。简而言之，礼仪是尊重自己、尊重别人的一种规范的行为表现形式。

一、礼仪起源

礼仪作为人际交往的重要的行为规范，它不是随意臆造的，也不是可有可无的。了解礼仪的起源，有利于认识礼仪的本质，自觉地按照礼仪规范的要求进行社交活动。

（一）从仪式上看，礼仪起源于祭祀

礼仪的起源，可以追溯到久远的过去。那时的人们认为一切事物都由看不见的鬼神在操纵，履行礼仪即是向鬼神表达敬意、祈求福佑。东汉许慎的《说文解字》对“礼”字的解释是这样的：“履也，所以事神致福也，从示从豊，豊亦声”（见图 1-1-1）。“礼”的意思是实践约定的事情，用来给神灵看，以求得赐福。因此，礼仪起源于鬼神信仰，也是鬼神信仰的一种特殊体现形式。

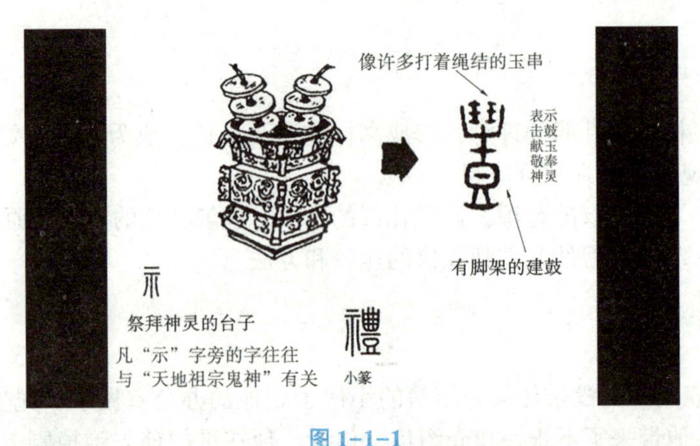

图 1-1-1

原始宗教的祭祀活动在历史发展中逐步完善了相应的规范和制度，形成了最早也是最简单的以祭天、敬神为主要内容的“礼”。郭沫若在《十批判书》中指出：“礼之起，起于祀神，其后扩展而为人，更其后而为吉、凶、军、宾、嘉等多种仪制。”这里讲到了礼仪的起源，以及礼仪的发展过程。随着人类对自然与社会各种关系认识的逐步深入，人们将事神致福活动中的一系列行为，从内容和形式扩展到了各种人际交往活动，从最初的祭祀之礼扩展到社会各个领域的各种各样的礼仪。

【思政小窗口】

中国古代的五礼

一、吉礼：吉礼是五礼之冠，主要是对天神、地祇、人鬼的祭祀典礼。

（1）祀天神：祀昊天上帝；祀日月星辰；祀司中、司命、雨师。

（2）祭地祇：祭社稷、五帝、五岳；祭山林川泽；祭四方百物，即诸小神。

（3）祭人鬼：祭先王、先祖；禘祭先王、先祖；春祠、秋尝，享祭先王、先祖。

二、嘉礼：嘉礼是和合人际关系，沟通、联络感情的礼仪。

主要内容：饮食之礼，婚、冠之礼，宾射之礼，飨燕之礼，脤膰之礼，贺庆之礼。

三、宾礼：宾礼是接待宾客之礼。

四、军礼：军礼是师旅操演、征伐之礼。

五、凶礼：凶礼是哀悯吊唁忧患之礼。

主要内容：以丧礼哀死亡；以荒礼哀凶札；以吊礼哀祸灾；以禬礼哀围败；以恤礼哀寇乱。

（二）从本质上看，礼仪是人类维护秩序、协调矛盾的需要

人类以群居的形式相互依存，与自然抗争。人与人在长期的交往活动中，渐渐地产生了一些约定俗成的习惯，久而久之这些习惯成为人与人交际的规范，当这些交往习惯以文字的形式被记录并同时被人们自觉地遵守后，就逐渐成为人们交际交往固定的礼仪。遵守礼仪，不仅使人们的社会交往活动变得有序，有章可循，同时也能使人与人在交往中减少矛盾，更具有亲和力。1922 年《西方礼仪集萃》一书问世，开篇中这样写道："表面上礼仪有无数的清规戒律，但其根本目的在于使世界成为一个充满生活乐趣的地方，使人变得和易近人。"

二、中国礼仪的发展

礼仪是人类社会发展到一定阶段才产生的，并且随着社会的发展而发展的道德准则和行为规范。礼仪是个发展中的概念，是一个与时俱进的不断完善的体系，同时具有民族性、时代性和地方性。其演变过程可以分为起源、形成、变革、强化、现代礼仪五个阶段。

（一）礼仪的起源时期：夏朝以前（公元前 21 世纪前）

礼仪起源于原始社会，在原始社会中、晚期（约旧石器时代）出现了早期礼仪的萌芽。整个原始社会是礼仪的萌芽时期，礼仪较为简单和虔诚，还不具有阶级性。内容包括：制定了明确血缘关系的婚嫁礼仪；区别部族内部尊卑等级的礼制；为祭天敬神而确定的一些祭典仪式；制定一些在人们的相互交往中表示礼节和表示恭敬的动作。

（二）礼仪的形成时期：夏、商、西周三代（公元前 21 世纪—前 771 年）

人类进入奴隶社会，统治阶级为了巩固自己的统治地位，把原始的宗教礼仪发展成符合奴隶社会政治需要的礼制，礼被打上了阶级的烙印。在这个阶段，中国第一次形成了比较完整的国家礼仪与制度。如"五礼"就是一整套涉及社会生活各方面的礼仪规范和行为标准。古代的礼制典籍亦多撰修于这一时期，如周代的《周礼》《仪礼》《礼记》就是我国最早的礼仪学专著。

（三）礼仪的变革时期：春秋战国时期（公元前 771—前 221 年）

这一时期，学术界形成了百家争鸣的局面，以孔子、孟子、荀子为代表的诸子百家对礼教给予了研究和发展，对礼仪的起源、本质和功能进行了系统阐述，第一次在理论上全面而深刻地论述了社会等级秩序划分及其意义。

孔子对礼仪非常重视，把"礼"看成是治国、安邦、平定天下的基础。他认为"不学

礼，无以立”“质胜文则野，文胜质则史。文质彬彬，然后君子”。他要求人们用礼的规范来约束自己的行为，要做到“非礼勿视，非礼勿听，非礼勿言，非礼勿动”；倡导“仁者爱人”，强调人与人之间要有同情心，要相互关心，彼此尊重。

孟子把礼解释为对尊长和宾客严肃而有礼貌，即“恭敬之心，礼也”，并把“礼”看作是人的善性的发端之一。

荀子把“礼”作为人生哲学思想的核心，把“礼”看作是做人的根本目的和最高理想，“礼者，人道之极也”。他认为“礼”既是目标、理想，又是行为过程，“人无礼则不生，事无礼则不成，国无礼则不宁”。

管仲把“礼”看作是人生的指导思想和维持国家的第一支柱，认为礼关系到国家的生死存亡。

（四）强化时期：秦汉到清末（公元前221—公元1911年）

在我国长达2 000多年的封建社会里，尽管在不同的朝代礼仪文化具有不同的社会政治、经济、文化特征，但却有一个共同点，就是一直为统治阶级所利用，礼仪是维护封建社会的等级秩序的工具。这一时期的礼仪的重要特点是尊君抑臣、尊夫抑妇、尊父抑子、尊神抑人。在漫长的历史演变过程中，它逐渐变成为妨碍人类个性自由发展、阻挠人类平等交往，窒息思想自由的精神枷锁。

纵观封建社会的礼仪，内容大致涉及国家政治的礼制和家庭伦理两类。这一时期的礼仪构成中华传统礼仪的主体。

（五）现代礼仪的发展

辛亥革命以后，受西方资产阶级“自由、平等、民主、博爱”等思想的影响，中国的传统礼仪规范、制度，受到强烈冲击。“五四”新文化运动对腐朽、落后的礼教进行了清算，符合时代要求的礼仪被继承、完善、流传，那些繁文缛节逐渐被抛弃，同时接受了一些国际上通用的礼仪形式。新的礼仪标准、价值观念得到推广和传播。中华人民共和国成立后，逐渐确立以平等相处、友好往来、相互帮助、团结友爱为主要原则的具有中国特色的新型社会关系和人际关系。改革开放以来，随着中国与世界的交往日趋频繁，西方一些礼仪、礼节陆续传入我国，同我国的传统礼仪一道融入社会生活的各个方面，构成了社会主义礼仪的基本框架。许多礼仪从内容到形式都在不断变革，现代礼仪的发展进入了全新的发展时期。大量的礼仪书籍相继出版，各行各业的礼仪规范纷纷出台，礼仪讲座、礼仪培训日趋火红。人们学习礼仪知识的热情空前高涨。讲文明、讲礼貌蔚然成风。今后，随着社会的进步、科技的发展和国际交往的增多，礼仪必将得到新的完善和发展。

拓展延伸

东、西方礼仪的差异

学练结合

1. 结合本节可内容，谈谈礼仪的起源和发展。

2. 为大家分享你所知道的古今中外的礼仪小故事。

3. 小讨论：在日常生活中，你遇到过因为失礼引起的尴尬吗？你认为应该怎样做才是合乎礼仪的？

学习单元二　何谓礼仪

一、礼仪与幼儿教师礼仪

礼仪是人们在社会交往活动中，为了相互尊重，在仪容、仪表、仪态、仪式、言谈举止等方面约定俗成的，共同认可的行为规范。礼仪是对礼节、礼貌、仪态和仪式的统称。

幼儿教师礼仪就是研究幼儿教师在教育教学以及社会交往中所应遵循的礼仪规范。具体包括幼儿教师在教育教学过程中表现出来的仪容仪表、言谈举止、待人接物、为人处世等一系列的行为表现。它是幼儿教师的师德修养、文化素质、风度气质、行为操守的外在呈现。

素养提升

礼、礼貌、礼节与礼仪

1. 礼

礼的本义为敬神，后引申为表示敬意的通称。礼的含义比较丰富，它既可以指表示敬意和隆重而举行的仪式，也可泛指社会交往中的礼貌礼节，是人们在长期的生活实践中约定俗成、共同认可的行为规范。还特指奴隶社会、封建社会等级森严的社会规范和道德规范。

2. 礼貌

礼貌是人们在交往过程中相互表示敬意和友好的行为准则和精神风貌，是一个人在待人接物时的外在表现。它通过仪表及言谈举止来表示对交往对象的尊重，反映了时代的风尚与道德水准，体现了人们的文化层次和文明程度。

3. 礼节

礼节是指人们在日常生活中，特别是在交际场合中，相互表示问候、致意、祝愿、慰问以及给予必要的协助与照料的惯用形式。礼节是礼貌的具体表现，具有形式化的特点，主要指日常生活中的个体礼貌行为。

4. 礼仪

礼仪包括“礼”和“仪”两部分。“礼”，即礼貌、礼节；“仪”即“仪表”“仪态”“仪式”“仪容”，是对礼节、仪式的统称。礼仪是人们在各种社会的具体交往中，为了相互尊重，在仪表、仪态、仪式、仪容、言谈举止等方面约定俗成的、共同认可的规范和程序。从广义的角度看，它泛指人们在社会交往中的行为规范和交际艺术。狭义，通常是指在较大或隆重的正式场合，为表示敬意、尊重、重视等所举行的合乎社交规范和道德规范的仪式。

幼儿教师礼仪具体体现在幼儿教师的师德、师表、师言、师行四个方面。

幼儿教师师德，是要求幼儿教师首先应要遵守社会公德、有良好的职业道德，要懂得理解、尊重别人，要待人友善、真诚、宽容。

幼儿教师师表，是要求幼儿教师在理解塑造良好个人形象的重要性的基础上，掌握幼儿教师仪态礼仪（包括表情礼仪）、幼儿教师仪容礼仪、幼儿教师服饰礼仪等的内涵，并具备这些方面的礼仪行为能力。

幼儿教师师言，是要求幼儿教师通过学习，掌握幼儿教师在各种场景下用语的基本要求、特点和应注意的言语禁忌。

幼儿教师师行，是要求幼儿教师了解交往中应注意的礼仪行为规范，比如在组织幼儿的一日活动中应注意的礼仪规范、与幼儿家长交往时的礼仪规范、与同事交往时的礼仪规范、见习实习时的礼仪规范。

二、幼儿教师礼仪的特点

幼儿教师礼仪作为幼儿教师在幼儿园中必须遵守的行为规范，具有鲜明的职业特征。这些特征主要表现为规范约束性、教育示范性、尊重平等性、时代传承性。学习和掌握这些特点，对于加深对幼儿教师礼仪的理解，更好地应用礼仪规范有着重要意义。

（一）规范约束性

所谓规范约束性，主要是指幼儿教师礼仪对具体的教育教学行为具有规范性和制约性。这是幼儿教师必须遵守的行为规范，只要从事教师这种职业，就必须遵守教师礼仪，不能随心所欲。良好的礼仪素质是需要许多小的牺牲的，“成人不自在，自在不成人”。幼儿教师礼仪更是如此，需要幼儿教师有更多的自我克制、自我牺牲。当然，教师的礼仪素养也将使教师更有魅力、更有感召力。

（二）教育示范性

幼儿教师面对的是模仿能力很强的学生，是幼儿的“第二权威”，当幼儿离开家庭来到幼儿园的集体中，他们心中就逐渐牢牢地树立起了“教师权威”。教师的一言一行，一举一动都会成为幼儿模仿的对象。礼仪文化具有很高的审美价值，幼儿教师优雅的风度、端庄的仪容、大方的仪表直接作用于幼儿的感官，会让幼儿产生美的情感，给幼儿以美的熏陶和感染。这对幼儿形成正确的审美观有着非常重要的作用。所以，幼儿教师的礼仪行为具有很明显的教育示范性（见图 1-2-1）。

图 1-2-1

（三）尊重平等性

“敬”是礼的核心，《孝经》说：“礼者，敬而已矣。”礼无非就是为了表达敬意。人与人互相尊重才能形成和谐关系。这种尊重，需要通过语言、肢体动作表达出来，让对方感受到，这种友好的互动方式就是礼。在人际交往中，尊重是前提，平等是基础，即使是教师、幼儿之间也是如此。幼儿从小获得尊重并学会尊重，才能形成自尊自信的个性品质（见图 1-2-2）。因此，幼儿教师要学会尊重幼儿和家长，在教学过程中牢记教师和幼儿的地位是平等的，对幼儿要多一分耐心和关注；在与家长沟通的过程中，应秉承家园共育，形成合力。

图 1-2-2

（四）时代传承性

礼仪是人类在长期共同生活中逐渐积累起来的，是在风俗和传统变化中形成的行为规范。礼仪本身是个动态发展过程，一种礼仪形成之后，便会形成共识，被人们认同，并且一代一代传承下去，在传承中逐步改进和完善。社会不断进步，礼仪不是一成不变、墨守成规的，礼仪文化往往是一个时代的缩影和写照。当代社会国家间交往不断扩大，各国的政治、经济、思想和文化因素相互渗透，我国的传统礼仪被赋予许多新鲜的内容。礼仪规范更加国际化，礼仪变革向符合国际惯例的方向发展。

拓展延伸

幼儿园教师礼仪规则

学练结合

1. 幼儿教师礼仪具体体现在哪些方面？
2. 幼儿教师礼仪有哪些特点？
3. 阅读以下案例，请结合教师礼仪的概念和特点，谈谈王老师教学方法的可取之处。

下午天气真好，王老师领着小朋友们在操场上做体育游戏。小朋友们游戏着、玩耍着，非常开心，可是丽丽却跑到一边去了。她走到一朵蝴蝶花旁边，注视着那五颜六色的花朵，忽然大声喊道："蝴蝶花上边有只小蜜蜂，大家快来看啊！"小朋友们听到喊声都跑了过去，只留下王老师一个人在活动场地，孤零零地站在那里。小朋友都把注意力集中到那只小蜜蜂上，王老师精心组织的体育游戏计划被打乱了。但王老师没有用简单粗暴的批评强行把小朋友们拉回体育游戏场地，而是选择了尊重幼儿、倾听幼儿，赶紧跟过去和小朋友一起仔细观察蜜蜂，并引导小朋友观察小蜜蜂的身体构造，"小朋友们请仔细看，小蜜蜂后面的两条腿上各有一个小桶，那是它用来盛花粉的呢。"小朋友们在愉悦的氛围中学到了关于小蜜蜂的许多科学知识。

学习单元三　为何学礼

【知识学习】

礼的目的是为了实现社会交往各方的互相尊重，从而达到人与人之间关系的和谐。可以说，礼仪是一个民族精神风貌文明程度的标志。崇尚礼仪，提高全民族素质的关键靠教育，教师负有重大使命。教师注重礼仪，不仅是作为公民应有的素养，更是培养人格完善、各方面素质全面发展的新一代公民的需要。

一、教师礼仪是幼儿教师完善自我，提升素养的方式

个人素养是指人们经过努力学习、自我磨炼和不断陶冶情操而养成的正确地待人处事的方法和态度，包括一个人在气质、性格、行为举止、仪表风度、对人对事的情感以及在待人接物、为人处世方式上所表现出来的素质。一个人的风度可以说是一个人气质、内涵和表现力的综合体现，是个人魅力的基础，其他一切吸引人的长处均来源于此。古人云："修身、齐家、治国、平天下。"把"修身"列在首位说明良好的个人素养是成就事业的前提。我们说岳飞问路，颇知礼节，才得以校场比武，最终脱颖而出，实现报效国家的愿望；孔融让梨，尊敬长辈，长期以来被人们传为美谈；杨时程门立雪，感动老师，才被收为弟子。个人的素养在一定程度上决定了一个人的成就。

个人素养不是一朝一夕学成的，需要经过努力，不断完善自己。好的知识和修养，得经过长时间的磨炼和不间断的自我充实，才能获得水到渠成的功效。礼仪是提升个人素养的重要手段和方式，它通过培养真诚友善、谦虚随和、理解宽容的待人态度，形成端庄大方、热情友好、谈吐文雅、有礼有节的行为举止，进而在社交活动中给对方留下美好的印象。对于幼儿教师而言，礼仪是个人成长路上的必修课。幼儿教师需要系统地学习礼仪知识，并且不断地在工作实际中践行教师礼仪，唯有如此才能算得上一名合格的幼儿教师。

【思政小窗口】

岳飞问路

武试前一天，岳飞在客栈休息的时候，牛皋按捺不住，想提前去考场熟悉下环境。由于对地形不熟，牛皋很快就迷路了，正巧看到路边有两位老者坐着聊天，他便大摇大摆地走过去，粗声问道："喂，老头，去武试的考场怎么走？"

老人见他五大三粗，说话又没有礼貌，十分不高兴，不仅不给他指路，还训斥他是"冒失鬼"。路上人烟稀少，牛皋只能硬着头皮自己找路，迷失几次才终于找到。岳飞醒来后，发现牛皋不在，担心他闯祸，便骑马出门寻他，正巧也遇到了之前的两位老人。

岳飞翻身下马，恭敬地上前拱手问道，"打扰老人家，请问可曾见到一位骑着黑马的黑脸汉子？"老人家见他眉目清秀，又十分懂礼貌，一扫刚才的不快，十分痛快地告诉了他牛皋的去处，并为他指明了去考场的路。

二、教师礼仪是幼儿教师言传身教，树立威信的途径

教师礼仪的示范性特点决定了其根本价值是为人师表，以身作则。教师通过自身的礼仪修养、待人接物、衣着打扮、言谈举止中的每个细节，去影响、感染每一位学生，使学生对老师产生好感和敬意，从而提升学生的精神品位，完善学生人格，可以说教师礼仪是一种强有力的教育因素。

教师威信是一种巨大的教育力量，它的形成不仅与教师的知识、能力等密切相关，同时也受教师外在形象的影响。举止文雅、穿着朴素、仪态端庄、作风正派的教师形象，有助于在学生中建立威信；反之，则会使教师威信大打折扣。近朱者赤，近墨者黑，教师自身形象能直接影响学生形象的塑造。学生通过对教师形象的观察和模仿，形成对自己形象的定位。教师的以身作则一定会留给学生良好的师者形象，获得学生的尊重。这样学生就会“亲其师”而“信其道”，利于教师顺利完成教育教学任务，提高工作效率和教育实效。

三、教师礼仪是国家素质教育发展的必然要求

《中共中央国务院关于深化教育改革全面推进素质教育的决定》第 17 条明确指出：“建设高质量的教师队伍，是全面推进素质教育的基本保证。”前文提到，礼仪是教师提升个人素养的重要途径。全面推进素质教育，前提就是提升教师的礼仪修养。教师必须严格要求自己，用美的语言、美的行动、美的心灵来影响受教育者。身体力行，率先垂范，并根据时代发展的需要更新礼仪时尚，提高礼仪修养。

当前，在素质教育思想和理念日益深入人心的形势下，多数幼儿教师很重视自身素质的提高，对教师礼仪修养的重要性也开始有了一定的认识。但在一些教师当中，仍然经常发生损害教师职业形象、背离教师职业道德的不文明表现：穿奇装异服，染彩色头发，涂彩色指甲，热衷浓妆艳抹或珠光宝气；随意对幼儿说粗话、脏话，甚至侮辱幼儿人格；随意体罚幼儿，导致幼儿身心受到严重伤害。因此，提升幼儿教师队伍综合素养刻不容缓，也任重道远。

拓展延伸

中国古代的拜师礼

学练结合

1. 结合见习，谈谈幼儿教师遵循礼仪规范的重要性。

2. 阅读下面案例，谈谈你的看法。

今天入园接待时兰兰很不高兴，她妈妈说：“昨天回来她非要把头发染成黄色，我不同意，她说我们班的新老师的头发是黄色的。”原来昨天班上来了几位见习老师，其中一位的头发是黄色的。

（1）结合本章内容来谈谈见习老师错在哪里。

（2）如果你是接待老师，应该怎么对兰兰说呢？

学习单元四　礼仪之路

【知识学习】

幼儿教师肩负着培养人和塑造人的神圣使命。毫不夸张地说，一个民族的希望，是通过教师托起的。教师不但教人以知识，使人从无知到文明，教师更重要的是教人以德以礼，使人学会如何做一个高尚且优雅的人。幼儿教师在教育教学中该如何学习礼仪并践行礼仪呢？

一、掌握并灵活运用教师礼仪的基本原则

（一）平等的原则

平等是人与人交往时建立情感的基础，是保持良好的人际关系的诀窍。在传统的教学中，教师以权威者的身份来管理幼儿，对幼儿的活动指手画脚，会降低幼儿参与活动的兴趣。但事实上，教师应该以幼儿为本，扮演幼儿的支持者、合作者和引导者的角色，充分尊重幼儿的需要，有效激发幼儿的兴趣和创造性，使幼儿在与教师平等合作的交往中得到发展。与此同时，平等对待每一个孩子，并能因材施教，是激发每一个幼儿热爱、尊重教师以及构建和谐师幼关系的基础。

在与家长、同事沟通过程中，幼儿教师不要骄狂，不要我行我素，不要自以为是，不要厚此薄彼，不要傲视一切、目空无人，更不能以貌取人，或以职业、地位、权势压人，而是应该处处时时平等谦虚待人，唯有如此，才能与家长、同事进行有效沟通，结交更多朋友。

（二）尊重的原则

尊重包含自尊和尊敬他人，以尊敬他人为主。自尊就是要保持自己的人格和尊严，要注意自身修养，才能赢得他人的尊重。而尊敬他人就是要以礼待人，尊重他人的人格。一个具有良好礼仪风范的人一定是懂得尊敬别人的人，对幼儿同样要懂得尊敬。在幼儿园的教育教学工作中不可失敬于人，不可伤害他人的个人尊严，更不能侮辱对方的人格。要做到礼遇适当、寒暄热烈、赞美得体、话题投机，让幼儿、家长和同事感到他在你心目中是受欢迎的和有地位的，从而得到一种心理上的满足，感到与你交往心情很愉快，这样才可能深入沟通，建立感情，达到目的。尊重的原则应从以下几个方面做起：

1. 要维护对方的自尊心

伤害别人的自尊是严重失礼的行为，幼儿教师在教育教学、与家长沟通的过程中尤其要注意避免有可能伤害他人自尊心的言行。《中华人民共和国义务教育法》第二十九条规定：教师应当尊重学生的人格，不得歧视学生，不得对学生实施体罚、变相体罚或者其他侮辱人格尊严的行为，不得侵犯学生合法权益。

2. 允许他人表达思想，表现自己

每个人都有表达自己思想、表现自我的愿望，尊重原则要求人们必须学会彼此宽容，尊

重他人的思想观点和个性。幼儿教师在教导幼儿过程中切忌高高在上，让幼儿充分表达自己的观点和对世界的理解，更有利于教师因势利导。

（三）宽容的原则

幼儿教师在将礼仪规范运用于实际活动时，一定要严于律己，宽以待人。在对幼儿的教育过程中，在与家长、同事的沟通过程中，都要有容人之雅量和多替他人考虑的品德。具体来看，应从以下几个方面做起：

1. 理解他人，体谅他人，对他人不求全责备

在现实生活中，人没有十全十美的，正所谓“金无足赤，人无完人”。面对家长，我们应多从对方的角度来思考，给予理解和体谅，充分发挥专业优势，与家长有效沟通，实现家园共建。幼儿成长过程中在一定程度上表现为幼稚、调皮和不成熟，作为幼儿教师应该允许幼儿犯错，积极引导，促进其成长。

2. 虚心接受他人对自己的批评意见

对于不同的意见，甚至是批评，作为有学识修养的教师应该积极面对，即使批评错了，也要认真倾听。有时，批评者的意见是错误的，但只要不是出于恶意，就应以宽容大度的姿态对待。特别是在工作中，更应注意这个问题。

（四）自律的原则

自律是礼仪的基础和出发点。《中国学前教育研究会告全国幼儿教育从业者书》中指出幼儿教师要“加强行业自律”“坚守、严守职业操守，自觉维护幼儿权益”。行业自律、职业操守中就包括教师的基本礼仪规范。学习礼仪就是学会自我约束、自我对照、自我反省、自我检视的过程。教师是学生的榜样，要做到“学高为师，身正为范”。这就要求幼儿教师必须自觉、自愿地学习礼仪、遵守礼仪，时刻提醒自己教师的身份，用礼仪去规范自己在交际活动中的言行举止。

二、积极探索幼儿教师礼仪学习的途径和方法

（一）思想上重视，树立礼仪观念和意识

行为是内在观念的外显，内在的价值观决定外在的行为表现。只有思想上重视，才会在行动中认真对待。必须在思想上重视礼仪规范和修养，意识到“人无礼则不生，事无礼则不成，国无礼则不宁”，重视良好的礼仪修养对幼儿教育教学的重要性，树立认真学好礼仪规范的观念和意识。只有在“重礼”意识的驱动下，才会有学习的积极性和主动性。

（二）掌握礼仪内涵和要求，礼仪、业务并重

礼仪课程一般有一个学期的学时。要充分利用礼仪课程的学习时间，认真钻研教材和教师提供的拓展资源，掌握幼儿教师礼仪的内涵，明确幼儿教师礼仪的具体要求。还可利用空闲的自习课堂和自己的业余时间，研读我国古代关于礼仪修养的经典书籍，如《礼记》《周礼》《仪礼》《弟子规》等，提升自身的礼仪修养。

教师的礼仪不仅体现在表面的着装上，更应该在教师的素质、学术、造诣上有所体现。家长希望学校有知识渊博的教师，对学生公正、热爱的教师，对工作认真负责的教师。因此教师要不断提高自身的业务水平，更新观念，钻研业务，成为有良知、有新知、有真知的合格教师，让家长信得过，让社会信得过，让学生信得过。

【思政小窗口】

一、礼记

《礼记》又名《小戴礼记》《小戴记》，成书于汉代，为西汉礼学家戴圣所编。《礼记》是中国古代一部重要的典章制度选集，共二十卷四十九篇，书中内容主要写先秦的礼制，体现了先秦儒家的哲学思想、教育思想、政治思想、美学思想，是研究先秦社会的重要资料，是一部儒家思想的资料汇编。

《礼记》章法谨严，映带生姿，文辞婉转，前后呼应，语言整饬而多变，是“三礼”之一、“五经”之一，“十三经”之一。自东汉郑玄作“注”后，《礼记》地位日升，至唐代时尊为“经”，宋代以后，位居“三礼”之首。《礼记》中记载的古代文化史知识及思想学说，对儒家文化传承、当代文化教育和德性教养，及社会主义和谐社会建设有重要影响。

二、弟子规

《弟子规》原名《训蒙文》是清代教育家李毓秀编写的三言韵文。它是依据孔子教诲编成的学童生活规范，其内容采用《论语》“学而篇”第六条：“弟子入则孝，出则悌，谨而信，泛爱众而亲仁。行有余力，则以学文”的文义，并分为七个科目，即孝、悌、谨、信、爱众、亲仁、学文，以三字一句、两句一韵编撰而成。全文共360句、1 080个字，是《三字经》的一种变体。核心思想是儒家的孝悌仁爱。

（三）生活中践行，培养礼仪规范和习惯

礼仪教育是一种养成教育。要真正成为一名有良好礼仪素养的幼儿教师，除了在课堂上学习礼仪知识外，还要注重理论知识的实践。通过礼仪行为模拟训练，将礼仪知识外化为行为规范和习惯。礼仪作为一种行为准则和行为规范，具有极强的实用性，只有运用到实践当中去，才能使它的作用得以实现。课堂学习后，幼师生必须在生活中时刻注意自己的仪容、言语、行为，以规范的幼儿教师礼仪为标准，反省每日的行为习惯是否符合幼儿教师身份。

在课外生活和见习实习中践行时，可以通过多种方式为自己营造良好的践行氛围，如积极邀请教师、同学、见习单位教师和幼儿监督自己的每日言行，利用相机、日记等记录自己的校园行为并反思，积极参加学校组织的各种与礼仪相关的活动。只有当文明礼貌、遵守秩序等要求渗透到日常生活当中去，才能潜移默化地发挥作用，进而形成良好的行为习惯，使“守礼”成为一种自觉。

拓展延伸

人际交往“三 A 法则”

学练结合

1. 在践行教师礼仪过程中需要把握哪些基本原则?

2. 幼儿教师该如何学习实践教师礼仪?

3. 结合在幼儿园实习的经历谈谈自己在教师礼仪方面的优缺点以及今后努力的方向。有条件的情况下，可以召开一次主题班会来共同探讨。

实践训练项目

1. 细读《幼儿园教师专业标准（试行）》后，以小组为单位，做一次以“《幼儿园教师专业标准（试行）》与幼儿教师的礼仪教育”为主题的演讲活动，每组推荐一人在班上进行演讲。

要求：（1）主题明确，积极探索幼儿教师礼仪提升的意义和途径。

（2）时间不少于 3 分钟。

（3）普通话演讲，避免口头禅和语病。

（4）着装符合幼儿教师礼仪要求。

2. 教育情境再现与分析。

周小波今年上小学五年级了，明天学校要召开运动会开幕式，别提小波有多高兴了。

下午一回到家，小波顾不上吃饭赶紧把红领巾洗干净，熨得平平整整，白运动鞋也擦洗得干干净净，正要坐下吃饭时忽然想起来校服衣服的拉链有点问题，总是拉不上去。他急忙跑过去央求爸爸帮他修一下。爸爸修了半天还是那样，无可奈何地说：“要不你明天将就一下或者换件衣服吧！不是还有其他运动服吗?”“不行，老师说过在庆典仪式、升旗仪式等庄重场合，穿着不能随随便便，而应庄重大方。衣着一定要整齐，最好是统一的校服，所有的扣子都要扣上，拉锁要拉上，少先队员应佩戴好红领巾。这样有益于培养我们的集体观念和遵守纪律的习惯，还能体现出我们学校整齐、和谐的校风、校貌，彰显出我们勃勃生机的良好精神状态。”

听到这话，妈妈放下手中的活走过来满脸微笑着说：“小波真是懂事了！老师说得对，校服是学生的标志。校服对学生的思想品德和行为规范有着直接的促进和约束作用。穿校服能使学生不忘身份，自觉维护学校集体荣誉，养成遵纪守法的良好习惯。我们这就到外面去找人把拉链修好。”

虽然天色已晚，小波一家三口还是一起出去修拉链了。

谈一谈：结合本章内容说说教师的礼仪教育对孩子成长的重要性。

综合测评

幼儿教师教育活动礼仪学习评价表

自评项目	自评标准			
你觉得礼仪重要吗？				
你对礼仪知识的认知度如何？				
你在与幼儿和家长沟通的过程中自觉使用礼貌用语吗？				
你说过脏话吗？				
你对自己的教师形象评价如何？				
你是否喜欢穿奇装异服？				
你在与幼儿、家长沟通过程中是否尊重对方，保护对方自尊心？				
你在学习、实习过程中主动践行教师礼仪相关的知识了吗？				

模块二

形象之礼

【目标导航】

[**素质目标**] 认识幼儿教师穿着打扮、言谈举止对职业的重要性，确立正确的幼儿教师形象观念，有意识地培养幼儿教师的气质。

[**知识目标**] 了解幼儿教师仪容、仪表、仪态的礼仪规范以及语言表达的礼仪细节等基本形象礼仪规范，掌握幼儿教师形象修饰的基本原则。

[**能力目标**] 通过本章学习，要熟练掌握幼儿教师形象修饰的常规技能。

【情境案例导入】

案例1 年轻的幼儿教师王丽丽，人长得非常漂亮，喜欢追求时尚，还是一个cosplay爱好者。假期，她cosplay了一个动漫人物，把头发染成了绿色。开学了，她也踩着高跟鞋，穿着cosplay的短裙，顶着一头绿色卷发上班了。当她一到教室时，班里的幼儿们都赞叹不已。放学后，很多小女孩回到家里都问妈妈："妈妈，丽丽老师今天可漂亮了，穿着短裙，头发都烫成了绿色卷发。妈妈，我也想像丽丽老师那样打扮！"这些妈妈听了孩子的话惊呆了。"怎么能这样？作为幼儿教师，怎么能起这么不好的示范作用？"为此，愤怒的家长向幼儿园投诉了王丽丽。经过领导的批评教育，她终于知道了自己的错误，十分后悔自己做了错误的示范。

案例2 某职业院校学前教育专业的领导发现该地区的众多幼儿园都不愿意接收他们学前教育专业的学生实习、见习，也很少聘用该校学前教育专业的毕业生。学校到幼儿园了解情况，一些幼儿园园长反映说："你们的学生站没站样，坐没坐样，吃没吃相，走没走相。家长一看这样的老师带班、上课，不是要求给孩子调班，就是要求转园，直接影响了我们的办园形象、招生和办园效益，我们怎么能用呢？"

案例3 某外贸企业的董事长姜昆想在北京洽谈一项合资业务，于是找到了一家前景不错的公司。与对方约好了洽谈时间与地点后，他带着秘书如期而至。经过近半小时的洽谈之后，姜昆做出了这样的决定：不和这家公司合作。为什么还没有深入洽谈，姜昆就放弃和该公司合作了呢？秘书觉得很困惑。姜昆回答说：“对方很有诚意，前景也很好，但是和我谈判时，不时地抖动他的双腿，我觉得还没有跟他合作，我的财就都被他抖掉了。”

幼儿教师每天都要和孩子、家长打交道，幼儿教师的着装打扮、言谈举止、待人接物等，既反映了幼儿教师自身的修养和品位，更是幼儿学习效仿的榜样。《幼儿园教师专业标准（试行）》中要求幼儿教师“热爱学前教育事业，具有职业理想，践行社会主义核心价值体系，履行教师职业道德规范。关爱幼儿，尊重幼儿人格，富有爱心、责任心、耐心和细心；为人师表，教书育人，自尊自律，做幼儿健康成长的启蒙者和引路人”，“衣着整洁得体，语言规范健康，举止文明礼貌”。

良好的教师形象能够增添我们的魅力，增加我们的亲和力，提升我们的影响力。因此，我们要打造幼儿教师文明有礼的形象，在工作、学习与生活中以最美好的仪容、仪表、仪态等展现在学生、家长面前。每一名教师的穿着打扮，不但事关对方对自己个人印象的好坏，也是其个人教养与素质的最形象的展示。

学习单元一 仪容之礼

所谓仪容一般是指人的发肤容貌，简单地讲一个人的仪容实际上就是指其个人形体的基本外观与外貌。对幼儿教师来说，仪容是幼儿教师精神风貌的外在表现，能展现出幼儿教师的外在形象、品德修养和专业能力等。它反映了一个人的精神面貌、朝气与活力，是传达给学生及家长感官的最直接、最生动的第一信息，并将影响到其对幼儿教师的整体评价。

幼儿教师仪容礼仪的首要要求是仪容美。作为幼儿教师，一言一行都会受到幼儿的关注，是幼儿模仿的对象，会对幼儿产生潜移默化的影响。幼儿教师在选择发型、妆容时要考虑社会对幼儿教师形象的期待，满足幼儿对教师的审美期待，并对幼儿产生良好的示范影响。幼儿教师通过仪容规范，为幼儿树立良好的榜样，培养幼儿良好的仪容规范。

一、头发要求

头发位于人体的“制高点”，头发是一个人被注视的重点，因此修饰仪容应从头做起。幼儿教师个人的头发修饰，不仅要恪守一般的美发要求，还应遵循身份的特殊要求，最好选择干净利落或端庄活泼的发型，而不要选择新潮怪异或颓废另类的发型。

（一）头发清洁与护理

幼儿教师要保持头发的整洁，一要勤于清洗，每周至少清洗头发两三次。二要勤于修剪，在正常情况下，男性或女性的短发至少每月修剪一次。三要勤于梳理。在梳理自己的头发时，不宜当众进行。最好随身携带一把发梳，不要以手指去代替发梳。梳理头发时，难免会产生少许断发、头屑等，信手乱扔，是缺乏教养的表现。

（二）头发修剪

幼儿教师头发的造型是幼儿教师仪容美的重要部分。有位美容学家说：“发式是人的第二面孔。”恰当的发型会使人容光焕发、风度翩翩。

幼儿教师发型的选择要符合自己的职业，符合自己的内在气质和风度，符合自己的年龄、脸型、身材和性格，显示和谐之美。同时，要慎重染色。

女幼儿教师发型式样多，变化大。发型应该时尚得体，美观大方、符合身份；不佩戴华丽的头饰，可佩戴简单、小巧、典雅的发饰。避免出现“远看像圣诞树，近看像杂货铺”的场面。女教师头发前不遮眼，后不披肩，上班时要将过长的头发束起或盘起，不随意披散。发式要清爽、干练且典雅，不留怪异的新潮发型。过于蓬松、颜色艳丽、超常的头发会因发型、发饰引起幼儿的过分注意，也不方便于日常教学指导。适宜女教师的发型有短发、束发，不宜披肩发、染彩发、佩戴假发等标新立异、过于前卫的发型。比较适合的发型如图 2-1-1、图 2-1-2、图 2-1-3 所示。

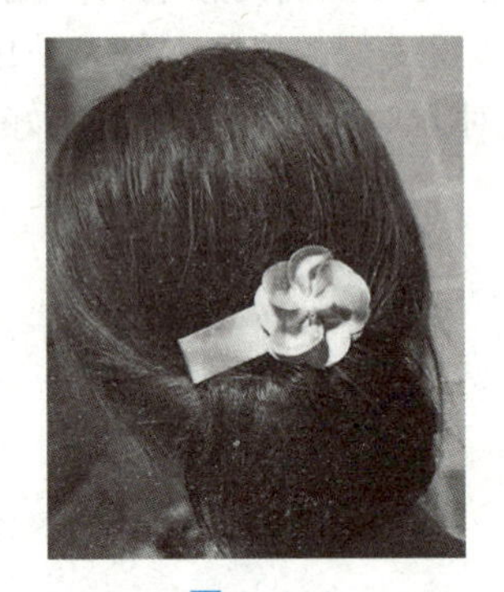

图 2-1-1

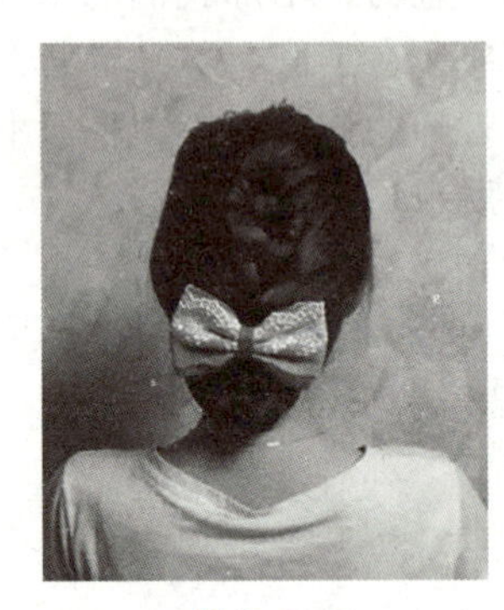

图 2-1-2

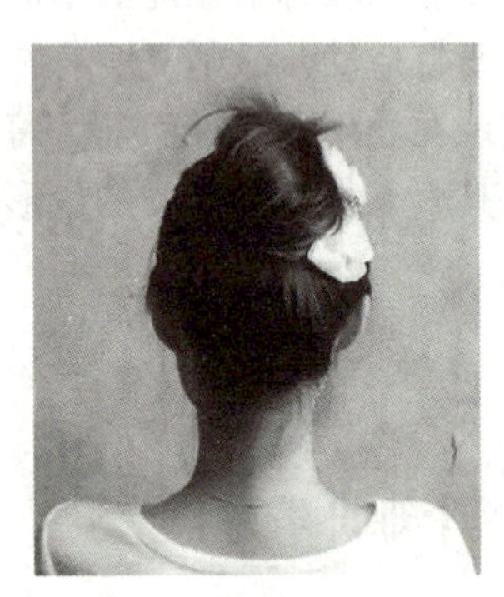

图 2-1-3

男幼儿教师头发要清洁，长度要适宜，前不及眉，旁不遮耳，后不及衣领；不能留长发、大鬓角；不留络腮胡子或小胡子。男幼儿教师的发型也要体现一个人的性格、修养和气质。

要想保持发型的美，修剪头发需要定期进行。在正常情况之下，通常应当每半个月左右修剪一次自己的头发。至少，也要确保每个月修剪头发一次。比较适合的发型如图 2-1-4、图 2-1-5、图 2-1-6 所示。

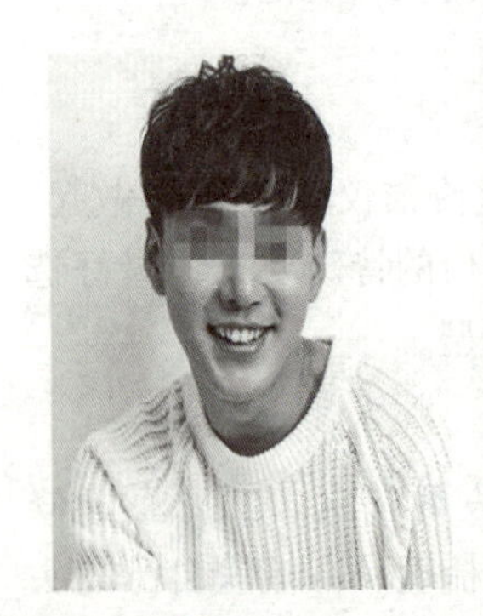

图 2-1-4

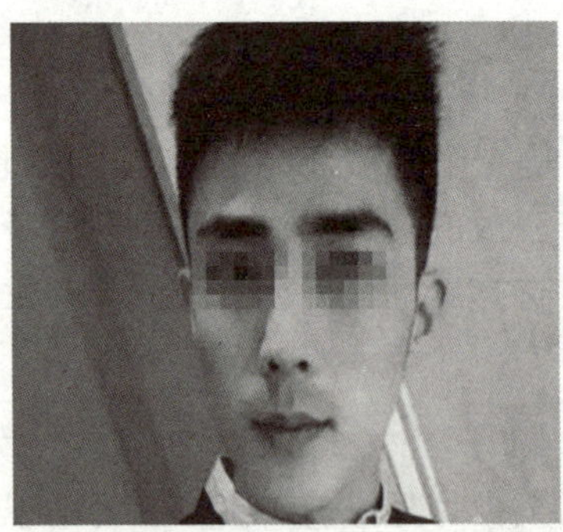

图 2-1-5

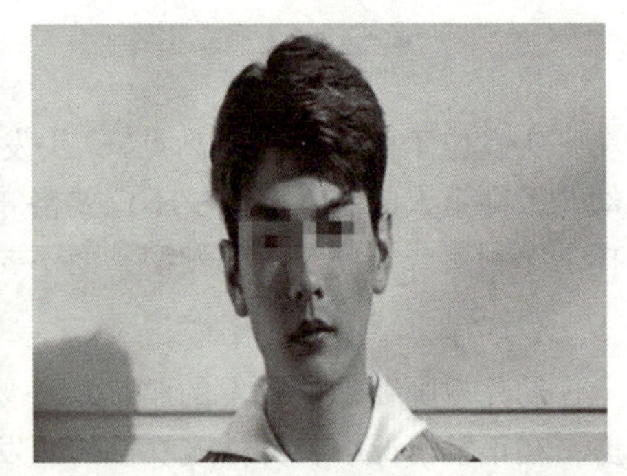

图 2-1-6

（三）幼儿教师修饰头发注意事项

无论男女幼儿教师都不应染发，不剪怪异发型，做到发型与职业、体型、服装相吻合。当然，将花白发染黑不必非议。

二、面部要求

面容是仪容的重中之重，既能体现一个人的审美意识，又能体现对他人的礼貌。因此，幼儿教师应掌握面容礼仪的规范要求。

修饰面容首先要做到清洁，即要勤于洗脸，使之干净清爽，无汗渍，无油污，无泪痕，无其他任何不洁之物。修饰面容的要求具体到各个不同的部位，还有一些不尽相同之处。

（一）眼部要求

眼睛是人际交往中被他人注视最多的地方，亦是修饰面容时的优先之处。

1. 保洁

保洁，在此指的是眼部分泌物的及时清除问题。对于这一点，应铭记于心，随时检查。此外，若眼睛患有传染病，应自觉回避工作及社交活动，以免传染给学生，也避免让他人近之不宜、避之不恭。

戴眼镜者还应注意，眼镜片上的灰尘等多余物也要及时揩除，眼镜端正、洁净明亮，不戴墨镜、有色眼镜或有色的隐形眼镜。

2. 修眉

若感到自己的眉形刻板或不雅观，可进行必要的修饰，但是不提倡做“一成不变”的文眉，更不允许剃光所有眉毛，刻意标新立异。此外，文面、文身对于幼儿教师而言通常也是不允许的。

（二）嘴部要求

对嘴部的修饰，一定要下足功夫。嘴巴是发声之所，也是进食之处，幼儿教师理应对其多做修饰、悉心照顾。

1. 护理

保持口腔清洁，是与人交往所必需的环节。人有一口洁白的牙齿是很美的，而黄色或发黑的牙齿则在启齿谈笑时，显得很不文雅。

保持牙齿的清洁，首先要每天定时刷三次牙，清除口腔细菌、饭渣，防止产生异味及牙石沉积。刷牙时应顺着牙缝的方向上下刷，要刷到牙齿的各个部位，平时不能喝过浓的茶，以防止牙齿变黄。饭后应对照镜子检查有无残渣和异味。

其次，要注意工作之前或与人交往前忌食烟、酒、葱、蒜、韭菜、腐乳之类带有强烈异味的食物，免得让交际对象掩鼻受罪，更不能饮酒过量，引起别人的反感。

再次，不可以当众剔牙、嘬牙花子；与人交谈时，口角不应有白沫；不能在人前嚼口香糖，特别是与人一边说话、一边嚼糖就更不礼貌了。

2. 异响

幼儿教师在教学工作等正规场合，要自觉地克制异响。按常规，人体之内发出的所有声音，例如咳嗽、哈欠、喷嚏、吐痰、清嗓、吸鼻、打嗝、放屁等声响，都是不雅之声，统称为异响，在交际场合应当禁止出现。幼儿的模仿能力极强，每天与老师在一起的时间甚至比与父母在一起的时间还要长，如果教师不注意行为举止，时不时吐痰、清嗓、吸鼻等是极差的示范。若由于生理原因不慎弄出了异响，则最好当场及时承认，并向身边之人说声抱歉。

（三）胡须要求

唇周长有胡须，是男子的生理特点，但是在交际场合，即使胡子茬为他人所见，也是十分失礼的。因此，男幼儿教师若无特殊宗教信仰和民族习惯，最好不要蓄须，并应及时地剃去胡须。因为在交际场合胡须常常显得不清洁，还对交往对象不尊重，因此男性最好每天坚持剃一次胡须，绝对不可以胡子拉碴地上班或与人会面。

若女教师因内分泌失调而长出类似胡须的汗毛，则应及时治疗或修饰，并予以清除。

（四）耳鼻要求

对耳朵和鼻子的护理，每一名教师都不该予以忽略。

1. 卫生

保持面部清洁还要注意保持耳鼻内外干净，无耳屎。在洗澡、洗头、洗脸时，不要忘记清洗一下耳朵。必要之时，还需清除耳孔之中不洁的分泌物。平时，应注意保持鼻腔清洁，不要让异物堵塞鼻孔。但一定要注意，对耳、鼻进行保洁的具体操作不能当众进行，尤其不能随处吸鼻子、擤鼻涕。擦鼻涕时应注意要用手帕或纸巾擦拭。

2. 美化

要及时清除鼻子上的“黑鼻头”。此外，在参加交际应酬之前，不要忘了检查一下耳毛或鼻毛是否长出耳朵或鼻孔之外。一旦出现这种情况，一定要及时进行修剪耳毛或鼻毛，不要置之不理，或是当众用手拔去。在人际交往中，偶尔有一两根鼻毛黑乎乎地“外出”，是很会破坏他人对自己的看法的。

（五）脸部要求

1. 脸部清洁

为了使自己容光焕发、显示活力，给学生及家长等交际对象留下良好的印象，幼儿教师应注意面部的清洁与适当的修饰。修饰面容时要注意清爽，无灰尘、无汗渍、无油污、无分泌物和其他不洁之物。

幼儿教师首先要注意讲究和保持卫生。尤其年轻的幼儿教师正处于青春阶段，身体内分泌旺盛且不平衡，面部皮肤敏感，容易长粉刺、青春痘甚至痤疮，因此讲究卫生和保持卫生相当重要。

一般一天早晚洗两次脸，但是男性的皮肤多为油性或偏油性，可以增加洗脸次数，以除去油光，保持面部皮肤的爽洁。

2. 脸部化妆

俗话说：“三分容貌，七分打扮。”化妆可以增添自信，缓解压力，对交往对象表示礼貌和尊重。在当今社会中，容貌化妆已逐渐被越来越多的人所重视。

幼儿教师最好选择简单、干净、明快、亲和的妆容，而不要选择浓妆或冷艳的妆容。

3. 幼儿园教师面部妆容的原则

幼儿园教师面部妆容要保持自然美，不宜化浓妆。

（1）自然原则

作为一名幼儿园教师，在工作场合中要呈现自然协调的妆容形象。幼儿园教师的角色要求大方得体、简单自然，因此妆容上不宜过度留痕迹。幼儿园女教师的妆容不宜浓妆艳抹，尤其是在与幼儿及家长沟通时，过度浓艳的妆容会让人产生距离感和压迫感；不宜用味道过浓的香水或者化妆品，以免引起他人不适，或给对香水过敏者带来不便；不宜用烟熏妆、大红色口红等颜色过于突出的化妆品；不宜用厚重的眼线及假睫毛。总之，要呈现出大方自然、亲和力强、朴实无华、清新靓丽、充满活力的形象。

（2）简洁原则

教师的角色决定了教师的仪容要求必须符合教师这一角色，也就是角色匹配度，因此，妆容上要求简单、洁净素雅，不能过分突出女性的妩媚，让人感觉脂粉味儿十足。

（3）庄重原则

幼儿园教师在化妆的时候，要牢记自己的身份要求和角色匹配度，要适当考虑工作场合和接触对象，谨慎跟风最新、最时尚的鬼魅妆容、烟熏妆、舞台妆等不符合身份的妆容，以免给人一种不庄重、不严谨的印象。幼儿园教师的妆容应当做到不夸张、不突兀，庄重又不失活泼，得体又不失自然。

（4）适度原则

仪容的修饰要适度，要根据个人职务、身份、年龄、场合、季节等因素来确定，适度的形象规范有助于在工作中提升工作效率，提升单位形象。幼儿园教师的职业决定了我们在日常工作中应选择大方、亲和、自然为主的妆容，呈现出容光焕发、充满活力的形象。

还需要注意的是不能在公共场所里化妆，在众目睽睽之下化妆是非常失礼的。如有必要化妆或修饰的话，要在卧室或化妆间里去做。工作时间不能化妆，否则易被他人当作不务正业的人。不允许在男士面前化妆，否则会引起误会。不要非议他人的化妆。不要借用他人的化妆品，这样做既不卫生又不礼貌。要注意卸妆。卸妆可以彻底清洁皮肤，以达到保护皮肤的目的。

4. 女幼儿教师的面部仪容要求

大体来看幼儿女教师面部修饰要画清新的淡妆，化妆符合常规审美要求，妆成有却无，让人觉得你天生长得就这么好看。年轻女教师工作期间化妆要突出清新、自然、大方、淡雅之感；中年女教师则应以淡雅为主，突出自然之感，与肤色、衣服相匹配。总之杜绝浓妆艳抹，也不要使用有刺激性味道的化妆品；白天，自然光下，应略施粉黛，保持淡雅清新。如果教师在展现自己自信、魅力的一面时，忽视许多细节问题，那么再好的仪容也不能给人美感和愉悦。如有一幼儿模仿教师张着嘴一点一点吃早点，那样子显然是学习她的老师，生怕弄坏了口红。再如幼儿像模像样地对着镜子左看右瞧，这样的举止显然来源于生活中，教师不应该在公共场所当众化妆或补妆。

要经常在化妆后进行检查，以防止自己的妆容出现残缺。特别是出汗之后、休息之后、用餐之后，尤其应当及时自察妆容。如果要补妆，应到洗手间或卧室里进行。避免借用他人的化妆品，同时，不要随便批评和点评他人的妆容。

女教师仪容美要做到：美观大方、符合身份；不佩戴华丽的头饰，化妆符合常规审美，妆成有却无（见图 2-1-7、图 2-1-8），补妆化妆要避人。

图 2-1-7

图 2-1-8

5. 男幼儿教师的面部仪容要求

随着时代的发展，人们观念的改变，越来越多的男教师走进幼儿园。或许很多男教师认为，仪容修饰是女人的事情，与他们无关，甚至还认为自己在忙大事，没时间考虑这些，可以放任自己蓬头垢脸、不修边幅。这样的想法其实很不妥。从生理角度来讲，男士更需要接受仪容指导。从儿童心理学的角度来讲，孩子主要是直观思维，美好的东西会引起他们愉快的情绪，老师容光焕发，能给孩子心理上带来愉悦感。可见，男教师的仪容更应注重干净、整洁。男教师仪容修饰要做到：经常清洗头发，无头屑、不做奇异发型；头发前不覆额，侧不掩耳，后不及领，面不留须；经常修剪鼻毛，不让其外露；胡子刮干净或修整齐，不留长胡子，不留八字胡或其他怪状胡子。

幼儿男教师面部修饰要做到每日必须剃须修面，保持清洁。需要注意的是，在人前时就一定是最美的样子，补妆和化妆要到屋内或洗手间。

三、手臂要求

手臂即上肢，是幼儿教师日常工作中运用最为频繁的身体部位。一双保养良好、干净秀美的手臂，往往会给自己增添美感和协调感，给他人留下深刻而美好的印象。

修饰手臂，可以从手、肩臂与汗毛等三个方面来进行。

（一）手

1. 经常洗手

在幼儿教育工作及日常生活里，手是接触孩子、接触其他人和其他物体最多的部位，出于清洁、卫生、健康的角度考虑，在餐前便后、接触过肮脏物体时，应当勤洗手。尤其在幼儿教学工作中给幼儿准备餐饮前，洗手更是起码的要求。

2. 修剪指甲

指甲应定期修剪，不要留长指甲。手指甲的长度以不长过手指指尖为宜。若是指甲的外形不美观，也可以进行适当的修饰。但是幼儿教师不要涂有色的指甲油或彩绘。在任何公众场合都不应修剪指甲，也不能摆弄手指，或用手撕指甲，用嘴咬指甲，这些都是失礼的行为。有些人有用牙签剔指甲的毛病，这个动作既不卫生，也不雅观，往往表示性格上的不成熟。

3. 去除死皮

由于长期摩擦、缺乏维生素或真菌感染，在手指甲周围会产生死皮。若发现死皮之后，应立即将其修剪掉，但不宜当众操作，更不应用手去撕，或用牙去咬。

4. 防止伤残

对于手部要悉心照料，不要让它常带伤残。若皮肤粗糙、红肿或是皲裂，应及时进行护理、治疗。如果长癣、生疮、发炎、破损、变形，则不仅要及时治疗，而且还应避免触碰他人。这是因为，这种情况下不论直接的还是间接的接触，都会令他人不快，甚至产生反感。

（二）肩臂

教师礼仪规定在非常正式的教学或其他公务活动中，教师不宜穿着半袖装或无袖装。手臂和肩部都不应当裸露在衣服之外。而在其他非正式场合，则无此限制。修饰肩臂，最重要的就是这一条。与此同时，还要特别注意汗毛和腋毛的处理。

1. 汗毛

因个人生理条件的问题，某些人手臂上汗毛生长得过浓、过重或过长。这件事一般无关大局，没有必要非去进行“干涉”不可。不过，若是情况反常，特别是有碍观瞻的话最好还是要采用适当的方法进行脱毛。

2. 腋毛

应该注意，在他人面前，尤其是在外人或异性面前，腋毛是不应为对方所见的。它属于“个人隐私”，不甚雅观，被人见到是很失礼的。对女教师来说，特别需要注意这一点。在正式场合，一定不要穿会令腋毛外现“露怯”的无袖装。而在非正式场合，若打算穿暴露腋窝的服装，则务必先行脱去或者剃去腋毛。

四、腿脚要求

（一）腿部要求

通常观察人有“远看头，近看脚，不远不近看中腰”的习惯。腿部在近距离之内常为他人所注视，在修饰仪容时不能偏废。幼儿教师尤其要注意下肢清洁与适当修饰，避免出现“凤凰头，扫帚尾”上下不相称的情况。

在工作等正式场合，通常不允许男教师的着装暴露其腿部。女教师可以穿长裤、裙子，但一般不得穿短裤，或穿暴露大部分大腿的超短裙。一般来说，越是正式的场合，女性的裙子应当越长。在庄严、肃穆的场合，女士的裙长应在膝部以下。

一般而言，正式场合不允许女教师不穿袜子，尤其是不允许女教师光着的大腿暴露于裙子之外。但在非正式的场合，特别是在休闲活动中，则无此规定。

（二）脚部要求

在正式场合，是不允许光着脚穿鞋子的。它既不美观，又有可能被人误会。因为在社会上女性光脚穿鞋，或穿一些可能使脚部过于暴露的鞋子，都被视为卖弄“性感”的做法。

1. 保持清洁

在正常情况下，应注意保持脚部的卫生。鞋子、袜子要勤洗勤换，脚要每天洗一次。袜子则应每日更换，以防其臭气熏人。不要穿残破有异味的袜子。如有可能，应在办公室或随身所带的公文包里装上备用的袜子，以应不时之需。在非正式场合光脚穿鞋子时，要确保脚干净清洁。不要在他人面前脱下鞋子、趿拉着鞋子，更不要脱下袜子抠脚丫子。此类不良习惯，往往令人作呕，非常有损教师的个人形象。

2. 勤剪指甲

脚指甲要勤于修剪，要剪除过长的脚指甲，不应任其藏污纳垢或是长于脚趾趾尖。在正式场合活动时，教师的脚趾与脚跟通常不应露出鞋外。

（三）汗毛

男性成年以后，腿部汗毛大都过重。所以在正式场合不允许男教师穿短裤，或是卷起裤管。女教师若因内分泌失调而腿部汗毛变得浓黑茂密，则最好将之脱去或者剃除。此外，可以选择深色的丝袜，加以遮掩。

学练结合

1. 幼儿教师修饰头发时需要注意些什么呢？
2. 幼儿教师进行面部化妆时要讲究哪些原则？
3. 请简述幼儿教师修饰手臂可以从哪几个方面来进行。
4. 请简述幼儿教师腿部、脚部方面的礼仪要求有哪些。

学习单元二　仪表之礼

【知识学习】

仪表是人的衣着打扮。虽说“人不可貌相，海水不可斗量”，但社会上的人每时每刻都会根据你的服饰着装来判断你。得体的服饰仪表将会展现你的专业形象，树立你个人的风格和修养。

作为教师，平时的具体着装应当体现其所在学校的形象与个人的尊严，因此每一位教师都必须对着装礼仪有一定程度的了解。教师若是不分场合地胡乱穿衣，轻则贻笑大方，有损于所在单位的尊严；重则给具体从事的工作带来不可低估的损失。

教师在学习与应用着装礼仪时，必须把自己的着装问题提高到维护个人形象、维护所在学校的形象、维护教师队伍的整体形象和维护国家形象的高度上来加以认识。

幼儿教师最好选择色彩明亮，便于活动的服装，而不要选择过短暴露、累赘复杂或给人灰暗感的服装。

一、幼儿教师服饰穿着规范

（一）幼儿教师服饰穿着原则

1. 整洁原则

整洁原则是指整齐干净的原则，这是服饰打扮的一个最基本的原则。

具体表现为：第一，服装应当整齐，不皱不折；第二，服装应当完好，不破不残；第三，服装应当干净，不脏不臭；第四，服装应当卫生，勤洗勤换。不允许存在明显的污迹、汗味和体臭。在任何情况下，服饰都应该是整洁干净的，不能沾有污渍，不能有绽线的地方，更不能有破洞，扣子等配件应齐全，衣领和袖口处尤其要注意整洁。

2. 个性原则

个性原则是指社交场合树立个人形象的要求。由于每个人在年龄、性格、职业、文化素养等方面均有差异，因此也形成了各自不同的气质。我们在进行服饰打扮时，不仅要符合个人的气质，还要凸显出自己美好的一面。在突出自我个性时，还要注意首先不要盲目追赶时髦，因为最时髦的东西往往是最没有生命力的。其次不要盲目模仿别人，失去个人特色。特别是男性幼儿教师一定要保持男性阳刚、坚强、有责任感的仪表形象，千万不能被女教师同化，甚至异化。

3. T. P. O 原则

T. P. O 分别是英语 Time、Place、Occasion 三个词的缩写字头，即着装的时间、地点、场合的原则。这个原则是一切着装的基础原则，是目前国际上公认的衣着标准。

被认为美的服饰不一定适合所有的场合、时间、地点。因此，我们在着装时应该要考虑到这三方面的因素。

（1）着装的时间原则

时间涵盖了每一天的早间、日间、晚间三个时间段，也包括了每年的春、夏、秋、冬四个季节。人们在着装时应考虑时间因素，做到“随时更衣”。

白天是工作时间，着装要根据自己的工作性质和特点，总体上以庄重大方为原则。如安排有社交活动，则应以典雅端庄为基本着装格调。

（2）着装的地点原则

地点原则也指环境原则，即不同的环境需要与之相适应的服饰打扮。穿着同一套服装在铺着丝绒地毯的会客厅与陈旧简陋的会客室，得到的心理反应是截然不同的。同样，在高贵雅致的办公室，在绿草丛生的林荫中，或在曲折狭窄的小巷里，如果穿戴同样的服饰会给人以身份与穿着不相配的感觉，或是给人呆板的感觉，或是显得华而不实……凡此种种不快的感觉都有损我们的形象，而避免它的最好办法就是“入乡随俗”。不同地点不同着装，服装已经超越了实用性的最低准则，而成为一种文化。

（3）着装的场合原则

人们的服饰也要与特定的场合和气氛相协调，所以有必要选择与之相配的服饰款型与色彩，实现人景相融的最佳效应。以下为不同场合的着装原则：

第一，上班装。上班装是从事公务活动时的着装，要求既传统又保守。上班穿的服装要整洁、大方，不需要过分引人注目，尤其不宜穿暴露过多的服装。上班时，还要避免穿经常需要整理的衣服。假如你需要反复地整理腰带或装饰，不仅自己在工作时分神，让客人看了也感到累赘。比如，一个饭店的服务员小姐，在工作时穿得花枝招展，就会喧宾夺主；如果是一个从事体力劳动的男子，穿上西装工作，便会令人感觉不协调。

第二，社交装。社交装是在公共场合和熟人相处时的着装，要求既时髦又流行。比如观看演出、参加宴会及舞会等应酬性的交往（生日纪念、结婚典礼、联欢晚会、假日游园等）活动时，应准备得体的社交装。喜庆场合是女性展示各式时装的机会。按照季节和活动性质的不同，既可以穿西装（下身配西裤或裙子）又可以穿民族服装，也可以穿中式上衣配长裙或长裤，还可以穿旗袍或连衣裙，等等。女性除了穿各类服装外，还可以佩戴饰物。至于男性，除了穿西装，也可以穿两用衫、T 恤衫、夹克衫、牛仔衫等各种便服，力求显示出轻松与潇洒。

第三，休闲装。它是在非正式场合穿着的服装。休闲装通常在以下场合穿着：自己在家休息、上街购物、健身锻炼、观光旅游等。现在市场上流行的休闲装主要是无领、无袖、宽松、舒适、得体的服装。休闲装还包括运动装、牛仔装、沙滩装等。穿上它们，可以得到很好的放松与休息。

服饰的 T. P. O 原则的三要素是相互贯通、相辅相成的。人们在社交活动与工作中，总是会处于一个特定的时间、场合和地点中，因此你在着装时，应考虑穿什么、怎么穿。这是踏入社会并取得成功的一个良好开端。

4. 配色原则

服饰的美是款式美、质料美和色彩美三者完美统一的体现，而在生活中，色彩美是最先引人注目的，因为色彩对人的视觉刺激最敏感、最快速，会给他人留下很深的印象。

（1）三色原则

对教师而言，在正式场合的着装必须要遵守“三色原则”。

所谓“三色原则”，指人们全身上下的衣着在正式的场合里一般应当保持在三种色彩之内。如果忽视了“三色原则”，一个人的着装就会给人以杂乱无章、华而不实的感觉。

（2）三一定律

在必要的场合与可能的情况下，男教师的着装还应当遵守“三一定律”。

所谓“三一定律”，强调的是男性着装的色彩方面的基本搭配技巧。它具体要求：男教师在正式场合露面时，应当使自己的公文包与鞋子、腰带的色彩相同或相近。作为一名教师，在正式场合中，如果要显得专业或者成熟稳重，就一定要遵守“三一定律”。

（3）配色三法

①同色搭配。

即由色彩相近或相同，明度有层次变化的色彩相互搭配造成一种统一和谐的效果。如墨绿配浅绿、咖啡配米色等。在同色搭配时，宜掌握上淡下深、上明下暗。这样整体上就有一种稳重踏实之感。

②相似色搭配。

色彩学上将色环大约 90 度以内的邻近色称为相似色。如蓝与绿、红与橙。相似色搭配时，两个色的明度、纯度要错开，如深一点的蓝色和浅一点的绿色配在一起比较合适。

③主色搭配。

指选一种起主导作用的基调和主色，相配于各种颜色，造成一种互相陪衬、相映成趣之效。采用这种配色方法，首先应确定整体服饰的基调，其次选择与基调一致的主色，最后再选出多种辅色。主色调搭配如选色不当，容易造成混乱不堪，有损整体形象，因此使用的时候要慎重。

5. 审美教育性原则

幼儿教师的着装兼有潜移默化的育人效应。据心理学研究表明，幼儿的注意力以无意注意为主，任何新奇的刺激都可以成为他们的注意焦点，所以教师如果不顾幼儿的心理特点一味地追求奇装异服，必定会影响对幼儿的教育效果。许多有经验的教师在穿了一件新衣服或换了新发型后，上课之前都要先进教室转一转，让幼儿的好奇心得到满足、不再关注这些与教学无关的刺激物后才正式开始上课。所以，教师着装应遵循简约原则，任何烦琐冗杂的服饰都不适合教师。教师代表着睿智和练达，简单大方的服饰不仅不会吸引幼儿不必要的注意力，也有益于幼儿从小形成正确的审美观。

6. “三不”原则

“三不”原则即“不土”“不俗”“不暴露”。

不能穿着“土气”，否则起不到“严肃”的教育目的。人常说“亲其师，信其道”，如果教师穿着过于随便，甚至口袋外翻、裤腿上挽，那么学生不仅会感到教师邋遢，还会在背后讥讽教师。

不能穿着“俗气”，否则就会给学生的思想教育带来负面的影响。尤其是在这物欲横流的市场经济条件下，教师耳朵上坠的、脖子上挂的、手上戴的，若过于招摇，不仅会让人感到俗气，而且会起到一定的暗示作用——追求“万能的金钱”。

不宜穿着“清凉装”。杜绝穿背心、超短裙、拖鞋进课堂。吊带衫、无袖上衣等。“局部暴露”的服饰也最好别穿。要赢得学生的尊重，教师必须垂范在先。据报道，学生最受不了教师的穿着打扮是：低腰、低胸、透明、紧身、下摆喇叭超大的裤子、颜色太艳丽出挑、浓妆艳抹、男教师蓄长发、女教师爆炸式发型等。如一位小朋友在大冬天哭着要穿裙子、穿皮鞋，这是因为她的老师穿裙子、穿高跟鞋，而孩子的愿望是想和她的老师一样“美丽”而已。

(二) 幼儿教师着装要求

在条件许可的前提下应该提倡穿园服，不仅可以体现园所的规范性同时也避免了教师每日选择工作服装的难题。教师的着装应该是优雅的和庄重的，忌标新立异、奇装异服。

女性幼儿教师的着装除了要遵循一般着装原则与要素外，还应该遵循以下要点：

1. 简约、端庄、得体

不管是选择色彩明快、鲜艳的服装，还是柔和、大方、典雅的淡素系列服装，都必须简约、得体。任何烦琐冗杂的服饰都不适合教师。教师不是模特，一旦选择幼教职业，就应该要有与这个职业相适合的一些最基本的外表形象。我们允许幼儿教师的穿着可以活泼美丽，但这绝不意味着“奇装异服”，更不应该是“暴露”。对大多数教师来说，得体大方是最基本的要求，如图 2-2-1 所示。

图 2-2-1

2. 便于幼儿园教育教学活动的开展

幼儿教师的着装应遵循幼儿园工作的需要，幼儿教师大部分时间是和孩子在一起，与孩子一起蹲、一起跑、一起跳、一起活动，显然穿着舒适、简洁、方便活动的服装有利于开展幼儿园一日活动。当班时间应穿坡跟鞋、平跟鞋、软底鞋、旅游鞋，不穿凉鞋、高跟鞋或露趾的拖鞋；活动时穿轻便、色彩艳丽的休闲装或运动装；过于长的大衣、风衣不利于组织户外活动。在考虑美的同时，还应考虑到自己的衣着是否便于蹲下来跟孩子讲话，是否便于同孩子们一起奔跑、做游戏，如图 2-2-2、图 2-2-3 所示。

图 2-2-2

图 2-2-3

幼儿女教师在穿着西服套裙时，要注意裙长最好不短于膝盖以上 3 厘米，不长于膝盖以下 5 厘米。与西装套裙相配的袜子只能是肉色丝袜，应当选择弹力好的无花纹丝袜，穿着时不可出现任何皱褶或脱丝、破洞现象。任何时候都不允许露出袜口，避免造成“三截腿”，要知道，丝袜露口与内衣外露给人的感觉一样是不雅的。鞋的颜色与式样要和服装相配，保持整洁干净。夏天穿凉鞋时若不穿袜子，就一定要把脚指甲修剪得干净美观。

幼儿教师服饰的色彩应该是明快的、温暖的。研究表明，儿童乃至青少年，对明快、温暖的色彩特别感兴趣，所以白、苹果绿、柠檬黄、天蓝、粉红、湖蓝、橘黄等颜色是女教师的首选，它有利于吸引幼儿的注意力，增加对幼儿的亲和力，激发幼儿积极、愉悦的心理情感，促进幼儿心智的发展。相反，灰暗、呆板的颜色会使幼儿反应迟钝、心生困倦。

3. 充分考虑教师与幼儿接触时的卫生和安全因素

幼儿园的教育是保教结合的教育，服装的面料以纯棉或高支棉为佳，一方面教师穿着舒服，便于活动，另一方面避免活动出汗后某些化纤织物产生异味；同时服装上不应该有过多的装饰片或串珠的佩饰，如果不小心碰到或散落就有可能存在安全隐患。

女教师要少穿高跟鞋，以免走路时发出声音分散幼儿的注意力，也避免不小心踩到幼儿，造成安全隐患。

（三）女性幼儿教师着装禁忌

1. 忌过分的时髦

一个优秀的教师对于流行的选择必须有正确的判断力，职场中的女性展现的是智慧，表现的是工作能力而非赶时髦的能力。

2. 忌过分暴露

爱美是人之天性，许多年轻的幼儿女教师喜欢具有时尚感的服装。然而，幼儿教师每天要打扫卫生，照看孩子，带领幼儿进行各种游戏、活动，在示范和照看幼儿时弯腰、下蹲的动作特别多。当教师穿着露脐装、露背装、吊带衫和幼儿做游戏时，只要动作稍大点，很容易就会暴露身体；超短裙、低腰裤在蹲下不慎走光时，幼儿好奇的眼睛就会注视着教师。这样教师的才能和智慧便会被埋没，在幼儿看来是奇怪，在家长看来是失礼，在园长看来是轻浮。因此，女性幼儿教师适宜着运动装和裤装，既方便工作，又不会出现不雅的“走光”。即使再热的天气，女性幼儿教师也应注意自己仪表的整洁、大方。

3. 忌过分随便

一件随随便便的 T 恤或罩衫，一条泛白的“破”牛仔裤，丝毫不顾及幼儿园的形象和要求，这样的穿着是非常不合适的。

4. 忌过分透视

衣服再薄，内衣、内裤、文胸等也不能若隐若现，这有失检点，更反对内衣外穿。

5. 忌过分紧贴

不能为了展示自己的线条，有意选择紧身装，把自己打扮得过分性感，当你下蹲时，就得小心崩线；紧身衣裤会使自己的内衣、内裤的轮廓凸现。

（四）男性幼儿教师的着装禁忌

男教师是幼儿教育中的新兴力量，也是幼儿园中阳光的象征，男教师的着装在遵循一般原则和要求的同时，还需注意以下几点：

①休闲装、运动装、便装都是男教师首选的服装。造型以阳光、亲和为主，但这并不意味着男教师的穿着可以随便、不修边幅。男教师的着装也要和工作环境匹配起来，不可穿短裤上岗，长裤的裤脚不可卷起，在室内不可戴帽子或手套。西装由于不方便日常教学，因此不推荐穿。

②袜子虽不显眼，但在个人形象的塑造中却起着重要的作用。每日换洗，袜子的选择要注意面料和颜色，与鞋子和裤子保持和谐。尼龙丝袜、鲜艳的袜子和白色运动袜可以用来搭配休闲装和运动装。袜子要足够长，保证坐下后不露出皮肤和腿毛。

③在无悖于教育的前提下，男教师应坚持自己阳刚、亲和的仪表风格，不应被女教师同化，甚至与女教师无差异。

总之，幼儿教师的着装应体现职业感、时代感，大方、得体，便于工作，还要考虑与幼儿接触时的卫生与安全，并要给予孩子高雅的审美引导。

二、幼儿教师佩饰礼仪规范

佩饰是指与服装搭配对服装起修饰作用的其他物品，主要有领带、围巾、丝巾、胸针、首饰、提包、手套、鞋袜等。饰物在着装中起着画龙点睛、协调整体的作用。佩饰对服装、身份、地位、审美、角色、场合等起辅助、烘托、陪衬、美化的作用。

（一）佩饰原则

幼儿教师的佩饰应该符合卫生和安全要求，便于教学活动的开展，不对幼儿的安全产生隐患。

（二）佩饰的种类与规范

佩饰的种类包括：手表、首饰（戒指、项链、挂件、耳环、手镯、手链、脚链、胸针、领针）、领带、丝巾、发卡、帽子、手套、包袋、眼镜及其他小饰物等。

1. 丝巾

常见的丝巾有丝绸丝巾、棉丝巾、毛丝巾、麻丝巾、混纺丝巾等。

丝巾的佩戴要与脸型相配。圆脸型人应将丝巾下垂的部分尽量拉长，强调纵向感，并注意保持从头至脚的纵向线条的完整性，尽量不要中断。可以系玫瑰花、心形结、十字结等。四方脸型人选择系丝巾时尽量做到颈部周围干净利索，并在胸前打出些层次感强的花结，再配以线条简洁的上装，演绎出高贵的气质。倒三角脸型人应利用丝巾让颈部充满层次感，来一个华贵的系结款式，会有很好的效果，如带叶的玫瑰花结、项链结、青花结等。长脸型人应选择百合花结、项链结、双头结等。

拓展延伸

几种丝巾的系法图示

2. 围巾

围巾不仅具有保暖功能，更具有装饰美化的效果。佩戴围巾时应注意与其他服饰相协调。

男士在较为正式的场合或在上班时应选用深色的围巾，如灰色、黑色、深蓝色、酱紫色等。进入室内后应将围巾连同外衣、帽子一齐脱下。

女士围巾的颜色要与服装协调。单色、暗色的服装配花色的围巾，艳丽花哨的服装可配素色围巾，并且应与脸色相近。

3. 帽子

帽子不仅防寒抗晒，也是服饰搭配的一个组成部分。对于服饰来说，帽子款式、颜色的选用是十分讲究的，它直接关系到服饰整体效果的好坏。

帽子的选用，既要照顾款式，更应兼顾色彩、大小、高矮与人的脸型、肤色、年龄、体形、身份以及与服饰之间的配套关系。

尖脸型的人选用圆顶帽比较适宜，圆脸型的人宜选用棒球帽；身材高大的人选用的帽子宜大不宜小，身材瘦小的人则相反。女士的时装帽会使其显得潇洒大方，富有青春气息；翻边礼帽会使女性刚柔相济，富有男性气派；各种草帽、金丝帽配上夏令时装，顿觉清凉明快，充满女性魅力。

正戴帽子显得庄重、严肃，增加脸的丰满、端庄；歪戴帽子则显得活泼、妩媚，显出脸的清瘦、俏皮。

一般来说，不论是参加各种活动还是在室内都不宜戴帽子，女士的纱手套、纱面罩、传统礼帽、披肩等除外。

4. 墨镜

墨镜用于防御和抵挡阳光、保护眼睛。必要时一副得体的墨镜有助于使你的整体形象更加超凡出众，别有韵味。佩戴墨镜也会使人平添几分神秘感和魅力，给人严肃、神气、深沉之感，因此备受人们的喜爱。选择墨镜时，不仅要考虑其颜色、款式、质地，还要考虑自己的脸型、头饰、肤色等，尤其是它们的整体效果。

特别注意的是：室内活动不要戴墨镜，室外礼仪性的活动也不应戴墨镜。

5. 腰带

腰带具有装饰、美化人体的作用，是矫正体型、制造错觉的重要手段之一。男士在工作中使用的腰带以黑色或棕色皮革制品为佳，不宜过长，宽度一般不超过 3 厘米。女士系腰带既要考虑同服装配套，又要考虑体型。杨柳细腰的女士选一条宽腰带会更加楚楚动人。

另外，通过系腰带部位的上下移动还可以调节人们对人体上下身的视觉，通过腰带的颜色深浅、宽度大小可以调节人们对腰身的粗细视觉，如图 2-2-4、图 2-2-5 所示。

图 2-2-4

图 2-2-5

6. 包

包是职业女性在社交场合中不可缺少的配件，既有实用功能，又有装饰价值。

上班族的女性，适宜选择稍大的，材料为真皮，颜色沉稳，款式简单大方，可带有规矩的金属扣装饰的包。这样显得端庄稳重、干练利索，适合于搭配各种服装，又能盛放女性物品，如笔记本、化妆盒、手纸等，非常实用。

出席宴会、晚会等，如果穿典雅的礼服，可以选择小巧、高档的夹包、精致的皮包或手拿包；切忌过大的包，否则与气氛不协调。颜色不妨是亮眼的金色、银色，灯光下更添光彩。

经常参加社交活动的女性，可以多备不同款式、颜色、质地的包，可根据穿着的服饰搭配不同的包，达到整体和谐美。

休闲式样的大挎包、双肩包或手拎包，适合于休闲时逛街、游玩。高级时装可以搭配高档的牛皮包、柔软的羊皮手袋或闪亮的金属包，这样会显得华贵富丽，气质高雅。若穿着一身合体的羊毛套裙，则可以配古典秀雅的小坤包。

而男士上班时可以选择真皮公文包。

7. 首饰

首饰主要指耳环、项链、戒指、手镯、手链等。佩戴首饰应与脸型、服装协调。首饰不宜同时戴多件，比如戒指，一只手最好只佩戴一枚，手镯、手链一只手也不能戴两个以上。多戴则不雅而显得庸俗，特别是工作和重要社交场合，穿金戴银太过分总不适宜，不合礼仪规范。

（1）戒指

戒指又称指环，它佩戴于手指之上，男女老少皆宜。戴戒指时，一般讲究戴在左手之上，而且最好仅戴一枚。按照惯例，戒指戴在食指上表示目前单身且觅偶，戴在中指上表示正在热恋中，戴在无名指上表示已婚，戴在小指上表示独身。拇指通常不戴戒指，一个手指头上不应戴多枚。

一般在幼儿园不提倡戴戒指，如果允许戴婚戒，一定要注意戒面的平整，避免与幼儿接触时，划破孩子的皮肤。

（2）耳环

耳环在一般情况下，仅为女性所用，并且讲究成对使用，即每只耳朵上均佩戴一只。不宜在一只耳朵上同时戴多只耳环。在国外，男子也有戴耳环的，但习惯做法是左耳上戴一只，右耳不戴；双耳皆戴者，会被人视为同性恋者。教师在上班期间不提倡戴耳环、耳坠或耳钉。有些幼儿喜欢和老师讲悄悄话，和老师亲密接触时，耳环的钩针就是个安全隐患。

（3）手镯

手镯可以只戴一只，也可以同时戴两只。戴一只时，通常应戴于左手。戴两只时，可一只手戴一个，不要在一只手上戴多只手镯。男子一般不戴手镯。工作期间教师不提倡戴手镯。

（4）手链

在普通情况下，手链应仅戴一手，并应戴在左手上。在一些国家，所戴手镯、手链的数量、位置，可用以表示婚否。手链与手镯均不应与手表同戴于一只手上。一般情况下，手镯、手链和手表任选一样佩戴。手链、脚链则绝不适合教师上班时佩戴。

（5）项链

女教师可以佩戴小巧的项链或挂饰，在一般情况下都应该隐藏，不要外露。一些较大的挂件显然不适合在幼儿园佩戴。

8. 手表

手表的佩戴因人而异，但不论男士还是女士，在社交场合最好不要戴潜水表、失效表、劣质表、怀式表、广告表、世界表或卡通表。

9. 胸针

胸针适合女性一年四季佩戴。佩戴胸针应因季节、服装的不同而变化。穿西装时，胸针应别在左侧领上；穿无领上衣时，应别在左侧胸前。发型偏左时，胸针应当居右；反之，应居左。别胸针的高度，应在自上而下的一、二粒纽扣之间。佩戴胸针时，最好将其花茎向下，还应考虑自己的身高。个子较矮者应选用小一点的胸针，佩戴得稍高一点；反之，可选择大一点的胸针，佩戴得稍低一点。有些幼儿喜欢和老师亲密接触，此时胸针就是个安全隐患，教师工作期间不适合佩戴。

（三）幼儿教师配饰注意事项

在社会生活中，具体的工作岗位及身份、年龄、外貌、体型、经济状况和活动范围等因素决定了教师这一群体对于饰物的选择与佩戴要求。在考虑饰物的佩戴时，教师应注意以下四个具体方面。

1. 区分场合

佩戴饰物，首先应当使之与自己所处的环境、场合相适应。一般说来，只有在社交场合或休闲场合，教师才适合佩戴饰物；而在其课堂讲授、进行运动或出外旅游时，则不宜戴首饰。

2. 考虑性别

一般说来，女教师可戴多种首饰，而男教师所适宜佩戴的只有结婚戒指一种。具体而言，女教师在佩戴首饰时所要遵守的一项重要规则是：在公共场合中，自己同时佩戴的首饰在总量上不能超过三件。而且应当明确：自己所处的具体场合越正规，适宜佩戴的首饰往往越少。

3. 宁缺毋滥

虽然佩饰的种类繁多，但在佩戴时应精心挑选一两种适合自己的饰品，不要一齐上阵，弄得满身珠光宝气，庸俗不堪，失去了锦上添花的作用。在佩戴首饰时要注意讲究规则：在数量上以少为佳，下限是零，上限是三，必要时可以一件首饰也不戴，若有意同时戴多种时，在数量上不要超过三种，要力求简单。

在正式场合里，教师通常是完全可以不戴任何首饰的。在某些时候，如果需要戴的话，就要佩戴质地、做工俱佳的首饰，而千万不要佩戴粗制滥造的制品。

同时需要注意：如果佩戴者只着眼于炫耀首饰的经济价值，诸如以为项链选得越粗越好，戒指戴得越大越好，珠宝戴得越贵越好，其结果往往反而会弄巧成拙，显得自己俗不可耐。

4. 防止犯忌

佩戴首饰时，教师切勿随随便便地犯忌。例如，女教师在参加丧礼时，一般只允许佩戴结婚戒指和珍珠项链。又如，猫眼石、钻石等，平时都不要与珍珠首饰同时佩戴。再如，如果已经佩戴了校徽，女教师通常就不宜再佩戴胸花、耳环等突出女性魅力的饰品了。

师范生在校期间除了佩戴眼镜、手表、发卡外，一般情况下不允许佩戴饰物，尤其是首饰。平日生活中或节假日期间可以佩戴符合自己年龄、身份的饰物，但注意遵循佩戴的原则。而走上幼儿教师的岗位后，胸针、胸花不允许在当班时间佩戴，以免划伤幼儿，也不能佩戴太大的坠子、太长的项链、摇曳生辉的耳环、活动时叮当作响的首饰等，以免分散幼儿的注意力。

男幼儿教师在上班期间也要遵循相应的佩饰要求。幼儿园男教师原则上不要佩戴手表，但是若要佩戴则最好选择轻便合适的运动表。男教师不应该有任何项链挂饰、腰间挂饰。如果有些非戴不可的饰品，要注意别外露出来。

拓展延伸

幼师面试服装搭配建议

学练结合

1. 简述幼儿教师服饰穿着原则。
2. 幼儿教师选择服饰要考虑哪些要素？
3. 简要谈谈女性幼儿教师着装要求及禁忌。
4. 简要谈谈男性幼儿教师着装要求及禁忌。
5. 佩饰原则有哪些？
6. 请你谈谈佩饰的种类规范。
7. 幼儿教师着装规范应遵循哪些原则？女教师着装有哪些要求？男教师着装有哪些要求？

实践训练项目

自己选择搭配幼师面试服装以做示范。

实训目标：掌握规范的职业面试搭配知识，认识服饰与职业的相关性。

实训内容与要求：由学生自己准备适合幼儿教师穿着的服装，考虑色彩、款式、饰品搭配等。要求搭配后的服饰符合规范，穿着和谐。

实训成果与检测：学生穿好后进行演示，其他学生及教师进行检查和点评。

学习单元三　仪态之礼

【知识学习】

仪态是指人在行为中的姿势和风度。姿势是指身体所呈现的样子，风度则属于内在气质的外现。每个人总是以一定的仪态出现在别人面前，一个人的仪态包括他的所有行为举止。仪态在心理学上称为“形体语言”，是指人的肢体动作，是一种动态中的美，包括手势、坐姿、站姿、走姿等，是风度的具体体现。而这些外部的表现又是他内在品质、知识、能力等的真实流露。

幼儿教师肩负着培养下一代的神圣使命，作为教师形象重要组成部分的举止、仪态，时时刻刻、有意无意地对没有是非观念的幼儿起到示范作用。

因此，与其他行业相比，对幼儿教师的仪态有更高的要求。幼儿教师在教育教学活动中所做出的姿势、动作应优美、规范，与教师的身份、年龄相符。就一般状况而言，教师个人举止的基本规范是适度与从俗。教师要着重注意自己手臂的动作，除此之外，还要对自己在站立、行走、就座、工作时的肢体综合动作予以重视。

一、站姿

“站如松，坐如钟，行如风，卧如弓”，这是我国古代人对人体姿势的要求。站有站相，它是人们平时经常采用的一种表态造型，又是其他各种静态或动态的身体造型的基础和起点。良好的站姿能衬托出美好的气质和风度，能全面体现一个人的精神面貌，作为师范生应该掌握规范的站姿，养成良好的行为习惯。教师在站立时应当显得挺拔而庄重。即身体站直、挺胸收腹、双腿并拢、双脚微分、双肩平直、双目平视、头部保持端正。此即所谓“站如松”。由于性别方面的差异，男女教师的基本立姿又各有其不尽相同的具体要求。对男性的要求是稳健，主要体现出阳刚之美；对女性的要求则是优美，体现出柔和与轻盈。

（一）男幼儿教师标准站姿

1. 肃立

头正、脖颈挺直、双目平视、嘴唇微闭、下颌微吸、面容平和自然，两肩放松、稍向下沉，自然呼吸，躯干挺直，做到收腹、立腰、挺胸、提臀，双臂自然下垂于身体两侧，手指并拢自然弯曲，中指贴拢裤缝，双膝并拢，两腿直立，脚跟靠拢，脚掌分开呈“V”字形，角度呈45~60度。

肃立适用于隆重集会的场合，如升旗、庆典、剪彩等仪式，如图2-3-1所示。

图2-3-1

2. 直立

全身正直，双肩展开，头部抬起，两脚平行分开，两脚之间距离不超过肩宽，最好是间距一脚之宽。两手手指自然并拢，右手搭在左手上，轻贴在腹部，双目平视，面带微笑。或双臂自然下垂伸直，双手贴放于大腿两侧，双脚不能动来动去。如果站立的时间过久，可以将左脚或右脚交替后撤一步，使得身体的重心分别落在另一只脚上。但是，上身仍须直挺，伸出的脚不可伸得太远，双腿不可叉开过大，变换不可过于频繁。需要蹲下去的时候，应尽可能双腿并拢，或采用两腿一高一低紧贴在一起的下蹲姿势。如图2-3-2所示。

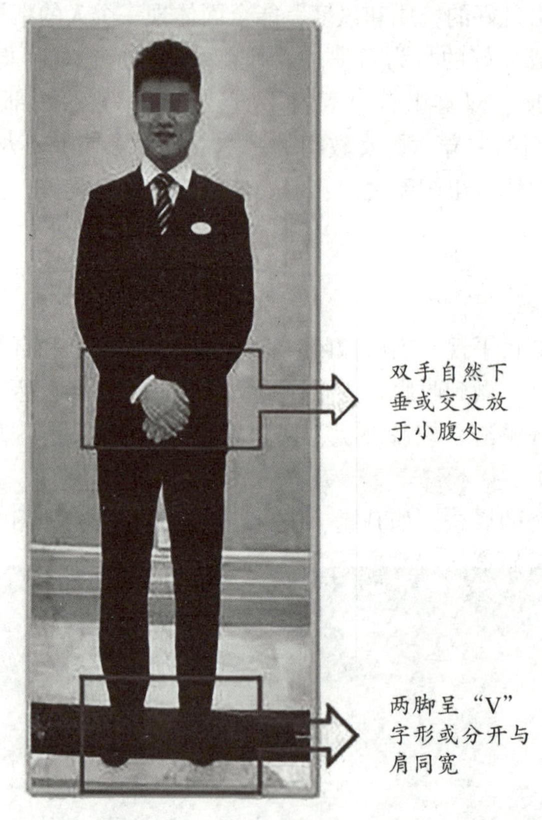

图 2-3-2

（二）女幼儿教师标准站姿

1. 肃立

与男教师相同。

2. 直立

头部抬起，面部朝向正前方，双眼平视，下颌微微内收，颈部挺立，双肩自然放下、端平且收腹挺胸，但不显僵硬。双臂自然下垂，处于身体两侧。亦可将双手自然叠放或相握于小腹前，一般是右手叠加在左手上。

直立时，两脚展开的角度呈 45~60 度，右脚向前将脚跟靠于左脚内侧中间位置，成右丁字步，身体直立，重心置于两脚，双目平视，面带微笑；或两脚展开的角度呈 45~60 度，左脚向前，脚跟靠于右脚内侧中间位置，成左丁字步，保持面带微笑，如图 2-3-3 所示。

（三）站姿禁忌

社交场上站立时切记：双手不可叉在腰间，也不可平端或抱在胸前；不可驼着背、弓着腰、眼睛不断向左右斜、一肩高一肩低、双臂左右乱摆、双腿不停抖动；不宜将手插在裤兜里，也不能在别人面前将双手背在背后，更不能将一只手插入口袋或下意识地做小动作，如手夹香烟、摆弄打火机、香烟盒，玩弄皮带、发辫、咬手指甲等，这样不但显得拘谨，给人以缺乏自信和经验的感觉，而且也有失庄重。女教师还要切记：千万不能正对他人双腿叉开而立。

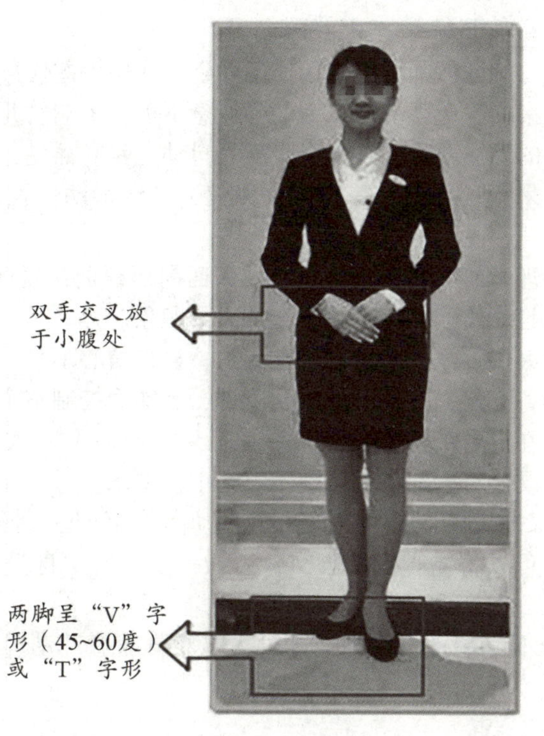

图 2-3-3

另外，幼儿教师常常有站立的情况，站得久了之后往往会感到疲劳，这时应当努力禁止某些不雅或失礼的姿态，若实在无法支持下去，可以调整一下自己的姿势。但必须避免那些不文明、不礼貌的举止，如趴、拉、倚、靠等散漫的动作。全身一定要端正，不能肩斜、臂曲、含胸、背弓，等等。双脚不要随意乱动，不应用脚尖乱点乱画、双脚踢来踢去，甚至用脚去够东西、蹭痒痒；不应脱下鞋子把脚“解放”出来，或是半脱不脱，脚后跟踩在鞋帮上，令脚一半在鞋里一半在鞋外。错误站姿如图 2-3-4 所示。

图 2-3-4

（四）幼儿教师工作中站姿注意事项

①幼儿自由活动时，幼儿教师可以采用休闲站姿，或用手撑住桌沿，把重心移到某只脚上，但不能长时间手撑桌面，免得幼儿认为幼师疲惫不堪，影响幼儿情绪。

②擦黑板时，教师的站立要稳，不能全身猛烈抖动，左右摇晃，此举会破坏教师形象。

③教师讲课时不能呆板地站定在一点上，而应适当地移动位置，或到幼儿座位间进行巡视。

④忌侧身而站。心理学研究表明，侧身而站和面向黑板而站说明教师的心理是封闭的，不利于与幼儿交流，而且会给幼儿留下缺乏亲和力的印象。

⑤忌站时重心移动太快。站立时重心忽左忽右，显得信心不足、情绪紧张、焦虑。面对幼儿站稳，表明教师准备充足，有信心上好这堂课，有能力控制整个教学局面。

⑥忌远离讲桌，站在讲台的前左角或前右角；忌“打游击”式左右来回移动；在幼儿座位间频繁踱来踱去，既不符合礼仪规范也不符合卫生要求。

⑦忌教师把双手交叉抱在胸前或背在身后，这些动作会给幼儿一种傲慢、不可亲近的感觉。

⑧如果站立过久，可以将左脚或右脚交替后撤一步，但上身仍需挺直，脚不可伸得太远，双腿不可叉开过大，变换也不能过于频繁。

⑨站立时，忌全身不够端正、双脚叉开过大、双脚随意乱动、无精打采、自由散漫的姿势。

（五）站姿训练方法

1. 靠墙训练

“五点一线”，即脚跟、小腿、臀、肩胛骨、头五点在一条直线上，尽量收腹贴墙站立，并由下往上逐步确认姿势要领，练习站立动作的持久性，如图 2-3-5 所示。

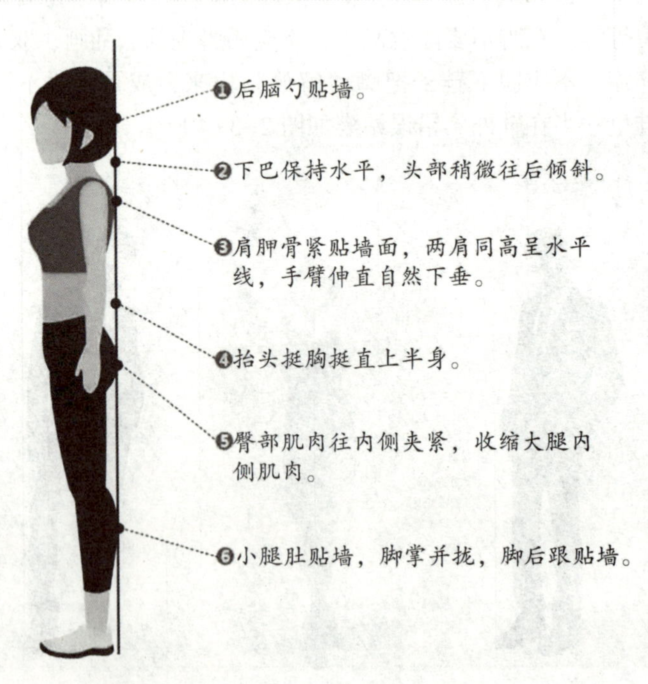

图 2-3-5

2. 背靠背训练

二人一组练习，要求背靠背，以双方的髋部、肩部、后脑勺为接触点，练习站立动作的稳定性。

3. 顶书训练

在头顶放一本书使其保持水平，促使人把颈部挺直，下巴向内收，上身挺直，目光平视前方。每天训练 20 分钟左右，每天一次，如图 2-3-6 所示。

图 2-3-6

4. 对镜训练

每人面对镜面，检查自己的站姿及整体形象，看是否歪头、斜肩、含胸、驼背、弯腿等，发现问题及时调整。

5. 夹纸训练

在膝盖之间夹上一张 A4 纸，如图 2-3-7 所示。

图 2-3-7

二、坐姿

所谓坐姿，即人在就座之后所呈现出来的姿势。在一般的情况下，幼儿教师一般会采用坐姿教学或与幼儿交流。坐姿往往是幼儿教师所采用较多的姿势。坐着讲课时应注意，坐姿要端正，切忌斜身、后仰、前趴，也不能侧坐在椅子上或将椅子坐满，双腿不要叉开太大，这些都是极其不雅的姿态。下面具体介绍标准坐姿的相关礼仪知识。

坐姿的重点，自然是指坐定后的姿势。但对就座时的姿势，教师也要略知一二，不应露怯。

（一）就座

就座，即走向座位直到坐下这一整个过程，它是坐姿的前奏，也是重要组成部分。举止礼仪对其中的各个重要环节均有规范。

1. 讲究顺序

在别人之后入座。出于礼貌，和他人一起入座或同时入座时，要分清尊卑，先请对方入座，自己不要抢先入座。须礼让尊长，不能抢在来宾、长辈、上司或者女性前就座。通常说来，就座时合乎礼仪的顺序有两种：一是优先尊长，即请位尊之人首先入座。二是同时就座，适用于在平辈人或者亲友同事之间。对教师而言，一定要切记：无论如何，抢先就座都是失态的表现。

2. 区分方位

从座位左侧入座。如果条件允许，在就座时最好从座椅的左侧一方走向自己的座位，并且从左侧一方离开自己的座位。这种方式简称为“左进左出”，是在正式场合一定要遵守的礼仪规范。这样做，是一种礼貌，而且也容易就座。

此外，在别人面前就座，最好背对着自己的座椅，这样就不至于背对着对方。如距其较远，可以右脚后移半步，等到腿部接触座位边缘后，再轻轻坐下。穿着裙装的女幼儿教师入座，通常应用右手按住衣服前角，左手抚平后裙摆，在后边从上往下把裙子整理一下，防止裙子弄皱，以及坐住后使大腿部裸露过多。

3. 落座无声

在公共场合，要想坐在别人身旁，须征得对方的允许。入座时双脚与肩同宽并行，同时尽量动作轻稳，避免座椅乱响，噪声扰人。不论移动座位还是坐下时，都不能发出嘈杂的声音。改变坐姿时，同样也不宜出声。这是因为不慌不忙、悄无声息，本身就体现着一种尊重他人的教养。就座时，如果附近坐着熟人，应该主动打招呼。即使不认识，也应该先点头致意。如图 2-3-8、图 2-3-9、图 2-3-10、图 2-3-11 所示。

（二）坐定

坐定后的姿势是坐姿中最重要的姿势，也是最能体现教师职业素养的一种姿势。

1. 头部姿势

头部挺直端正，双目平视，下颌内收。如进行交谈，应面对交谈对象。

2. 身体姿势

身体端正，两肩放松，勿倚靠座椅的背部，也不允许仰头靠在座位背上，或是低头注视地面。至于左顾右盼、闭目养神、摇头晃脑，则是绝对不允许的。要挺胸收腹，上身微微前倾，坐椅面 2/3 左右。

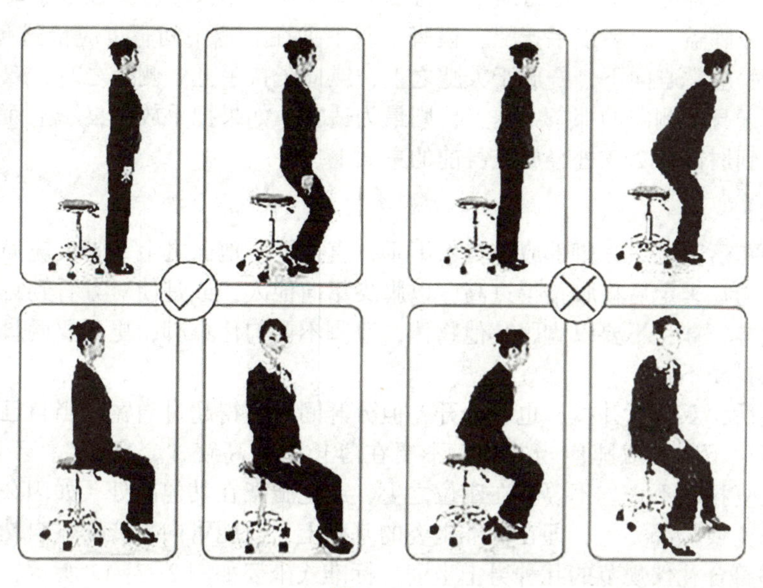

图 2-3-8

图 2-3-9

图 2-3-10

图 2-3-11

3. 手部姿势

坐下之后，教师的双手要尽量减少不必要的动作。此刻，不应当以双手端臂、双手抱于脑后、双手抱住膝盖，或者以手抚腿、摸脚。双手夹在大腿中间，也应该避免。通常来说，坐定之后，双手应掌心向下，叠放于大腿之上，或椅子扶手上。侧坐之时，双手以叠放或相握的姿势放置于身体侧向的那条大腿上，则最为适宜。如果把手放在桌子上面时，双手需自然交叠，将腕到肘部的 2/3 处轻放在身前的桌面上。

4. 腿脚姿势。

幼儿教师在落座之后，脚部应该自然下垂，直接置于地面之上。脚尖应面对正前方或朝向侧前方。切勿在坐定后将脚抬得过高，以脚尖指向他人，或是使对方看到自己的鞋底。不要在坐下后脱鞋、袜，不要以脚踩其他物体，双脚不要勾住桌脚，更不要两脚脚跟着地，脚尖朝上，摇荡抖动不止。

男士就座后，双腿可并拢，也可分开，但分开间距不得超过肩宽。当自己面对尊长或贵客而又无屏障坐下时，双腿应当并拢。不要在尊长面前高跷“二郎腿”，不要两腿直伸开去，也不要反复抖动不止。不要骑在座位之上，或把腿架在其他高处。如因久坐而感到有所疲劳时，可以变换腿部姿势，即在标准坐姿的基础上，双腿可向右或向左自然倾斜。

下面列举符合礼仪规范的几种男士坐姿：标准式坐姿如图 2-3-12 所示，交叉式坐姿如图 2-3-13 所示，开关式坐姿如图 2-3-14 所示，重叠式坐姿如图 2-3-15 所示。

图 2-3-12

图 2-3-13

女幼儿教师就座后，双膝并拢，不可分开，特别是身着短裙时，务必并拢大腿，靠紧并垂直于地面，也可将双腿稍稍斜侧调整姿势。在非正式场合，允许坐定之后双腿叠放或斜放。但在双腿交叉叠放时，应力求做到膝部之上的并拢，叠放在上的小腿紧贴另一小腿。双腿斜放，以与地面构成 45 度夹角为最佳。具体来说可以双脚并拢、双脚“V”字形、双脚“T”字形、双脚前后相叠向后收、双脚并拢同时向左或同时向右、双腿大腿相叠移向一侧不可交叉相叠伸向前，或双腿一前一后，甚至呈八字状。双手应掌心向下相叠或两手相握，放于身体的一边或膝盖之上。头、颈保持站立时的样子不变。

图 2-3-14

图 2-3-15

下面列举符合礼仪规范的几种女士坐姿：标准式坐姿如图 2-3-16 所示，前伸式坐姿如图 2-3-17 所示，前交叉式坐姿如图 2-3-18 所示，后交叉式坐姿如图 2-3-19 所示，开关式坐姿如图 2-3-20 所示，侧点式坐姿如图 2-3-21 所示，侧挂式坐姿如图 2-3-22 所示，重叠式坐姿如图 2-3-23 所示。

图 2-3-16

图 2-3-17

图 2-3-18

图 2-3-19

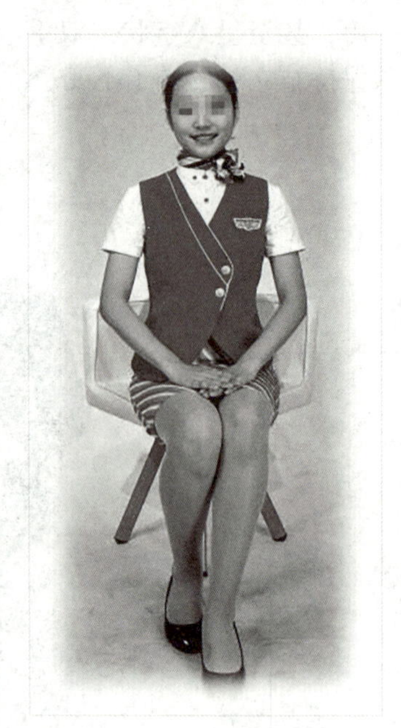
图 2-3-20

图 2-3-21

图 2-3-22

图 2-3-23

（三）离座

离座时，应当注意符合礼仪的具体要求。

①事先说明。离开座椅时，身边如果有人在座，应该用语言或动作向对方先示意，随后再站起身来。不要突然站起，免得惊扰他人。

②注意先后。和别人同时离座，要注意起身的先后次序。地位低于对方的，应该稍后离

座；地位高于对方时，可以首先离座；双方身份相似时，可以同时起身离座。

③起身缓慢。起身离座时，最好动作轻缓，不要拖泥带水，弄响座椅，或将椅垫、椅罩弄得掉在地上。离开座椅后，先要采用基本的站姿，站定之后方可离去。若是起身后立即跑开或是离座与行走同时进行，则会显得过于匆忙而有失稳重。

④从左离开。坐起身后，应该从左侧离座，并且一定要记得随手把椅子摆放到原来的位置，以显示自己良好的教养。

（四）坐姿禁忌

①正面与人对坐会产生压迫感，应当稍微偏斜，这样双方都会感觉轻松自然。

②坐在椅子上，勿将双手夹在两腿之间，这样显得胆怯害羞、缺乏自信，也显得不雅。

③坐时，双腿叉开过大，或双腿伸出老远，或双腿过分伸张，或腿呈“4”字形，或把腿架在椅子、茶几、沙发扶手上，都不雅观，同时，忌用脚打拍子。

④坐时应避免内八字；当跷二郎腿时，悬空的脚尖应朝下或朝向他处，切忌朝天或指向他人，并不可上下抖动。

⑤与客人交谈时，要坐正。不可摆弄手指，将手里的东西不停地晃动，把手中的茶杯转来转去，一会儿拉拉衣服，一会儿整整头发，抠抠鼻子耳朵，都会破坏坐姿。

⑥不可过于放松，瘫坐椅内。坐沙发时不应太靠里面，不能呈后仰状态。

三、行姿

行姿，就是走姿，属于动态美，凡是协调稳健、轻松敏捷的行姿，都会给人以美感。

（一）标准行姿

标准的行姿如图 2-3-24、图 2-3-25 所示。

图 2-3-24

图 2-3-25

教师在行走时要全面、充分地兼顾以下四方面具体问题：

1. 昂首挺胸，头部端正

在行走时，一定要上身正直不动，面朝前方，双眼平视，头部端正，胸部挺起，背部、腰部、膝部尤其要避免弯曲。总之，要使自己的全身看上去形成一条直线。

2. 方向明确，直线前进

在行进时，应当保证步幅大小适中。双脚两侧行走的轨迹，大体上应当呈现为一条直线。与此同时，还要克服自己身体在行进中的左右摇摆，并使腰部至脚部始终都保持以直线的形状进行移动。

行走时，两臂摆动自然，行走时必须保持明确的行进方向，犹如在走一直线。

3. 两臂摆动，身体协调

行进时，双肩相平不摇，双臂自然摆动，挺胸抬头，目视前方。双肩、双臂都不可过于僵硬呆板。双肩应当平稳，并且力戒摇晃。两臂则应自然地、一前一后地、有节奏地摆动。在摆动时，手腕要进行配合，掌心要向内，手掌要向下伸直。摆动的幅度以30度左右为佳。此刻，不要双手横摆，或同向摆动。全身各个部分的动作要相互协调、配合，要表现得轻松、自然。

4. 匀速前进，从容稳健

幼儿教师行进时向前伸出的那只脚应保持脚尖向前，不要向内或向外。在某一阶段中行进的速度要均匀，步幅适中，迈出的步幅一般而言，与本人的脚的长度相近。男老师的步子要大而稳，约每步40厘米，女教师走路要轻而有弹性，约每步35厘米。在一定的场合下，应当保持相对稳定的速度，正常的速度是每分钟60~100步。

行进时，身体重心在前脚掌，重心随着脚步的移动不断地向前过渡，要步伐从容，步幅适中，步态平衡，要有节奏感，走成直线。

5. 并行有序，无碍交通

有必要三人并行时，老人、妇幼走在中间。男、女共行时，男士一般走在外侧。走路时避免吃东西或抽烟。遇到熟人应主动打招呼或问候，若需交谈，应靠路边站立，不要妨碍交通。

素养提升

中国行走之礼

在行走的过程中同样注意人际关系的处理，因此有行走的礼节。古代常行“趋礼”，即地位低的人在地位高的人面前走过时，一定要低头弯腰，以小步快走的方式对尊者表示礼敬，这就是“趋礼”。传统行走礼仪中，还有“行不中道，立不中门”的原则，即走路不可走在路中间，应该靠边行走；站立不可站在门中间。这样既显得行事低调，又可避让行人。

（二）变向行姿

1. 后退步

向他人告辞时，应先向后退两三步再转身离去。退步时，脚要轻擦地面，不可高抬小腿，后退的步幅要小。转体时要先转身体，头稍候再转。

2. 侧身步

当走在前面引导来宾时，应尽量走在宾客的左前方。髋部朝向前行的方向，上身稍向右转体，左肩稍前，右肩稍后，侧身向着来宾，与来宾保持两三步的距离。当走在较窄的路面或在楼道中与人相遇时，也要采用侧身步，两肩一前一后，并将胸部转向他人，而不可将后背转向他人。如图 2-3-26 所示。

图 2-3-26

（三）女幼儿教师行姿

女幼儿教师保持仪态优雅的五个方法：

1. 保持颈部仪态优雅

颈部是最能体现女性美的部位，找到颈部最佳曲线的关键是将颈部完全拉起来。

2. 保持肩背部仪态优雅

两肩打开，背部挺立，这样才能显得优雅挺拔。

3. 保持腰腹臀部仪态优雅

挺腰收腹提臀，才能把女性的魅力充分体现出来。

4. 保持腿部仪态优雅

站立时腿用劲，膝关节也用劲。

5. 保持手部仪态优雅

把手的侧面向着对方，手指显得更修长雅致。

女士穿高跟鞋时，由于鞋跟较高，身体重心自然前移，为了保持身体平衡，必须挺胸、收腹、提臀，膝盖绷直，全身有挺拔向上的感觉。行走时步幅不宜过大，膝盖不要过弯，两腿并拢，两脚内侧落到一条线上，脚尖略向外开，足迹形成柳叶状，俗称“柳叶步”。这样会显得温婉动人，体现出女性轻盈、妩媚、秀美的特质。

（四）不同着装的行姿

所穿服饰不同，步态应有所区别，走姿要展现服装的特点。

1. 穿西装

西服以直线为主，应走出穿着者的挺拔、优雅的风度。穿西装时，身体保持平正，两腿立直，走路的步幅要略大些，下臂放松，伸直摆动。行走时男士不要晃动，女士不要左右摆髋。

2. 穿裙装

穿着职业套裙能显示出女性身材的修长和曲线美。行走时要平稳，步幅不宜太大，两脚内侧要落到一条线上，脚尖略向外开，两手臂自然摆动，幅度也不宜过大，髋部可随着脚步和身体的重心移动而稍微左右摆动，体现出柔和、含蓄、典雅的风格。转动时，要注意头和身体相协调，调整头、胸、髋三轴的角度。

（五）行姿禁忌

①忌方向不定，忽左忽右。

②忌抢道先行，横冲直撞。在人群中不能乱冲乱闯，甚至碰撞到他人的身体。

③忌阻挡道路。在道路狭窄之处，不能悠然自得地缓慢而行，甚至走走停停，或多人并排而行或勾肩搭背。

④忌蹦蹦跳跳，跑来跑去。忌走起路来重心不稳，上蹿下跳。遇急事可以快步、大步超过，并在超越时向被超越者致意道歉。尽量不要跑动，以免制造紧张气氛。停步、拐弯、上下楼梯时应从容不迫，控制自如。

⑤忌制造噪声。应该养成轻声慢步的良好习惯，尤其在非运动区域。其做法是：一是走路时要轻手轻脚，不要在落地时过分用力，走得“咚咚”直响；二是在比较安静的公共场合不要穿有金属鞋跟或钉有金属鞋掌的鞋子；三是平时所穿的鞋子一定要合脚，不要拖着鞋走路，否则走动时会发出吧嗒吧嗒的令人厌恶的噪声。

⑥忌身体过分摇摆、步幅忽大忽小。这样容易给人轻佻、浅薄、矫揉造作的不良印象。走路不要大甩手，扭腰摆臀，左顾右盼，或歪肩晃膀，或弯腰驼背，或走路吸烟，或双手插裤兜。双手反剪于身后而行，容易给人自恃优越、高于或长于他人的不良印象。切忌走成内八字或外八字，容易给人拘谨、老态、矫揉造作或嚣张放肆、粗俗等不良印象。双腿不要过于弯曲，不要上下颤动或脚蹭地面。

⑦忌东张西望。教师行走时应随时保持从容不迫，脸上始终保持微笑，给幼儿以亲切感。

（六）行姿的个人训练

1. 双肩双臂摆动训练

身体直立，双臂前后自然摆动。注意摆幅适度，纠正双肩过于僵硬、双臂左右摆动的毛病。

2. 步位步幅的训练

在地上画一条直线，行走时检查自己的步位和步幅是否正确，纠正“外八”“内八”及脚步过大、过小的毛病。

3. 顶书训练

将书本置于头顶，保持行走头正、颈直、目不斜视，纠正走路摇头晃脑、东瞧西望的毛病。

四、蹲姿

蹲是由站立的姿势转变为两腿弯曲和身体高度下降的姿势。蹲姿其实只是人们在比较特殊的情况下所采用的一种暂时性的体态。

作为幼儿教师，其身高与幼儿的相差甚多，所以蹲姿在工作中显得尤为重要。日本幼儿园就要求教师蹲下来或是弯下腰和孩子说话。和孩子在同一个视线上讲话，不仅能给孩子以平等、亲切的感觉，还能发现站在大人的高度看不到的事物以及危险。

蹲姿虽然是暂时性的体态，也是有讲究的。

（一）基本蹲姿要领

①下蹲拾物时，应自然、得体、大方，不遮遮掩掩。

②下蹲时，应两腿合力支撑身体，避免滑倒。

③下蹲时，应使头、胸、膝关节在一个角度上，使蹲姿优美。

④幼儿女教师无论采用哪种蹲姿，都要将腿靠紧，臀部向下。并膝下腰，一脚在前，一脚在后。前脚全着地，小腿基本垂直于地面；后脚脚跟抬起，前脚掌着地，膝盖基本着地。背部挺直，不弯曲，以免露出内衣。起身时，直起。如图 2-3-27、图 2-3-28 所示。

图 2-3-27

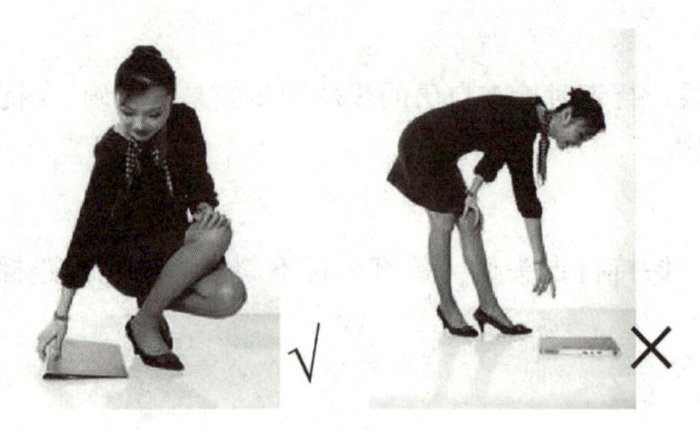

图 2-3-28

（二）蹲姿变化礼仪

1. 高低式蹲姿

下蹲时双腿不并排在一起，一般是左脚在前，右脚稍后。左脚应完全着地，小腿基本上垂直于地面；右脚则应脚掌着地，脚跟提起。右膝须低于左膝，右膝内侧可靠于左小腿的内侧，形成左膝高、右膝低的姿态。女性应靠紧两腿，男性则可以适度分开。这种蹲姿的特征就是双膝一高一低，主要适用于男性。如图 2-3-29 所示。

图 2-3-29

2. 交叉式蹲姿

交叉式下蹲其特征是蹲下后两腿交叉在一起。其要求是下蹲时，左脚在前、右脚在后，左小腿垂直于地面，全脚着地。左腿在上，右腿在下，两者交叉重叠。右膝由后下方伸向左侧，右脚脚跟抬起，并且脚掌着地。两腿前后靠近，合力支撑身体。上身略向前倾，臀部朝下。通常适用于女性，尤其是身着裙装的女性。它的优点是造型优美典雅，基本特征是蹲下后双腿交叉在一起。如图 2-3-30 所示。

图 2-3-30

3. 半蹲式蹲姿

半蹲式蹲姿多于行进之中临时采用。基本特征是身体半立半蹲，其要求是：在下蹲时，上身稍许弯下，但不宜与下肢构成直角或锐角；臀部向下而不是撅起；双膝略为弯曲，其角度可根据需要可大可小，但一般均应为钝角；身体的重心应放在一条腿上。如图 2-3-31 所示。

图 2-3-31

4. 半跪式蹲姿

半跪式蹲姿又叫单跪式蹲姿。它是一种非正式蹲姿，多用于下蹲时间较长，或为了用力方便之时。它的特征是双腿一蹲一跪，其要求是：下蹲之后，改为一腿单膝着地，臀部坐在脚跟之上，而以其脚尖着地；另外一条腿则应当全脚着地，小腿垂直于地面；双膝应同时向外，双腿应尽力靠拢。如图 2-3-32 所示。

图 2-3-32

（三）蹲姿的注意事项

①下蹲的时候，切勿速度过快，并注意与他人保持一定的距离，避免彼此迎头相撞。

②在他人身边下蹲时，最好是与之侧身相向。正面面对他人或是背部对着他人下蹲，通常都是不礼貌的。

③下蹲后重心要稳，臀部朝下，切忌将臀部撅起或露出内衣。

④蹲姿是在特殊情况下的姿势，所以不可随意乱用。另外，不可蹲在椅子上，也不可蹲着休息。

⑤对于女教师来讲，蹲下时，双腿要并拢。男教师可略分开双腿。另外，下蹲前，幼儿教师就要调节好自己的位置和方位，保证蹲下后面向幼儿，并与幼儿保持适度的距离；离幼儿过近或过远都不妥。

五、手势

手势是社会交往中极富表现力的一种“体态语言”，主要是靠小臂和手来完成信息传递的。手势语是幼儿园教育教学中运用最普遍、最典型的体态语，是非言语性行为的重要组成部分。在课堂教学中，有人把手势称为讲课的“第二语言”。教师根据教学内容需要，用手、手掌或胳膊的动作来传情达意，可以使语言更加生动、形象、富有表现力。手势语是幼儿园教育教学中运用最普遍、最典型的体态语。

（一）常用手势规范

1. 横摆式手势

横摆式手势常用来迎接来宾，表示“请进”“请”。规范标准是手指伸直并拢，以肘关节为轴屈肘，手由腹前抬起，掌心斜向上方摆动到身体右前方。同时，在来宾的右侧，脚并拢或站成右丁字步，左手下垂，目视来宾，面带微笑。手臂的高度与肩同高，手与前臂成一条直线，肘关节自然弯曲（以肘关节为轴，弯曲 140 度左右，手掌与地面基本形成 45 度）；手势上不要超出对方视线，下不要低于胸区；手势的左右摆动范围不要太宽。身体要侧向来宾，上身稍向前倾，面带微笑，自己的眼睛看着目标方向，要兼顾所指方向和来宾，直到来宾清楚了，再把手臂放下。如图 2-3-33 所示。

图 2-3-33

注意在指引方向时，不可用一根手指指出，显得不礼貌。

2. 曲臂式手势

“曲臂式”手势常表示“里边请”。当左手拿着物品，或推扶房门、电梯门，而又需引领来宾时，即以右手五指伸直并拢，从身体的侧前方，由下向上抬起，上臂抬至离开身体 45°的高度，然后以肘关节为轴，手臂由体侧向体前左侧摆动成曲臂状，请来宾进去。如图 2-3-34、图 2-3-35、图 2-3-36、图 2-3-37 所示。

图 2-3-34

图 2-3-35

图 2-3-36

3. 直臂式手势

“直臂式”手势常表示“请往前走”。即五指伸直并拢，屈肘由腹前抬起，手臂的高度与肩同高，肘关节伸直，再向要行进的方向伸出前臂。在指引方向时，身体要侧向来宾，眼睛要兼顾所指方向和来宾，直到来宾表示已清楚了方向，再把手臂放下，向后退一步，施礼并说“请您走好”等礼貌用语。切忌用一个手指，指指点点。如图 2-3-38、图 2-3-39 所示。

图 2-3-37

图 2-3-38

图 2-3-39

4. 斜摆式手势

“斜摆式”手势常表示“请坐”，手应指向座位。当请来宾入座时，即要用双手扶椅背将椅子拉出，然后一只手屈臂由前抬起，到高于腰部后，再以肘关节为轴，前臂由上向下摆动，使大小手臂向下成一斜线，与身体成 45 度，表示请来宾入座。当来宾在座位前站好，要用双手将椅子前移。如图 2-3-40 所示。

图 2-3-40

5. 双臂式手势

双臂式手势适用于面对众多人做“请”的手势。面向来宾时，双手从身体前，向两侧抬起，再以肘关节为轴，与胸同高，上身略微前倾。若是站在来宾的侧面，则两手从体前抬起，同时向一侧摆动，两臂之间保持一定距离。如图 2-3-41 所示。

图 2-3-41

6. 招呼他人手势

在招呼他人或临行再见时，应右手举至头侧眼睛的视线范围内，掌心朝前，五指并拢自然弯曲，左右摆动，身体保持直立。

举手致意：

第一，面向对方。举手致意时，应全身直立，面向对方，至少上身头部朝向对方，在目视对方的同时，应面带笑容。

第二，手臂上伸。致意时应手臂自下而上侧上方伸出，手臂可自然弯曲，也可伸直。

第三，掌心向外。致意时掌心向外，面对对方，指尖朝上。

7. 挥手道别手势

第一，身体直立。挥手道别时，尽可能不走动乱跑，更不要摇晃身体。

第二，目视对方。挥手道别时，目送对方远去直至离开自己的视线。

第三，手臂前伸。道别时可用右手，也可双手并用。但手臂应尽力向前伸出。注意手臂不能伸得太低或过分弯曲。

第四，掌心朝外。挥手道别时要保持掌心向外，否则失礼。

第五，左右挥动。挥手道别时，要将手臂向左右两侧轻轻来回挥动，但尽量不要上下摆动。

（二）手势禁忌

手势是人的第二面孔，具有抽象、形象、情意、指示等多种表达功能，应根据对方的手所表现出的各种仪态，准确判读各种手势所传达出的各种真实的、本质的信息，尽可能避免或克服以下情况：

1. 容易让人误解的手势

不同国家相同的手势所代表的含义有所不同，使用时要加以甄别。

例：“OK”形手势是拇指和食指合成一个圈，其余三个指头伸直或略屈。在不同的国家有不同的含义，在我国和世界其他一些国家，伸手示数时该手势表示零或三，在美国、英国表示“OK”，即“赞同”“了不起”的意思；在法国表示零或没有；在泰国表示没问题，轻便；在日本、缅甸、韩国表示金钱；在印度表示正确，不错；在突尼斯表示“傻瓜”。

例：“V”形手势是指食指和中指上伸成“V”形，拇指弯曲压于无名指和小指上。在不同的国家有不同的含义。在世界上多数地方伸手示数时表示“二”；用它表示 Victory（胜利），据说是第二次世界大战时期英国首相丘吉尔发明的。但表示胜利时，手掌一定要向外，如果手掌向内，就是贬低人、侮辱人的意思了。在希腊做这一手势时，即使手心向外，如手臂伸直，也有对人不恭之嫌。

例：举大拇指手势在我国表示“好”“了不起”等，有赞赏夸奖之意；在意大利，伸出手指数数时表示“一”；在希腊，拇指上伸表示“够了”，拇指下伸表示“厌恶”“坏蛋”；在美国、英国和澳大利亚等国，拇指上伸表示“好”“行”“不错”，拇指左、右伸则大多是向司机示意打车方向。

2. 不卫生的手势

有人习惯抚摸自己的身体，如摸脸、擦眼、搔头、挖鼻、剔牙、抓痒、搓泥，掏耳朵、咬指甲、手指在桌上乱写乱画等，这会给别人缺乏公德意识、不讲卫生、个人素质极其低下的印象。应尽量避免此类手势，必要时应有所掩饰。

3. 不稳重、消极的手势

有的教师在教学活动中手自始至终都在不停地、无意义地动着，这样做不仅不能对教学起到辅助作用，还会分散幼儿的注意力；有的教师则双手插入口袋，在整个教学过程中不辅以任何的手势；还有的教师会下意识地做揉眼睛、抠鼻子的小动作。这些都属于消极的手势语，会极大地影响教师对班级的管理，教师应在平时的学习中有意识地克服和改正这些小动作。

此外，说话时手舞足蹈，张牙舞爪，频繁地使用体态语，会给别人不稳重的印象。很多人喜欢用单手或双手抱在脑后，这一体态的本意也是放松。在别人面前特别是给人服务的时候这么做的话，就给人一种目中无人的感觉。反复摆弄自己的手指，要么活动关节，要么捻响，要么攥着拳头，往往会给人一种无聊的感觉。在工作中，通常不允许把一只手或双手插在口袋里。这种表现，会让人觉得你在工作上不尽力，忙里偷闲。

4. 失敬于人的手势

如：

指指点点——妄议他人。

随意摆手——拒绝别人或极不耐烦。

双臂抱于胸前——孤芳自赏、自我放松或置身事外、袖手旁观、看他人笑话。

双手抱头自我放松——目中无人。

摆弄手指（打响指、攥松拳、敲扣桌面）——不严肃、散漫。

手插口袋——漫不经心。

搔首弄姿——矫揉造作，当众卖弄。

用一食指或中指竖起并向自己怀里勾，其他四指弯曲，示意他人过来，此手势有唤狗之嫌，对人极不礼貌。

（三）幼儿教师常用手势

在教育教学中，手势语是教师必不可少的一种教学辅助手段，手势姿态繁多，意义也变化万千。它有助于描摹事物复杂的状貌，表达潜在情感，有助于有声语言的陈述、说明和强调，有助于组织教学秩序，调控课堂气氛，有助于增强教学的说服力和感染力。

幼儿教师在工作中手势要适当，自然大方。手和臂放松自如，不呆板，不拘谨，手的姿势和举止位置协调，切合教学需要。手势动作要和有声语言或其他身势语言协调配合，相辅相成。传递思想感情，组织教育教学，展示自身良好的精神风貌与职业修养。据研究表明，手势与表情结合，可传导信息的40%。恰当的手势往往是在内心情感的催动下，瞬间自然做出来的。手势可以反映人的修养、性格。手势对于增强教学效果具有十分重要的作用，所以幼儿教师要注意手势语言的运用技巧。

1. 指示手势

指示手势指教学中用于组织、指导幼儿学习的手语，一般用于维持教学纪律，引起幼儿注意。指示手势在幼儿园教学中十分必要。具体指明教师在教学中论述的人、事、物的数量及运动方向等。其特点是动作简明，表达专一，基本不带有感情色彩。与其他手势相比，指示手势还具有示意性，它基本不带感情色彩，用以描述、示意和说明，对有声语言起到了很好的辅助作用。

学前儿童心理学表明，幼儿时期的记忆以表象记忆为主，许多教学内容如果只凭教师语言描述，很难在短时期内让幼儿记住。教师在传递信息时辅以手势语，可以帮助幼儿在回忆时借助生动形象的手势语来联想有声的语言，从而牢固地记住学习的信息。比如，教师在提问时总是辅以举手的手势，那么经过一段时间后，孩子们便对教师“举手”这一手势语非常了解，出现这个动作时就会很自然地做出“举手发言”的反应。又如，教师讲到内容关键处时，可用指示性手势来突出教学内容的重点，强化对重点内容的识记。

2. 情感手势

情感手势是指教学过程中根据教学情景和氛围的需要，用以表达情感的手势语言。情感手势能强化教师表达的思想情感，进一步辅助师幼交流，营造积极、愉快、和谐的课堂氛围。教育心理学表明，积极、主动、活泼的课堂气氛能使幼儿的大脑皮层处于兴奋状态，易于受到“环境助长作用”的影响，从而更好地接受新知识，并在新知识的基础上联想、综合、分析、推理，进行创造性学习。例如：当孩子没自信时，老师握拳上举，表示“加油！努力！老师相信你一定行！”当幼儿表现出色或答对问题时，教师竖起大拇指，他会感到教师对他的赞赏，因而积极性会大大增加。当某孩子在做“坏事”时，老师就伸出手左右摇晃，表示“不可以，不要去做！”

3. 形象手势

形象手势指教师根据教学目的、内容的需要而运用的直观形象的手势语言，主要是用来模拟人或事物的状貌，从而给幼儿一种较为具体、直观的感觉。这种手势往往带有较大的夸张性，而不求其模形状物的形神兼备。

3~6 岁幼儿的年龄特点决定了他们接受事物的方式是要直观、形象，因此，符合幼儿年龄特点的形象手势是幼儿园教学最方便灵活、最广泛有效的手段。例如，在小班音乐活动中，结合所演唱的、有鲜明形象的动物歌曲，通过形象手势模仿出各种动物的姿势，就能很好地激发幼儿的情绪。此外，还可用形象手势生动地解决一些抽象问题，比如用两手臂大幅度地画弧表示“大”的概念，以及方圆、大小、长短的模拟；用两手交叉在双臂处摩擦表示“冷”的感觉；表数手势，用手指表示数量，生动地解决一些抽象问题。

手势语主要是通过胳臂的不同朝向、动作姿态来传达人们的不同心态和意向的。将手背在身后，双手相握，一般是一种权威显示，表示至高无上、自信的心态。另一种背手是将手背在身后，用一只手握住另一只手的手腕。这往往是一种表示沮丧不安并竭力自控的体态信号，而且一个人握手腕或握手臂的不同部位与当事者的沮丧程度密切相关，即握的位置越高，其沮丧程度越高。因此，无论什么场合，教师要力戒这种手势，以免给学生一种沮丧感，影响教师形象。双臂紧紧地交叉在胸前，犹如盾牌和防弹钢板形成一种防御屏障，以增强自己的安全感。这种手势语是防御性的，在教学中无论如何也要尽量避而不用，如果是习惯也要努力克服。食指伸出指向别人也是最令人不愉快的手势之一，它犹如敲打人的一根棍棒，给人一种带有强制性和威胁性的感觉。如交通警察最喜欢使用这一手势命令违反交通规则的司机将车开到路边，等候处理。因此，切忌对幼儿“指指点点”，切忌双手后背、交叉抱臂、用力敲桌等手势。教师可以通过握手、挥手、抚摸幼儿头顶或肩部等开放性手势语，而不是防御性手势语，去传达积极情感，以利于与幼儿建立良好的感情。教师的每一个手势动作都应具有表达教学信息、情绪和管理意图的价值。

素养提升

常用幼儿教学手势语及含义

①竖起大拇指——表示称赞、钦佩。

②伸出小拇指——表示卑下、低劣、轻视。

③五个手指由外向里收拢——表示力量集中，事物相聚。

④五个手指向下用力收拢——表示控制、抓握。

⑤伸出食指——特指某人、某事物，也指命令、斥责。

⑥食指放在紧闭的嘴上——表示休息、安静。

⑦大拇指与食指相捏——表示细小物体。

⑧右手四指相握，食指在空中画圆、直线、曲线或进行上下、左右、内外、快慢运动——表示事物的运动轨迹、过程或方向。

⑨两只手平握于胸前，两个食指在同一水平高度由外向内合拢——表示两个事物运动、贴合、碰撞。

⑩手心向上轻轻抬起——表示起立。

⑪手心向下、轻轻按下——表示坐下等。

⑫手指逐一屈或伸——表示计算数目、列数次第。

⑬手掌挺直，用力劈下——强调果断的力量和气势。

⑭两手掌从胸前向外推出——表示拒绝或不赞成某种观点。

⑮两手掌由外向胸前回收——表示聚集、接受。

⑯两手掌由合而分，向上摊开——表示消极、失望、分散。

⑰两手掌由外向内，由分而合——表示团结、联合、亲密。

⑱单手掌向上前方冲击——表示勇往直前或猛烈进攻。

⑲两手掌向正上方推举——表示强大的力量和宏伟的气魄。

⑳手掌向上前伸，臂微屈——表示恭敬、请求、赞美、欢迎。

㉑臂微屈，手掌向下压——表示反对、否定、制止。

㉒摊开双手，向前上方展开双臂——它往往表示一种颂扬、称赞和讴歌光明与充满希望的积极情感。

㉓手臂交叉姿势，即双臂紧紧地交叉在胸前，如盾牌和防弹钢板形成一种防御屏障——增强自己的安全感。

㉔手臂紧紧交叉在胸前，而且双手紧握，伴随着咬紧牙关——暗示出一种更强烈的防御信号和敌对态度。

六、表情

人的面部表情是人内心世界的“荧光屏”，通过面部眉毛、眼睛、嘴巴、鼻子、舌头和面部肌肉的综合运用以向对方传递自己丰富的心理活动。在人际交往中，表情可信地反映着人们的思想情感反应，以及其他一切方面的心理活动与变化。尽管人类的表情变化多端，不可胜数，但是它们却大都具有共性，它们超越了地域文化的界限，成为一种人类的世界性语言。其民族性、地域性、差异性相对来说比较小。因此，幼儿教师情绪和态度的变化通过面部表情体现出来，会直接影响孩子们的情绪和态度。作为幼儿教师，我们要善于控制和应用自己的面部表情，让幼儿感受到来自教师的真诚、亲切、自然和专注。

表情主要包括目光和微笑。

（一）目光

眼睛是心灵的窗户，它能够最明显、最自然、最准确地展示出一个人自身的心理活动。人们在日常生活之中借助于眼神所传递的信息，可被称为眼语。眼语的构成，一般具体涉及角度、部位、时间、方式、变化五方面。在目光接触中注视的部位、角度和时间不同，表明双方的关系也不同。学会用眼睛说话是幼儿教师必须具备的基本功之一。对待自己的交往对象，教师的眼神始终都应当是友善的。

1. 眼语的构成

（1）注视的角度

教师注视他人时目光的具体角度，在某种意义上往往意味着与交往对象的亲疏远近。注视他人的常规角度，通常有以下三种：

①平视。所谓平视，即视线呈水平状态，它也叫正视。一般适用于在普通场合与身份、地位平等之人进行交往。一般多表达为“平等、公正”或“自信、坦率”。

平视的一种特殊情况是侧视，即位居于交往对象一侧，面向着对方进行平视。它的关键之点在于：必须面向对方，否则即为斜视对方，那样做是很失礼的，斜视则表示“怀疑、疑问、轻蔑”。

②仰视。所谓仰视，即主动居于低处，抬眼向上注视他人。它通常表示尊重、敬畏、崇拜、期待之意，主要适用于教师面对其尊长之时。

③俯视。所谓俯视，即抬眼向下注视他人，一般适用于教师身居高处之时。它可用以对晚辈表示宽容、怜爱，有时候也可表示傲慢或者歧视。

初次见面时视线左右扫描，表明此人已占据优势。交往中视线朝下，手扶着头，眼皮下垂，是“不耐烦”的表现。在与人交谈的过程中，目光应以温和、大方、亲切为宜，要多用平视的目光注视对方的眼鼻之间，以表达重视对方或对其发言感兴趣之意，同时也能体现出自己的坦诚。

正视、平视、环视能给幼儿一种平等亲切的感觉，俯视则会让幼儿产生居高临下的畏惧。任何时候都不能扫视、盯视、蔑视和斜视幼儿。

（2）注视的部位

不同的注视部位显示与交往对象的远近。注视的部位分为以下三种：一公事注视；二社交注视；三亲密注视。

①公事注视。公事注视是人们在洽谈业务、磋商交易、交办任务和商务谈判时所使用的一种注视，其位置在对方双眼或双眼与额头之间的区域，是“上三角”区域。

②社交注视。社交注视是人们在社交场合所使用的一种注视，其位置在对方唇心到双眼之间的“下三角”区域。

③亲密注视。亲密注视是亲人或恋人之间使用的一种注视，位置在对方双眼到胸之间的区域内。

与人交谈，目光应注视对方，但注视的目光应局限于对方上至额头，下至衬衣第二粒纽扣之间，左右以两肩为准的方框区域。教师与幼儿交谈时，注视的常规部位可以是幼儿的眼睛、额头、眼部至唇部，或是他（她）的整个上半身。

（3）注视的时间

注视对方时间的长短也传递着信息。注视对方的时间少或不屑一顾，表示冷落、轻视或反感。长时间注视对方，特别是对异性盯视和对初识者上下打量，也是一种失礼的行为。因为这样往往会使对方把目光移开，以示退让，也会引起对方心里的不快，从而影响交际效果。

在交往中，目光注视时间的长短要视关系亲疏和对对方的重视程度而定。对于初次接触的人，不宜直视对方，应先平视一眼，同时做微笑、点头、问候或握手等动作，然后转视他人或四周，避免长时间对视。对于熟人、故交，或为了向交往对象表达友好与重视，注视对方的时间则可稍长一些。在谈话中，目光与对方接触的累计时长应达到整个谈话过程的30%~60%，而听的一方注视的时间比说的一方还要长一些。有时双方目光会出现对视，此时不要迅速躲闪，而应泰然自若地缓慢移开。当然，注视不是凝视，如果盯住对方脸上的某一部位，会使其感到不自然；应该采用“散点柔视”。

（4）注视的方式

注视他人在交际场合可以有多种方式的选择。教师在注视方式上应当有所把握，切不可因为注视方式的不妥而影响工作或交流。

①直视。直视即直接地注视交往对象，它表示认真、尊重，适用于各种情况。若直视他人双眼，也称为对视。与人对视，表明自己大方、坦诚，或是关注对方。

②凝视。凝视是直视的一种特殊情况，即全神贯注地进行注视。它多用于表示专注恭敬。

③环视。环视即有节奏地注视身边不同的人员或事物。它表示认真、重视，适用于同时与多人打交道表示自己“一视同仁”。

④虚视。所谓虚视，是相对于凝视而言的一种直视。其特点是目光不聚焦于某处，眼神不集中，它多表示胆怯、走神、疲乏，或是失意和无聊。

⑤扫视。扫视，即视线移来移去，注视他人时上下左右对对方反复打量。它表示好奇，吃惊，不可多用，对异性尤其应该禁止使用。

⑥睨视。睨视，即斜着眼睛注视。它多表示怀疑、轻视，一般忌用。与初识之人交往时，尤其应当对其忌用。

⑦眯视。眯视，即眯着眼睛注视。它表示惊奇、看不清楚，模样不大好看，故也不宜用。

⑧盯视。盯视，即目不转睛，长时间地凝视某人的某一部位。它表示出神或挑衅，故不宜多用。

⑨他视。他视，即与某人交往时不注视对方，反而望着别处。它表示胆怯、害羞、心虚、反感、心不在焉，是教师平时所不宜采用的一种眼神。

⑩无视。无视，即在人际交往中闭上双眼不看对方。它又叫闭视，表示疲意、反感、生

气、无聊或没有兴趣。它给人的感觉往往是不大友好，甚至会被理解为厌烦、拒绝。教师在教学工作中也不宜对学生无视。

2. 巧用目光

（1）社交中巧用目光

要想达到最佳的交际效果，必须学会巧妙地使用目光。比如，见面握手、问候时，要亲切、热情地望着对方；与人交谈时，要善于对对方的目光做出积极回应；当询问对方身体及家人近况时，应用关切的目光；征询对方意见时，应用期待的目光；在对方表示出支持、合作的意向时，应用喜悦的目光；在得知对方带来意外的好消息时，应用惊喜的目光；对于对方的谈话内容感兴趣时，应用关注的目光；听到有启发性的意见时，应用赞赏的目光；中间插话、转移话题或提问时，则应用歉意的目光。要给对方一种亲切感，应用热情而诚恳的目光；要给对方一种稳重感，应用平静而诚挚的目光；要给对方一种幽默感，应用俏皮而亲切的目光。即使在送别客人时，也要“目送”客人远去，以示尊敬和友好。那种故意回避对方或闪烁不定的目光，会造成交流的障碍；但当双方缄默不语，或别人失言时，不应再注视对方，以免加剧已有的尴尬。总之，应最大限度地运用目光的表现力，创造一个最佳的交际氛围。

（2）教学中巧用目光

①善于集中幼儿目光，调节学习活动。

在非言语交际中，眼神传递的信息最丰富，使用频率也最高。在课堂上，教师目光注视的类型与次数被认为对课堂管理与教学目的影响最为明显。每当教师与学生的眼睛接触平均次数下降时，学生破坏课堂纪律现象就会上升；当教师不断注视教室的每个角落，师生之间的目光接触次数上升时，课堂秩序就良好。一般教师都认为，用坚定的目光“死死盯着”冒犯纪律的“调皮鬼”，是扭转课堂秩序的有效武器。目光的类型不同，会给学生不同的影响。

冷峻的目光，使学生产生疏远感；热情的目光，使学生产生勉励感；轻蔑的目光，使学生产生逆反感。眼能传神，眼能达意，而且能传微妙之神，达复杂之意。作为教师，应发挥眼睛传递信息的作用，善于将幼儿的视线集中引向自己，使自己成为全班的视觉中心，调节学习活动。教师要合理调控好自己的视角、视阈和视线，目光总是随时巡视着学生，与其保持着持续不断的视线接触，用自己敏锐而洞察秋毫的眼睛，随时发现幼儿的思想情绪、心理变化及听讲的兴趣，以便教师随机应变，采取急救措施，改变自己上课的内容和方法，把幼儿吸引过来。用眼睛说话是引导学生的最好的方式方法之一。这种教育有时胜过有声语言。

②合理分配目光，传达丰富情感。

幼儿教师在教学中应灵活地运用眼皮的开合、眼球的转动、瞳孔的变化等，合理地分配自己的目光，让每个幼儿都感受到教师的关注。由于大脑机能具有不对称性，绝大多数人形成左半球优势，而一般说来，教师上课时又主要是进行逻辑思维，形象思维居次要地位，所以教师“光顾”左边学员时间多于“光顾”右边学员的时间。美国昂塔里欧学院教育博士约翰·克勒观察了 19 位教师在课堂上一刻钟时间内，凝视时间超过 30 秒的注目方向，他发现：教师平均用 44% 的时间直视前方，39% 的时间与他左边的学员交换目光，而“光顾”右边学员的时间只有 19%。因此，合适的做法是把目光的中心放在倒数二、三排的位置，并兼顾其他；既不要长时间地直视某个学生，使其如坐针毡，也不要使任何一个学生有被忽视、被冷落的感觉，更不能东张西望、目视天花板或地面，使学生以为你心绪不宁，分散听课的注意力。要特别注意使自己的目光与全班学生的目光保持“对流”，以便随时调控，真正使教师的目光变成课堂气氛和学生情绪的“控制中枢”。

对正在发言、讲话的幼儿，教师不能用审问和怀疑的眼光看幼儿，而应报以信任的目光和亲切的微笑，幼儿一时回答不上来，则应以耐心、期待的目光注视他；肯定式眼神给予幼儿的感觉是教师的信任和鼓励，给幼儿以信心；孩子答对了，应投以欣赏的目光，答错了，则应给予鼓励的目光；幼儿间有矛盾、分歧，教师不能用目光传递自己对一方的袒护和专制，而应以开放的目光引导、鼓励孩子用民主的办法解决；孩子有问题，教师不能用不以为然的、烦躁的目光传递自己的烦躁，而应报以宽容、高兴的目光鼓励孩子大胆质疑的习惯和积极思维的能力。

③读懂幼儿目光，走进幼儿内心。

教师不仅要研究和懂得自身眼神的运用，还要研究读懂学生的眼神语汇，以便取得有效的反馈。幼儿的眼神常常是其生理和心理活动的外显，如幼儿认为自己能回答教师提问时，眼睛是直视教师的，是自信的；觉得自己不会时，目光会躲躲闪闪，甚至低头不敢看教师；幼儿眼神无光呆滞，有可能是生病了；幼儿眼睛突然放光盯在某一处，说明他可能发现了“新大陆”……所以，幼儿教师应从幼儿的眼神中了解到他们真实的想法，从而改进教学。曾有人形象地描述道：“组织教学活动，第一流的教师用眼神，第二流的教师用语言，第三流的教师施以惩罚。”

教师不仅要学会运用自己的眼神，还要读懂幼儿的眼神，走进孩子的内心，发现孩子的真实想法，从而改进教学方法，提高教学效果。

④真诚对视，关注鼓舞。

教师的目光和幼儿对视时，应该给幼儿一种“老师就在你身边”的感觉，使之精神振奋，尽量少用大面积巡视式的眼神，而是用一一对应的沟通式眼神与幼儿进行沟通，使幼儿感受到老师对自己的时刻关注，感受到老师用眼睛和自己对话。目前最常见到的教师眼神是非常有表现力的表演式眼神，而我们提倡的教师眼神应该是真诚的、发自内心的。

3. 目光礼仪禁忌

和别人相处的时候，不可以注视对方的头部、胸部、腹部、臀部、大腿、脚部或手部等“禁区”，否则可能会引起对方的强烈反感。眼睛转动的幅度与快慢也必须遵循一个“度”，不能太快也不能太慢，否则会有“挤眉弄眼”“贼眉鼠眼”“死鱼眼睛”“呆若木鸡”之嫌，给人以轻浮、不诚实或迟钝、呆板的印象。

与异性交往时不宜上下左右反复打量对方，以免使对方感到不舒服。从注视的角度来说，提倡平视，这样可以体现出双方地位的平等和本人的不卑不亢。

4. 幼儿教师运用目光的注意事项

①若想对对方表示友好，则注视对方的时间应占全部相处时间的1/3左右，不能长时间地凝视幼儿，否则会让幼儿感到不安。

②在一般情况下，教师与幼儿交谈时，注视的常规部位有幼儿的眼睛、额头、眼部至唇部，或注视其整个上身。当其缄默无言时，不要紧盯着幼儿的脸，这样会令其踌躇不安。

③教师的眼睛转动的幅度要适宜，不可太快或太慢，太快表示不真诚，太慢表示缺乏生气。

④当幼儿答不上题目或答错时，教师不能紧盯孩子的脸或看一眼后马上转移视线，这会

让幼儿觉得老师在讽刺嘲笑他。可以用目光鼓励他、安慰他。

⑤瞪眼、斜视的眼神千万不能使用，这表示你对孩子不满，传递着你漠视、敌意的情绪。

（二）微笑

在人的面部表情中，除目光之外，最动人、最有魅力的就是微笑。它是沟通双方心灵的润滑剂，是最能打动人的无声语言，被称为“世界语”。

1. 微笑的作用

微笑是人际关系的黏合剂，是“参与社交的通行证”，也是待人处世的法宝，在人际交往中起着重要的作用。

（1）融洽气氛

微笑有一种天然的吸引力，是人际交往的一种轻松剂和润滑剂。它能使人相悦、相亲、相近，能有效地缩短双方的心理距离，打破交际障碍，为深入沟通与交往创造真诚、融洽、温馨的良好氛围。

当你第一次踏入社交场合，或第一次与客人交往时，难免会感到紧张、羞怯。微笑则可以帮助你摆脱窘境，对方的友好微笑可以化解你的局促，你的微笑可以帮助自己镇定。所以在社会交往中，表示友善、欢迎、亲切时，要面带微笑；表示请求、道歉、拒绝时，更应面带微笑。如让人久等了，边微笑边说“对不起”，可以消除对方的怨气。通常人们总习惯以消极的表情语来表达否定的意思，其实若在人际交往中用积极的表情语微笑的方式来表达拒绝，会免去对方的尴尬，更容易使人接受。

（2）减少摩擦

微笑是一种特殊的情绪语言，它可以起到有声语言所起不到的作用。微笑是一个人对他人态度诚恳的一种表现，能给人以亲切、友好的感觉，帮助对方驱散笼罩在心头的阴云，消除误解、疑虑和隔阂。

微笑是善意的标志、友好的使者、礼貌的表达。当碰到他人向你提出不好满足的请求或要求时，若板起脸来拒绝，往往会招人反感，而微笑不但可以为你赢得思考的时间，而且可以使你的拒绝让人容易接受，不伤和气地解决问题。

（3）美化形象

微笑给人以亲切、甜美的感受，是一个人最美的神态。微笑作为一种表情，不仅是个人形象的外在表现，也是人的内在精神的反映。一个善于微笑的人，其心理一定是健康的。因为，一个笑口常开的人，一定是个心地善良、心胸豁达、乐观向上的人，是个热爱工作、奋发进取、充满自信的人。可以说，微笑是礼仪的基石，也是个人礼仪修养的展现。善于微笑的人，往往会赢得他人的好感和信赖。

2. 幼儿园教育中微笑的运用要点

微笑是社交场合最富有吸引力的面部表情。但要想展露出优雅、迷人的微笑，还需要做到以下几点：

（1）微笑要真诚

据对某幼儿园大、中班幼儿的调查来看，中班80%的幼儿、大班98%的幼儿都喜欢教师始终面带笑容。微笑是教师对现实生活乐观情绪的自然表露，是对幼儿发自内心的宽容和理解，是对幼儿教师一日活动的礼仪规范，是对自己教育教学技巧的高度自信。微笑最重要的是真诚和自然，微笑应该发自内心，是最有价值的面部表情。教师面带微笑，就会给幼儿以亲切、和蔼、可信的感觉，幼儿才愿意和你接近。而阴沉、横眉立目，则给幼儿以恐惧、威严和冷淡的感觉，使幼儿对教师敬而远之。真诚的微笑是眼到、心到、意到、神到、情到。

（2）微笑要得体

微笑的基本特征是齿不露、声不出，既不要故意掩盖笑意、压抑喜悦影响美感，也不要咧着嘴哈哈大笑。微笑要神态自然、得体，向每个幼儿传递温馨和亲和的感受，笑得适度才能充分表达友善、诚实、和蔼、融洽等美好的情感。

（3）微笑要适宜

微笑是“世界通用语言”，但也不能走到哪里笑到哪里，见谁对谁笑。微笑要适宜。微笑要注意对象，两人初次见面微笑可以拉近双方的心理距离；同事间见面点头微笑显得和谐、融洽；当遇到别人与自己争执的时候不愠不火的微笑，既能缓解对方的紧逼势头，又能为寻求应对办法赢得时间；当遇到一些不好回答或不方便回答的问题时，轻轻一笑不做回答，更显出它特殊的功能。

许多教师常常在不经意中将自己的情绪挂在脸上，其实孩子比我们想象中更能察言观色，常能根据教师的表情来推测对自己的感情。请对我们的孩子微笑吧！那展现的不仅是教师良好的形象，更显示了教师伟大的人格魅力。

3. 微笑训练方法

（1）口咬筷子

选用一根洁净、光滑的圆柱形筷子，但不宜用一次性的简易木筷，以防拉破嘴唇，横放在嘴中，用牙轻轻咬住或者含住，以观察微笑状态，如图 2-3-42 所示。

图 2-3-42

（2）情绪记忆法

情绪记忆法是在训练演员时常采用的一种方法。将自己生活中最高兴的事件中的情绪储存在记忆中，当需要微笑时，可以想起那件最使你兴奋的事件，从记忆中唤醒过去那些最令人愉快、令人喜悦的情景，使当时的情绪重新袭上心头，重享当时的快乐，重现当时的微笑，脸上就会流露出笑容。注意练微笑时，要使双颊肌肉用力向上抬，嘴里念“一”“七”“呵”“哈”“茄子”“威士忌”等音，用力抬高口角两端，注意下唇不要过分用力。

（3）情绪诱导法

情绪诱导法就是利用外界的诱导、刺激来引发自身情绪的愉悦，从而唤起微笑的方法。例如，当一个人独处时，打开你喜欢的书页，翻看使你高兴的照片、画册，放首喜欢的乐曲等，或者幻想自己将要经历的美事引发微笑。

（4）对镜固化法

这是一种常见、有效和最具趣味的训练方法。训练时，我们可以衣装整洁地端坐镜前，放松心情，调整呼吸，静心3秒钟，开始微笑：双唇轻闭，使嘴角微微翘起，舒展面部肌肉，注意眼神的配合，使整个面容协调。如此反复多次。对着镜子做最使自己满意的表情，到离开镜子时也不要改变它。为了获得更好的训练效果，可配合播放较欢快的背景音乐。

（5）观摩欣赏法

观摩欣赏法是指几个人在一起互相观摩、议论、互相交流、互相鼓励、互相分享开心微笑的一种方法。也可以在平时留心观察他人的微笑，把精彩的“镜头”封存在记忆中，时时模仿。

（6）意念法

已经有了微笑训练基础或善于微笑的人，不用对镜或利用其他道具，只用意念控制，驱动双唇，就能达到最佳微笑状态。

素养提升

爱的微笑

——美国总统教育奖获得者埃斯卡兰的教育诀窍

1. 面对学生的提问时送上一缕微笑是无声的赞许与鼓励。
2. 上台与下台时微笑，拉近与学生的距离。
3. 肯定与否定学生的一些言行时，配合着点头与摇头，脸上挂着微笑。
4. 表达有趣的现象时微笑。
5. 面对开小差或小声议论的学生，可略做停顿，同时脸挂微笑是一种含蓄的指责与批评。
6. 学生遇到困难时，用微笑激起他克服困难的斗志。
7. 即便学生犯了错误，也应以微笑给予理解和期待。

学练结合

1. 具体谈谈应从哪些方面训练自己的仪态，怎样使自己符合礼仪规范要求。
2. 为什么在人际交往中需要多一点微笑？怎样才能做到恰到好处地微笑？

3. 就座、离座有哪些礼仪要求？

4. 幼儿教师怎样保持行走时仪态优雅？

5. 什么样的蹲姿符合礼仪？

实践训练项目

靠墙微笑站立训练。

实训目标：熟练掌握正确站立、行走、下蹲姿势与得体的微笑。

实训内容与要求：实训内容为学生正确靠墙站立训练，要求每位学生按“五点一线”，尽量收腹贴墙站立，面带微笑，训练时间15分钟，全班同学分成两组轮流练习。

实训成果与检测：一组学生进行站立训练，另一组学生进行检查，最后教师进行点评。

学习单元四　语言之礼

言谈是人们建立良好的人际关系的重要途径。任何人在各种社交场合总要同老相识和新结识的人接触和谈话，借以增进相互了解。而作为人类灵魂工程师幼儿教师，其一言一语都会对学生或其他人影响甚大。幼儿教师在工作、学习与生活之中规范化使用语言与文字，懂得言谈的礼节，谈吐得体，举止文雅是很重要的。

幼儿思维的具体形象性特点决定了他们更容易理解和接受直观、生动、具体的教育语言。因此幼儿教师的语言也就有别于其他阶段教师的语言。

一、教师语言的礼仪要求

（一）幼儿教师语言应规范、清晰、柔和

语言规范包括语音、词汇和语法等方面，这些都要符合全国通用的普通话的规范。推广普通话，既是我国的一项基本国策，也是提高教育质量的一项重要举措。在教学的具体过程之中，除面对外国人士、少数民族人士、个别听不懂普通话的人士之外，教师一定要在自己说话或者与对方交谈时使用普通话。

在语音方面，教师要使用符合普通话的标准发音，做到发音清楚、吐字准确，不使用方言，不念错字。注意阴平、阳平、上声、去声等四种基本声调的区别。教师的教学语言应语速适中，语言规范、有趣、生动，语气柔和，委婉中听，吐音清晰。要先让幼儿听懂、听清教师在说什么，只有听得清楚，才能让幼儿逐渐理解。

众所周知，在幼儿园，幼儿的模仿对象主要是教师，教师语言音量的高低轻重、语调的升降、语气的强弱等变化都是传递信息的有效手段，同样一句话，运用不同的音量和速度、不同的重音和停顿、不同的语调和语气说出来，都会表达不同的含义，产生不同的效果。

（二）幼儿教师语言应平等、因材施教

《幼儿园教育指导纲要》要求：“创造一个自由、宽松的语言交往环境，支 持、鼓励、吸引幼儿与教师、同伴或其他人进行交谈。”这就要求幼儿教师平等对待幼儿，不因自己是老师而凌驾于幼儿之上，亦不因幼儿的个体差异、家庭背景不同而区别对待。幼儿教师应多用协商的言语、讨论的方式拉近自己和幼儿之间的情感距离，化解与幼儿之间的心理障碍，

取得幼儿的心理认同，鼓励幼儿积极参与各种教学活动，保护孩子的自尊心和自信心，实现良好的教育教学目的。

苏霍姆林斯基说："要像对待荷叶上的露珠一样对待孩子的心灵。"这就要求幼儿教师充分掌握幼儿心理成长的规律，掌握幼儿认知发展的规律，熟悉每一个孩子的特点。针对不同的学习环境、不同年龄阶段的幼儿、不同的学习材料使用不同的语言，切实做到因材施教。对内向的孩子大胆鼓励，对不良倾向进行有效制止。

（三）幼儿教师语言应有情有爱

教师富有情感性的语言应发自内心，能够拨动幼儿的心弦，引起他们内心世界的共鸣，激发他们对幼儿园生活和学习的兴趣。如课间语言应活泼欢快，精神饱满，亲切温柔，力求言简意赅，不可过分夸张，不过分喜怒形于色；杜绝训斥、讥讽的语言。只有包含慈爱、关心、朴实、动人的语言，才能感染幼儿的情感，拉近师生间的距离。

（四）幼儿教师的语言应该生动有趣

教师的生活语言力求体现母爱，不讲粗话、脏话，忌训斥幼儿，忌大呼小叫，时刻面带微笑，保持恰当的目光。如果教师像老和尚念经似的说话，只会使幼儿昏昏欲睡；如果像播音员一样地说话则会让幼儿感到生涩，毫无情趣。因此，幼儿教师必须注重语言的生动和直观性，特别是加上教师丰富的表情和适当的动作，更容易为幼儿所接受和模仿，也有利于幼儿语言的发展。

【思政小窗口】

词雅语美

人际交往中用词要尽量文雅，多用礼貌用语。在一些特定环境中还应掌握一些中国传统的礼仪用语：

好久不见说"久违"，初次见面说"久仰"；
请人原谅说"包涵"，请人批评说"指教"；
请人帮忙说"劳驾"，求给方便说"借光"；
麻烦别人说"打扰"，向人祝贺说"恭喜"；
托人办事说"拜托"，赞人见解说"高见"；
对方来信称"惠书"，老人年龄称"高寿"；
宾客来到用"光临"，中途先走用"失陪"；
请人勿送用"留步"，等候客人用"恭候"。

二、常用礼貌用语

（一）称谓

称谓即称呼，是指在人与人交往中彼此之间使用的称谓语，是表达人的思想感情的重要手段。在日常交往中，正确恰当的称呼能体现对对方的尊敬或亲密程度，也能反映自身的修养及文化素质，体现对对方的尊敬，可以给人良好的第一印象，可以使对方感到亲切和温暖。

称谓应做到亲切、自然、规范、庄重。同时要合乎常规，要照顾被称呼者的个人习惯，要入乡随俗。还要注意称谓的种类、次序及相关礼节。

人际交往，礼貌当先；与人交谈，称谓当先。使用称谓，应当谨慎，稍有差错，便贻笑于人。恰当地使用称谓，是社交活动中的一种基本礼貌。称谓要表现尊敬、亲切和文雅，使双方心灵沟通，感情融洽，缩短彼此距离。正确地掌握和运用称谓，是人际交往中不可缺少的礼仪因素。

1. 称谓的规范

称谓的使用是否规范，是否表现出尊重，是否符合彼此的身份和社会习惯，这是一个十分重要的问题。我们使用称谓要规范。

（1）姓名称谓

姓名，即一个人的姓氏和名字。姓名称谓是使用比较普遍的一种称呼形式。在工作岗位上称呼其名，一般限于同事、熟人和朋友，彼此之间均可以姓名相称。长辈对晚辈也可以这么称呼。用法大致有以下几种情况：

全姓名称谓，即直呼其姓和名。一般是在年龄、职务相仿，好同学、好朋友、好同事之间常用这种称呼，如“李大伟”“刘建华”等。全姓名称谓有一种庄严感、严肃感，一般用于学校、部队或其他等庄重场合。一般地说，在人们的日常交往中，指名道姓地称呼对方是不礼貌的，甚至是粗鲁的。

名字称谓，即省去姓氏，只呼其名字，通常是上司称呼下级、长辈称呼晚辈。在亲友、同学、邻里之间，也可使用这种称呼。如“大伟”“建华”等，这样称呼显得既礼貌又亲切，运用场合比较广泛。

姓氏加修饰称谓，即在姓之前加一修饰字“老”“大”“小”，不称其名。如“老李”小刘”“大陈”等，这种称呼亲切、真挚。一般用于在一起工作、劳动和生活中相互比较熟悉的同志之间。

（2）亲属称谓

亲属称谓是对有亲缘关系的人的称呼，对亲属的称呼应按照辈分来确定。

我国古人称谓上尤为讲究，主要有：

对亲属的长辈、平辈决不称呼姓名、字号，而按与自己的关系称呼。如祖父、父亲、母亲、胞兄、胞妹等。

称别人的亲属时，加“令”或“尊”。如尊翁、令堂、令郎、令爱、令侄等。

对别人称自己的亲属时前面加“家”，如家父、家母、家叔、家兄、家妹等。

对别人称自己的平辈、晚辈亲属，前面加“敝”“舍”或“小”。如敝兄、敝弟，或舍弟、舍侄，小儿、小婿等。

对自己的亲属用谦称，可加“愚”字，如愚伯、愚岳、愚兄、愚甥、愚侄等。

随着社会的进步，现在我们在日常生活中，使用亲属称谓时，一般都是按照辈分来确定。

称自己与亲属的关系，十分简洁明了，如爸爸、妈妈、哥哥、弟弟、姐姐、妹妹、大姨、三姑等。

对比自己辈分低和年龄小的亲属，可以直呼其名。如“陈静”“李霞”“乐乐”等。

有姻缘关系的，在当面称呼时，也有了改变，如岳父——爸，岳母——妈。

称别人的亲属时和对别人称自己的亲属时也不那么讲究了，如：您爹、您妈、我哥、我弟等。

不过在书面语言上，文化修养高的人，还是比较讲究的，不少仍沿袭传统的称谓方法，显得高雅、礼貌。

（3）职务称谓

①职务称呼。在工作交往中，只以交往对象所担任的职务相称，以示身份有别，敬意有加。最常见的以职务相称的方法有三种：仅称职务，如“部长”“校长”“班长”“主任”等；在职务前加上姓氏，如“孙部长”“刘经理”“唐校长”“赵院长”等；在职务之前加姓名，此称呼仅适用于极其正式的场合，如“张伟书记”“宋元局长”等。

②职称称呼。在不同职业中有技术职称者，尤其是具有中、高级职称者，在工作和交往时，可以直接称呼对方的专业技术职务。

最常见的以职称相称的方法有三种：一是仅称职称，如“教授”“会计师”“工程师”等；二是在职称前加上姓氏，如“刘教授”“张工程师”“刘医师”。三是在职务之前加姓名用于正式的场合，如“刘明教授”“王宁会计师”“马玲工程师”等。对工程师、总工程师还可称“张工”“刘总”等。

③职业尊称，即用其从事的职业工作当作称谓，如“李老师”“赵大夫”“刘会计”“张老师”“赵医生”“李警官”等。不少行业可以用“师傅”相称。对于服务行业的人员，可以按性别的不同分别称呼为：“小姐”“女士”“先生”。其中“小姐”和“女士”二者的区别在于：未婚者称“小姐”，不明确婚否者称“女士”。

（4）政务交往中的称谓

在政务交往中，常见的称呼除“小姐”“女士”“先生”外，还有两种方法，一是称其职务，二是对地位较高者称“阁下”。对地位高的官方人士，一般为部长以上的高级官员，按国家情况称“阁下”、职衔或先生。如“部长阁下”“总统阁下”“主席先生阁下”“总理阁下”“总理先生阁下”“大使先生阁下”等。在称呼职务或“阁下”时，还可以加上“先生”这一称呼。其组成顺序是：先职务，次“先生”，最后“阁下”；或是职务在先，“先生”在后。如“总理先生阁下”“大使阁下”“市长先生”等。但美国、墨西哥、德国等国没有称“阁下”的习惯，因此在这些国家可称“先生”。对有地位的女士可称夫人，对有高级官衔的妇女，也可称“阁下”。

2. 称谓的禁忌

进行人际交往，在使用称呼时，一定要回避以下几种错误的做法。其共同的特征，是失敬于人。

误读。误读一般表现为念错被称呼者的姓名。比如，“郇”“查”“盖”这些姓氏就极易弄错。

误会。误会主要指对被称呼的年纪、辈分、婚否以及与其他人的关系做出了错误判断。比如，将未婚妇女称为“夫人”，就属于误会。

使用过时的称呼。有些称呼，具有一定的时效性，一旦时过境迁，若再采用，难免贻笑大方。比方说，在我国古代，对官员称为“老爷”“大人”。若将它们全盘照搬进现代生活里来，就会显得滑稽可笑，不伦不类。

使用不通行的称呼。有些称呼，具有一定的地域性，比如，北京人爱称人为“师傅”，山东人爱称人为“伙计”，中国人经常把配偶称为“爱人”、孩子称为“小鬼”。但是，在南方人听来，“师傅”等于“出家人”，“伙计”肯定是“打工仔”。而外国人则将“爱人”理解为进行“婚外恋”的“第三者”，将“小鬼”理解为“鬼怪”“精灵”，可见意思更是“南辕北辙”，误会太大了。

使用不当的行业称呼。学生喜欢互称为“同学”，军人经常互称“战友”，工人可以称为“师傅”，道士、和尚可以称为“师父”，这些都无可厚非。但以此去称呼“界外”人士，并不表示亲近，没准还会不为对方领情，反而产生被贬低的感觉。

使用庸俗低级的称呼。在人际交往中，有些称呼在正式场合切勿使用。例如，“兄弟”“朋友”“哥们儿”“姐们儿”“死党”“铁哥们儿”“老铁”等一类的称呼，就显得庸俗低级，档次不高。它们听起来令人肉麻不堪，而且带有明显的黑社会人员的风格。逢人便称“老板”，也显得不伦不类。

使用绰号等作为称呼。对于关系一般者，切勿自作主张给对方起绰号，更不能随意以道听途说来的对方的绰号去称呼对方。至于一些对对方具有侮辱性质的绰号，例如，“小鬼”“鬼子”“拐子”“秃子”“罗锅儿”“四眼”“肥肥”“傻大个”“北极熊”“黑哥们”“麻秆儿”等更应当免开尊口。

还有无称呼，即不使用任何称呼、替代性称呼。如“喂”“六号”“下一个”。另外，还要注意，不要随便拿别人的姓名乱开玩笑。要尊重一个人，必须首先学会去尊重他的姓名。每一个正常人，都极为看重本人的姓名，而不容他人对此进行任何形式的轻贱。对此，在人际交往中，一定要予以牢记。

素养提升

1. 先生之称

“先生”除适用于商界称呼男士之外，还可用于称呼年纪长者或身份、地位较高者。在此情况下，它不存在男女之别，而被视为一种尊称。

2. 老师之称

“老师”除适用于称呼教师之外，在国内，还可以用于称呼文艺界、教育界人士，或其他有地位、有身份、有成就的人士。此刻，“老师”被视为一种尊称。

3. 对德高望重者的敬称

对德高望重者的敬称有二，其一，称“公”。将其姓氏冠于“公”前，如“周公”“谢公”。其二，称“老”。一是直接将其姓氏冠于“老”前，如“李老”；二是当被尊称者名字为双字，则可将其第一字加在“老”之前，如杨振宁即可被尊称为“振老”。

4. 幼儿教师怎样称呼学生

熟记幼儿的名字，是与幼儿建立良好关系的第一把钥匙。我们可以借助合适的称呼更好地开展教学工作，也可以拉近与学生的距离。

①称呼其为“小朋友”。

第一次见面或者在还不熟悉孩子姓名的情况下，我们可以称其为“小朋友”；有时，在幼儿园里遇到自己不清楚姓名的孩子，也可以称呼其为“小朋友”。

②直接称呼孩子的名字，不加姓。

称呼一个叫陈奕璇的孩子，我们想拉近与孩子的距离，可以不直呼她的姓和名，而是叫她“奕璇”，这样显得更亲切。

③重叠称呼孩子名字中的某一字。

如可以称呼陈奕璇小朋友为“璇璇”。在与家长接触一段时间后，一般是跟着家长称呼孩子的昵称，如家里习惯称陈奕璇为“璇璇”或“小璇”，那么，我们在幼儿园也可以跟着家长这样称呼。

④名字后面加“小朋友”。

如可以称呼陈奕璇为“奕璇小朋友”，或者是“璇璇小朋友”。

⑤称呼姓名。

在一些正式的场合，特别是需要确认孩子身份的时候，如打针、吃药、交费等重要场合，为避免混淆同名的孩子，是需要称呼姓和名的，也可以在姓名后面加上“小朋友”，如“陈奕璇小朋友”。

重要的一点一定要牢记：不能给孩子起绰号，也不能跟着家长或其他孩子喊孩子的绰号，开玩笑也不行。

5. 幼儿教师怎样称呼家长

①对经常见面的家长，可以用幼儿的昵称，再加上家长与幼儿关系的称呼。如“奕璇妈妈”“子瑞爷爷”，这样称呼一方面容易分辨，另一方面家长也会在称呼中体会到教师对自己孩子熟悉的程度，对幼儿教师工作的认可度会更好。

②与家长第一次见面，可以先直接称呼其“家长”。

③遇到较大的家长，是年长辈，也可以使用一般性的礼貌称呼。如“这位大伯，您来接哪个孩子啊？”

④如果确实知道家长的职业，也可以按职业来称呼家长，如陈医生、李律师。但尽量避免在其他家长面前按职位称呼幼儿家长，如黄经理、何院长。

（二）问候

问候语主要适用于人们在公共场所里相见之初时，彼此向对方询问安好，致以敬意，或者表达关切之意。在工作岗位上，一般要求教师对问候用语勤用不怠。

1. 问候的情境

具体来讲，使用问候语有五种情况：

①主动服务于他人时。

②他人有求于自己时。

③他人进入本人的工作区域时。

④他人与自己相距过近或是四目相对时。

⑤自己主动与他人进行联络时。

2. 问候的顺序

进行问候，通常应当是相互的，即问候应当有来有往，有问有答。按惯例，在正常情况下，应当由身份较低之人首先向身份较高之人进行问候。幼儿教师在工作中，应由幼儿教师首先向交往对象进行问候。如果被问候者不止一人时，有三种方法问候顺序可循：

①统一向对方进行问候，无须面面俱到至每个人。例如，可问候对方："大家好""各位晚上好"。

②采用"由尊而卑"的礼仪惯例，先问候身份高者，然后问候身份低者。

③以"由近而远"为先后顺序，首先问候距自己近的人，然后"由近而远"依次问候他人。当被问候者身份地位相近时，大多采用这种方法。

3. 问候的形式

当交往对象首先向幼儿教师进行问候时，幼儿师有必要采用适当的内容和形式回敬对方一句问候。问候他人时，具体内容应当既简练又规范。通常，适用于教师采用的问候用语，主要分为下列两种：

（1）标准式问候

所谓标准式问候，即直截了当地问候对方。其常规做法是：适当的人称代词或者其他尊称加上"好"。例如，"你好""您好""各位好""大家好""张晓彤好""王老师好""马园长好"。

（2）时效式问候

时效式问候用语，即在一定的时间范围之内有作用的问候用语。常规做法是在问好、问安之前加上具体的时间，或是在时间及"好"前加上尊称，例如，"早上好""早安""李园长早安""小朋友们下午好""刘老师晚上好"。

一些非正式的问候用语，例如"吃饭了吗""忙什么呢""近来好吗""日子过得怎么样"等这些问答式问候用语，均不宜在工作岗位上使用。

（三）迎送

幼儿教师在自己的工作岗位之上欢迎或送别学生、家长等交往对象时会用到迎送用语。迎送用语可划分为欢迎用语与送别用语，二者分别适用于迎客之时或送客之际。幼儿教师要自觉地配套使用迎送用语，使自己的礼貌待客有始有终。

1. 欢迎用语

所谓欢迎用语，又叫迎客用语，适用于客人光临之时。使用欢迎用语时，应注意以下两点：

①欢迎用语往往离不开"欢迎"一词的使用。在平时，最常用的欢迎用语有："欢迎""欢迎光临""欢迎您的到来""莅临我校，不胜荣幸""见到您很高兴""恭候光临"。

②在客人再次到来时，应以欢迎用语表明自己记得对方，以使对方产生被重视之感。具体做法是在欢迎用语之前加上对方的尊称，或加上其他专用词。例如，"刘教授，欢迎光临""赵老师，我们又见面了""欢迎再次光临""欢迎您又一次光临我校"。

2. 送别用语

所谓送别用语，又叫告别用语，适用于送别他人之际。最为常用的送别用语主要有"再见""请慢走""您走好""欢迎再来""一路平安""一路顺风""多多保重"等。需要注意的是，送别乘飞机的客人忌讳说"一路顺风"。

使用送别用语时，应注意：

①不要忘用。不论此次交往成效如何，都应当一如既往地保持风度，千万不要在对方离

去时默不作声。

②不要滥用。在一些特殊的领域里，有些送别语假如使用不当，便会令人感到不甚吉利。例如，在医院，对于病愈出院者，就不宜说“欢迎再来”。

（四）请托

请托用语主要是指在请求他人帮忙或是托付他人代劳时，使用的专项用语。在工作岗位之上，任何教师都免不了会有求于人。不论是需要理解，还是寻求帮助，诚恳地使用请托用语，对广大教师而言都是非常必要的。

请托用语分以下三种：

1. 标准式请托

标准式请托用语就是“请”字与其他语言的组合。例如，使用“请稍候”“请让一下”等。

2. 求助式请托

求助式请托用语，最为常见的有：“劳驾”“拜托”“打扰”“借光”“请关照”等。它们往往是在向他人提出某一具体的要求，例如请人让路或帮忙、打断对方的交谈，或是要求对方照顾一下自己时使用。

3. 组合式请托

有些时候，教师在请求或托付他人时，往往会将标准式请托用语与求助式请 托用语混合在一起使用，这便是所谓的组合式请托用语。“请您帮我一个忙”“劳驾您帮助我抬一下行李箱”“拜托您为这位抱小孩的大姐让个座位”等，都是典型的组合式请托用语。

在工作中我们必须杜绝的语言有：

①不尊重之语。面对残疾人时，切忌使用“残废”“瞎子”“聋子”等词；对体胖之人“肥”，个矮之人的“矮”，都不应当直言不讳。

②不客气之语。如在劝阻服务对象不要动手乱摸乱碰时，不能够说：“别乱动”“弄坏了你得赔”等。

素养提升

幼儿教师工作中文明语言

幼儿教师在工作中与家长沟通交流要主动热情、文明礼貌。

一、接待来宾

主动询问——您好，请问您找谁？请问您有什么事吗？需要帮忙吗？

被动受问——哦，抱歉，这个我还不太清楚，我可以帮你问一下。

二、打电话

打电话——先问好，然后做自我介绍，接下来再说事。如：“喂，您好！我是×班的××老师，你是某某的妈妈吗？是这样的……”

接电话——先问好，然后做自我介绍，接下来再询问。如：“喂，您好！××中心幼儿园×班××老师，请问您找谁？有什么事吗？”

放电话——等对方放下电话，然后再挂机。

三、对待幼儿

无意过失——耐心安慰，不指责埋怨幼儿。如：伤着没有？下次小心点儿。

组织活动——语速适中，指令简洁明了，语言生动、有趣、儿童化。如：请吃好点心的小朋友轻轻地把小椅子搬到旁边。

师幼互动——热情温和、积极应答、仔细观察、不断提示、给予评价、鼓励欣赏。如：你真爱动脑筋，真棒！

遇到困难——鼓励幼儿增强自信，不讽刺挖苦。如：你肯定能行，试试看吧！别着急，我来帮助你。

有意过失——坚持正面教育，及时解决。如：有事好好说，不能动手。相信你是好孩子，以后不会再做这种事。

日常生活——亲切关爱，体贴入微，力求体现母爱。不讲粗话、脏话，不训斥幼儿，忌大呼小叫。如：有点不舒服是吗？让我看看裤子有没有湿了。

（五）致谢

致谢用语，又称道谢用语、感谢用语，是表达说话人的感激之意。适当地运用致谢用语，既向他人表达了自己的谢意，又展示了本人的良好修养，正所谓“礼多人不怪”。但若是应当道谢之时无一句致谢用语，会使人不悦，甚至产生反感。

下列六种情况应及时使用致谢用语，以向他人表明自己的感激之情。

①获得他人帮助时。

②得到他人支持时。

③赢得他人理解时。

③感到他人善意时。

⑤婉言谢绝他人时。

⑥受到他人的赞美时。

致谢用语在实际运用时内容或有变化，不过从总体上讲，基本上可以被归纳为三种基本形式。

1. 标准式致谢

它的主要内容，通常只包括一个词语——“谢谢！”在任何需要致谢之时，均可采用此种致谢形式。在许多情况之下，如有必要，在采用标准式致谢用语向 人道谢时，还可以在其前后加上尊称或人称代词，如“金先生，谢谢”“谢谢郑老师”“感谢您”等，这样做可使对象性更为明确。

2. 加强式致谢

有时，为了强化感谢之意，可在标准式致谢用语之前，加上某些副词。此即所谓加强式的致谢用语。对其若运用得当，往往会令人感动。最常见的加强式致谢用语有：“十分感谢”“万分感谢”“非常感谢”“多谢”等。

3. 具体式致谢

具体式致谢用语，一般用于因为某一具体事宜而向人致谢时。在致谢时，致谢的原因通常会被一并提及，例如，“有劳您了”“劳您费心了”“让您替我们费心了”“上次给您添了不少麻烦”“那件事情您太为我操心了”等。

（六）征询

征询用语，也叫作询问用语，是向他人进行征询时，使用的必要的礼貌语言，以取得预期的良好反馈。

幼儿教师在自己的岗位上遇到下述五种情况，一般应当采用征询用语：

①主动提供帮助时。

②了解对方需求时。

③给予对方选择时。

④启发对方思路时。

⑤征求对方意见时。

必须注意的是：

教师在具体使用征询用语时要把握好时机，并且还需兼顾交往对象态度的变化，切勿随意对其滥用，从而令对方产生被强加于人之感。

在正常情况下，教师应用最广泛的征询用语主要有以下三种：

1. 主动式征询

主动式征询多适用于主动向交往对象提供帮助之时。例如，“需要帮助吗”“我能为您做点儿什么”“您需要问什么问题”“您想要什么”。它的优点是节省时间，直截了当。缺点则是稍微把握不好时机的话，便会令人感到有些唐突、生硬。

2. 封闭式征询

封闭式征询多用于向交往对象征求意见或建议之时。它往往只给对方一个选择方案，以供对方及时决定是否采纳。例如，“您觉得这个答案怎么样”“您不来上一杯咖啡吗”“您是不是很喜欢这种颜色”“您是不是想先来试一试”“您不介意我来帮助您吧”等。

3. 开放式征询

开放式征询也叫选择式征询用语，是提出两种或两种以上的方案，以供对方有所选择。这样做，往往意味着尊重对方。如“您需要这一种，还是那一种”“您认为这个答案正确，还是那个答案正确”“这里有红色、黑色、白色三种，您更喜欢哪一种颜色的”等。

（七）应答

应答用语，在此特指教师在工作岗位上用来回应他人的召唤，或是在答复其询问之时所使用的专用语。在此过程之中，教师所使用的应答用语是否规范，往往直接地反映着他的工作态度与语言技巧。

在工作过程之中，教师随时都有可能使用应答用语，由此可见其使用范围之广。教师在使用应答用语时，基本的要求是：随听随答、有问必答、灵活应变、热情周到、尽力相助、不失恭敬。

就应答用语的具体内容而论，它主要可以分为以下三种基本形式。在某些情况下，它们往往相互之间可以交叉使用。

1. 肯定式应答

平时，它主要用来答复交往对象的请求。重要的是，一般不允许教师对其交往对象说

“不”，更不允许对其置之不理。这一类的应答用语主要有：“是的”“好”“我会随时和您交流孩子的情况”“很高兴能为您解答”“好的，我明白您的意思”“我会尽量配合您的家庭教育”“一定好好照管您的孩子”等。

2. 谦恭式应答

当交往对象对于被提供的招待、服务表示满意，或是直接对相关人员进行口头表扬、感谢时，一般宜用此类应答用语进行应答。它们主要有：“这是我的荣幸”“请不必客气”“这是我们应该做的”“请多多指教”“您太客气了”“过奖了”等。

3. 谅解式应答

在交往对象因故向自己致以歉意时，应及时予以接受，并表示必要的谅解。常用的谅解式应答用语主要有：“不要紧”“没关系”“不必”“我不会介意”等。

（八）赞赏

赞赏用语是对他人称道或者肯定其才华时使用的及时而恰当的赞赏，是接受交往对象，或是对其言行做出正面的认可。赞赏既能激励别人，促使其正视自己、好上加好，也能促进、改善双方人际关系。

师生交往时，或者在教学过程中，教师有必要恰到好处地对其赞美、肯定。赞美学生能争取学生的合作，使教师拥有美好的心情，并且使师生双方在整个教学过程中和睦而友善地相处。

即使需要婉转地批评学生的错误，或是有必要否定对方的见解，也需要辅以适当的赞美之词，七分批评加上三分赞美，收效会好得多。

在实际运用中，教师在有必要赞美学生时，要注意以下四点：

1. 适可而止、严禁泛滥

赞美虽是交际过程之中一种有效的人际关系润滑剂，但教师在运用时，须有所控制，并限量使用。若是教师对学生所讲的每一句话都是赞美之词，会令赞美本身贬值，令其毫无任何实际的意义。故教师对学生要有赞美，亦不可过度泛滥。须把握分寸，点到为止、适可而止。

2. 实事求是，严禁夸大

赞美时必须明确赞美与吹捧的区别。真正的赞美是对他人所长之处的一种实事求是的肯定与认同。而所谓吹捧则是指无中生有或夸大其词地对别人进行恭维和奉承，就是为了讨好他人而成心要给对方戴高帽子。赞美一位不到 40 岁的女士“显得真年轻”，还说得过去；要用它来恭维一位气色不佳的 80 岁的老太太，就过于做作了。离开“真诚”二字，赞美将毫无意义。

教师对学生的赞美如背离实事求是这一基础，从根本上就背离了教师行业“诚实无欺”的宗旨。发展到了极端，就是哄人、骗人、蒙人，因此绝对不可取。

3. 恰如其分，因人而异

教师对学生赞美尤其需要注意了解对方的情况，赞美对方确有所长之处，切勿自以为是地用他人不爱听的话语去进行赞美。例如，赞美一位写字好的学生时，说他“擅长书法”，一定会让对方非常高兴。可要是用这句话去赞美一位字写得很差的学生，自然就匪夷所思了。再如，赞美一位大学生口才好，可说他“妙语连珠”“十分幽默”，但要说他“真能侃”“讲话跟说相声似的”，或许对方听起来会感觉是辱骂、讽刺。面对一位真正美丽的姑娘，才能夸她“漂亮”。面对相貌平平的姑娘，称道她“气质很好”，方为得体。

男士喜欢别人赞他幽默风趣、有风度。女士渴望别人注意自己年轻、漂亮。老年人乐于别人欣赏自己知识丰富，身体保养得好。孩子们爱听别人表扬自己聪明、懂事。适当地道出他人内心之中渴望获得的赞赏，善莫大焉。

4. 背后赞扬，发自内心

我们在背后说别人好话时，会被人认为是发自内心、不带私人动机的。其好处除了能给更多的人以榜样的激励作用外，还能使被说者在听到别人“传播”过来的好话后，更感到这种赞扬的真诚，从而在荣誉感获得满足时，还增强了上进心和对说好话者的信任感。

（九）劝慰

1. 针对不同性格劝慰

孩子性格不同，劝慰的方式也应不同。对于胆汁质、多血质的孩子，教师要设法转移孩子的注意力，帮助其从不安、不快的事物中脱离出来，劝慰语宜直接、明确；对于黏液质的幼儿，教师要先设法站在他的角度上表示理解和同情，再进一步劝慰；对于抑郁质的幼儿，教师要有足够的耐心，用明快的语言表达关爱，用乐观的情绪带动幼儿，使其走出情绪低谷。

2. 劝慰的态度要正确

教师要用正确的态度对待幼儿，用正确的态度对待发生的事，要分清对错是非，不能把劝慰当作唯一目的，要做到劝慰当中有引导，安抚过程有教育。

素养提升

气质类型与特点及教育启示

气质类型是指人气质的不同类型。气质是个人生来就具有的心理活动的典型而稳定的动力特征，是人格的先天基础。气质包括心理活动的速度（如语言、感知及思维的速度等）、强度（如情绪体验的强弱、意志的强弱等）、稳定性（如注意力集中时间的长短等）和指向性（如内向性、外向性）。这些特征的不同组合，便构成了个人的气质类型，它使人的全部心理活动都染上了个性化的色彩，属于人的性格特征之一。

人的气质差异是先天形成的，受神经系统活动过程的特性所制约。孩子刚一落生时，最先表现出来的差异就是气质差异，有的孩子爱哭好动，有的孩子平稳安静。气质类型通常分为多血质、胆汁质、黏液质、抑郁质四种。

1. 多血质类型

特征是：情绪不稳定、情感的发生迅速而易变，思维语言迅速而敏捷、活泼好动。在情绪反应上表现为快而多变，但不强烈，情感体验不深，但很敏感。在行为方面表现为活泼好动、机敏、爱参加各种活动，但常常有始无终。该类型的人适应性强、善于交际，待人热情，学习上领会问题快，但也表现出、轻率、不忠诚等。该类型的人要注意在刻苦钻研、有始有终、严格要求等方面的心理修养。

对于多血质的孩子应侧重于做事谨慎、谦虚及兴趣稳定性和集中性；加强耐力与定力的教育，以克服其容易轻率、疏忽大意，过高估计自己的毛病。在这种孩子有优点的时候不要当众表扬，有缺点时要及时指正批评，在写作业时要特别注意培养他认真细心的习惯，帮助他选择课外读物或课外活动，以避免其兴趣过于广泛而一事无成。

2. 黏液质类型

特征是：性情沉静，情感发生缓慢而微弱，不外露、动作迟缓、易抑制、沉默寡言。该类型的人在情绪方面表现为沉着、平静、迟缓、心境平稳、不易激动，很少发脾气、情感很少外露。在行为方面表现为沉默寡言、面部表情单一，胸怀宽广，不计小事，能委曲求全，自制力强，活动中表现为有条有理、深思熟虑、坚韧不拔。这种人容易形成勤勉、实事求是的精神，坚韧性等特征，但也可能发展出如萎靡、迟钝、消极、怠惰等不良品质。

对于黏液质的孩子应加强速度和效率及广泛兴趣的培养与训练，以使其既具有勤勉实在、坚毅和理智的特点，又具有积极热情的人生态度。在日常生活和学习中，应多与他们开展竞赛类活动，强化他们的时间效率观念。多领他们广泛接触自然界和社会实践活动，提供丰富的感官刺激以激发其热情和积极性。

3. 抑郁质类型

特征是：性情脆弱、情感发生缓慢而持久，动作迟钝、柔弱易倦。具有这种类型特征的人在情绪方面表现为情感不易老化，比较平静，不易动情。情感脆弱、易神经过敏，容易变得孤僻。在行为方面表现为动作迟缓、胆小、不喜欢抛头露面、反应迟钝。这种人易形成伤感、沮丧、忧郁、深沉、悲观等不良心理特征。

对于抑郁质的孩子应多加强其自信心和勇敢性、乐观主义教育，以发扬温顺、细致、富于同情心、聪明、体验深刻等优点，并克服其容易沮丧自卑、消沉、怯懦、孤僻和优柔寡断的缺点。在日常生活中，要多发现其优点和成功之处并马上给予表扬。有条件的要多带孩子出席各种各样的社交活动，并鼓励他们自己独自承担某项家庭事务，尤其是让他独立外出办事来锻炼其坚强的意志品质。

4. 胆汁质类型

特征是：好冲动、情感发生快、强烈而持久，动作迅速而强烈，对自己的言行不能控制，反应速度快，但不灵活。具有这种类型特征的人，在情绪反应上易受感动，情感一旦发生就很强烈，久久不能平静，易同人们发脾气，性情暴躁、易怒，情绪不能自制。在行为方面的表现：积极参加各种活动，有创新精神，工作积极，遇到困难时能以极大毅力去克服困难。胆汁质的优点是有毅力、积极热情、有独创型。不良表现是缺乏自制性、粗暴和急躁、易生气、易激动。这类型的人要注意在耐心、沉着和自制力等方面的心理修养。

对于胆汁质的孩子应侧重于自制能力和情感平衡性教育，使其既能保持行为主动、热情和敢于创造的精神，又能克服急躁、粗暴、易怒的弱点。与胆汁质的孩子说话时，应尽量放慢声调和语速，在孩子急着想干什么时，父母要劝其三思而后行。平时，可以为孩子讲一些冲动冒失不计后果而失败的实例。当孩子有什么过错时不要当众批评，应在事后和风细雨地摆事实讲道理，以培养其理智的控制力。

（九）激励

激励语是鼓励幼儿积极上进，激发其奋斗意志的教育口语。激励语能够促进幼儿树立良好心态，调动其积极性，以饱满的热情投入活动和学习中去。

1. 正向激励

正向激励就是运用教育口语，调动幼儿情绪，使他们的内心激动起来，响应教师提出的要求。运用正向激励时，教师的情绪要高涨，声调要高亢，语言节奏要偏快，语言要有鼓动性，体态语要简洁有力。

2. 逆向激励

逆向激励也叫激将法。运用这种方法要注意条件，在幼儿应该做却不愿意做，或完成某项任务有一定难度，幼儿自信心不足时可采用，以激励他们实现自我突破。另外，要注意孩子的性格，此法对胆汁质和多血质气质的孩子较适用。

3. 勉励

勉励语重在“勉”，运用时语气要平和，语重心长，寓意深刻，使幼儿产生较持久的动力。

素养提升

教师课堂激励幼儿十句

1. 你真聪明！（你真棒！）
2. 你的发言让大家赞叹不已！
3. 看他多勇敢，今天发言的声音真响亮！
4. 你的声音真动听，像个小百灵。
5. 你回答得很完整，让大家听得明明白白！
6. 你的回答真精彩，让我们为你的勇敢鼓掌吧！
7. 说得多好啊！让我们用掌声来祝贺他！
8. 你能有条理地说出自己的想法和做法，真了不起！
9. 你的声音真美！老师希望经常听到你的声音。
10. 你的声音真洪亮，让大家听得清清楚楚！

（十）交谈

社交场合的交谈更是一门艺术，既要注意谈话时的态度、措辞，顾及周围的环境、场合，更要讲究所谈的内容。掌握好交谈的艺术，不但有利于结识新朋友，还能通过思想的交流，增进彼此的了解，逐步建立持久、深入的了解。

在幼儿园工作中，教师与家长的交流与沟通尤显重要。在沟通过程中，教师会遇到各种棘手的情况，需要教师以因人而异、因事而异以及因地而异的方式，与家长进行有效沟通。否则，不仅达不到教师想要的结果，还有可能造成家长和教师的冲突。

1. 交谈要懂礼仪

①谈话内容要事先准备，不知道的事情或不属于自己工作范围的问题，不要随便答复和表态，没有把握的事情不要允诺。

②要围绕交谈的主题，注意谈话的技巧，不要在别人对原话题余兴未尽时，又提出新的话题。更不要自己想到什么就谈什么，让别人无所适从。

③交谈时，心要诚，话要实。不卑不亢，诚恳热情，自然大方。谈话要注意分寸，称赞不过分，谦虚要适当。不要主动谈不愉快的事和打听别人的隐私。

④领导或来宾发言时，要注意倾听，以示尊重。别人交谈时，不要随意插嘴，也不要趋前。如果有急事要与其中的一人说话，可先向交谈双方打个招呼，征得双方同意。当他们停止交谈后用尽可能简明的语言说明来意，一旦事情处理完毕，立即离开现场。离开时，应再次表示歉意。

2. 交谈要讲方式

（1）神态专注

在交谈中各方都希望自己的见解为对方所接受，所以从某种意义上讲，“听”者比“说”者难度大。古人曾有感言：“愚者善说，智者善听。”“听”的一方在交谈时若能够表现得神态专注，就是对“说”的一方的最大尊重。因此，在倾听时要做到表情自然，语言合作，动作配合。

（2）措辞委婉

在交谈中，不应直接陈述令对方不快、反感之事，更不能因此伤害其自尊心。必要时，在说法上应当力求含蓄、委婉、动听，并留有余地。

在交谈中，运用委婉语的方法包括旁敲侧击、比喻暗示、间接提示；先肯定，后否定；多用设问句，不随便使用祈使句；表达留有余地等。

（3）双向共感

在交谈中应遵循双向共感的原则：第一，双向。要求人们在交谈中，要注意双向交流，并且在可能的前提下，要尽量使交谈围绕交谈对象进行，无论如何都不要妄自尊大，忽略对方的存在。第二，共感。它要求在交谈中谈论的中心内容，应使彼此各方共同感兴趣，并能够愉快地接受，积极参与，不能只顾自己，而不看对方的反应。

（4）适可而止

与其他形式的社交活动一样，交谈也必定受制于时间。这样不仅可使下次交谈还有话可说，而且还会使每次交谈都令人回味无穷。普通场合的交谈时间以半小时为宜，最长不要超过一个小时。交谈要适可而止，主要有以下好处：

①节省时间，以免耽误正事。

②使每一位参加者都有发言机会，以示平等。

③语言精练，少讲废话。

④让大家感觉交谈意犹未尽，保持美好印象。

素养提升

与幼儿交谈的技巧

与幼儿交谈时要注意语气、语调的选择。

首先，“低声”是比较容易让幼儿接受的沟通方式。

当幼儿尿湿了裤子，低声能让孩子保持尊严；当幼儿在午休的时候说话，低声能让安静的睡眠氛围继续，当孩子跟你说心里话的时候，低声更能让孩子娓娓道来。“低声”在与幼儿沟通过程中很有效。即使是较调皮的孩子，低声也能让你更容易接近他的内心。不要对孩子的错误大声呵斥。大声呵斥或许能解一时之气，但对你和孩子的沟通往往会起反作用。

其次，亲切、柔和的语气能让孩子更愿意与你沟通。

亲切柔和的语气会让孩子感受到你对他的关心和爱护，让他更愿意对你说出内心的真实感受，更愿意接受你的建议。

最后，放慢语速，有利于走进孩子的世界。

与幼儿沟通时的语速要比与成年人沟通时慢一些，语速太快容易导致幼儿听得不清楚。当然也不能太慢。过慢的语速会使幼儿等得着急，降低幼儿沟通的积极性。

3. 交谈要会倾听

一般人在交谈中，倾向于以自己的意见、观点、感情来影响别人，因而往往谈个不停，似乎非如此无法达到交谈的目的。实际上，与人交谈，光做一个好的演说者不一定成功，还须做一个好的听众。

认真聆听对方的谈话，是对讲话者的一种尊重，在一定程度上可以满足对方的需要，同时可以使人们的交往、交谈更有效，彼此之间的关系更融洽。能够耐心地倾听对方的谈话，等于告诉对方“你是一个值得我倾听你讲话的人”，这样在无形中就能提高对方的自尊心，加深彼此的感情。反之，对方还没有把将要说的话说完，你就听不下去了，这最容易使对方自尊心受挫。

幼儿教师只有学会倾听，才能读懂幼儿。教师可以从倾听中获得大量的信息，找到问题产生的根源，思考解决问题的办法。同时，倾听也是对幼儿的尊重，是友好的表示。

当孩子和教师说话的时候，教师应放下手头的事情，看着孩子的眼睛，而不能一边忙自己的活一边听。虽然教师在忙其他事情的时候也能听见孩子说什么，但孩子会认为教师没听自己说，会让他们感到自己未受到教师的重视，从而减弱与老师沟通的热情。

用回应性的语言“哦”“嗯”“这样啊”等向孩子传达“我在听着”的信息。教师认真的倾听能让孩子更有表述的信心，不时发出回应性的语言让孩子知道教师正在倾听他们的诉说。教师甚至不需要过多发表自己的看法，孩子在叙述中就能找到解决问题的方法。

4. 交谈要注意的事项

①交谈者应共同维护现场的气氛，发言应有秩序，不要争先恐后，七嘴八舌，把谈话现场搞得乱哄哄的。

②谈话要自然大方，诚恳和蔼，不要自吹自擂，强加于人。

③谈话主持人应善于“弹钢琴”，不时地与所有人交谈，不要只与一两个人谈话，而不

理会其他人，也不要与别人只谈两个人知道的事，而冷落了其余的人。

④注意交谈的距离和角度。从保证健康出发，两人交谈的最佳距离是1.3米；两人可斜站对方侧面，形成30度角为佳，避免面对面。

素养提升

幼儿教师与家长沟通礼仪小贴士

一、与家长沟通“四要一不”

1. 热情接待来园的幼儿家长。家长来访教师要立即起身，问明来意。

2. 谈话时要控制音量并保持距离，认真倾听家长的叙述。

3. 营造宽松的氛围，要以平等的身份与家长交谈。

4. 对孩子的评价一定要客观全面，既肯定优点与进步也要真诚地提出不足之处。

5. 交谈时不要与别的幼儿比较，谈完后要肯定沟通收获。

二、与家长沟通技巧

1. 尊重家长，态度诚恳；主动微笑，用字遣词优雅；仪态端庄，包括肢体语言。

2. 选择恰当的沟通时间与地点，向对方表示善意与欢迎。

3. 保留对方的面子，委婉地透露坏消息。

4. 适时提出建议，询问对方的意见。

5. 不要仓促地做决定，不要催促对方下决心。

6. 强调沟通双方相同的处境，充满信心地进行沟通。

三、与家长沟通语境实例

1. 家长反映问题语境。

态度冷静，让家长把话说完，然后认真委婉地回复：谢谢您关心我们的工作！让我们再了解一下。请您放心，我们再商量商量，尽量帮你解决。

2. 家长之间发生冲突语境。

稳定家长情绪后，分别与家长谈话：别着急，孩子在园发生事情，责任在我们，您有什么意见和我们说。

3. 孩子发生事故语境。

如实说清，表示歉意：真是对不起，今天……麻烦您多观察孩子，有什么不舒服时，需要我们做什么尽管与我们联系。

4. 家长晚接孩子语境。

主动热情，耐心接待：没关系，请您今后商量好谁接，免得孩子着急。

5. 家长馈赠物品语境。

礼貌回绝：您的心意我们领了，照顾孩子是我们应该做的，您别这么客气。

6. 找个别家长谈话。

态度平和，讲究艺术：对不起，耽误您一会儿时间。

7. 与家长联系。

体贴关心、礼貌客气：您好！我是×老师，今天××不舒服，您看是不是带他去医院？谢谢！给您添麻烦了。

三、幼儿教师语言禁忌

①忌挖苦:“你真傻”“从来没见过你这么笨的”“蠢”“愚昧”这类话,会极大损伤孩子的自信心,不利于他们的成长,也影响教师在他们心目中可敬可爱的形象。面对身体有残障的学生时,切忌使用“残废”一词。一些不尊重残障学生的提法,诸如“傻子”“呆子”“侏儒”“瞎子”“聋子”“麻子”“瘸子”之类,则更是不宜使用。接触身材不甚理想的人士时,对他们对自己所最不满意的地方,诸如体胖之人的“肥”,个低之人的“矮”,教师均不应直言不讳。

任何情况都不允许教师对学生说不友善或者充满敌意的话。在幼儿没有领悟教学内容或教师要求时,教师不可以用鄙夷语气说“你没有听懂吗”之类的话。

对学生提出的一些建议时,教师不应该顶撞:“你们懂什么啊”“谁怕谁呀,我还不想侍候你这号人呢”“你算什么东西”“瞧你那副德性”“我就是这个水平”“愿意去哪儿告去都行”之类。这些言语既有悖职业道德,又可能生出是非。

②忌粗口:教师是不能在幼儿面前说粗话脏话,一旦出口成“脏”,教师在幼儿心目中的地位就会大打折扣。

③忌讽刺:教师不能说反话刺激和否定幼儿,比如调皮的孩子排队时喜欢拥作一团,有些教师就会讽刺地说:“你看看,全班就属你厉害,你来给大家表演,让我们都来鼓掌。”对孩子的缺陷和缺点要引导他们正确认识,帮助其克服。

④忌训斥:不能当众训斥幼儿,要真诚呵护幼儿的自尊心,以平等的心态相待,不能以长者和师者的身份随意大声责骂。

素养提升

幼儿园老师口语禁忌,你中枪了吗?

学练结合

1. 教师语言的礼仪要求有哪些?
2. 如果你是一名幼儿教师,你觉得应该每天如何迎送幼儿入园、回家?
3. 幼儿教师在工作中,应由幼儿教师首先向交往对象进行问候。如果被问候者不止一人时,怎么安排问候的顺序?

实践训练项目

李佳伟是一个与性格比较内向的男孩,他不太爱和小朋友玩,平时区角游戏中,他都独来独往。有时,还会一个人在自然角抓小虫子,问他抓到没有,他也总是不吭声。上课也从不主动举手回答问题，上各种艺术课也从不好好学，总是开小差。这样，久而久之，小朋友都不愿意和他交朋友、坐在他旁边。

请结合本章节学习到的称谓、问候、迎送、征询、赞赏、劝慰、激励内容，运用所学有关礼仪知识来帮助李佳伟融入集体中。

综合测评

幼儿教师形象综合评价表

<table>
<tr><th rowspan="2">项目</th><th rowspan="2">考核要点</th><th colspan="4">完成情况</th><th rowspan="2">评定等级</th></tr>
<tr><th>好</th><th>中</th><th>差</th><th>改进方法</th></tr>
<tr><td rowspan="4">仪容</td><td>头发的修饰是否符合幼儿教师的礼仪要求</td><td></td><td></td><td></td><td></td><td rowspan="4"></td></tr>
<tr><td>眼部、嘴部、耳鼻、脸部的修饰是否符合幼儿教师的礼仪要求要求</td><td></td><td></td><td></td><td></td></tr>
<tr><td>手臂（包括手、汗毛、腋毛）的修饰是否符合幼儿教师的礼仪要求</td><td></td><td></td><td></td><td></td></tr>
<tr><td>腿脚（包括腿部、脚部）的修饰是否符合幼儿教师的礼仪要求。</td><td></td><td></td><td></td><td></td></tr>
<tr><td rowspan="2">仪表</td><td>幼儿教师服饰穿着是否符合七项原则，服饰的选择是否考虑到五个要素，是否符合三个要求，是否犯了幼儿教师的着装禁忌</td><td></td><td></td><td></td><td></td><td rowspan="2"></td></tr>
<tr><td>幼儿教师佩戴首饰是否遵循配饰八大原则，佩饰（包括丝巾、围巾、帽子、墨镜、腰带、包、首饰、手表、胸针等）是否符合礼仪规范</td><td></td><td></td><td></td><td></td></tr>
<tr><td>仪态</td><td>站姿、坐姿、行姿、蹲姿、手势、表情、微笑是否符合礼仪规范</td><td></td><td></td><td></td><td></td><td></td></tr>
<tr><td>语言</td><td>称谓、问候、迎送、请托、致谢、征询、应答、赞赏是否符合礼仪规范</td><td></td><td></td><td></td><td></td><td></td></tr>
<tr><td>总体评价等级</td><td colspan="6"></td></tr>
</table>

模块三

社交之礼

【目标导航】

［素质目标］传承礼仪文化，学会尊重与沟通；发挥规范作用，做到以礼导行，知行合一；深化以德树人，丰富精神涵养。

［知识目标］本章由浅入深地介绍了幼儿教师日常工作、学习、生活中必备的社交礼仪知识。在认知的基础上，能够深入学习幼儿教师社交礼仪的精髓。

［能力目标］通过学习使学生有意识地注意自己日常交往中的行为，并在不断的实践中改善自身的缺点，提高自身修养，从而在社交活动中游刃有余，事半功倍。

【情境案例导入】

陈小姐在宾馆开电梯。有位中年男子乘电梯时，经常会抱着一大堆书报，有时在电梯里难免掉了几份书报，陈小姐每次见状总不厌其烦地为中年男子捡起书报。有趣的是，她从没问及中年男子从事何种职业。彼此每次顶多是“谢谢你”和“不客气”的情形。

一次，中年男子说完“谢谢你”时，陈就说：“你不必每次客气，举手之劳而已。”中年男子依然表明自己的观点：“你的工作只要开好电梯就行了，却每次不声不响地为我做你工作之外的事情，我当然要说‘谢谢’才合乎情理。”日复一日，陈一如既往为中年男子捡起掉落在电梯里的书报，依旧没问中年男子的身份。

一天，那位中年男子突然对陈小姐说：“我还不知道你的名字呢。”陈小姐笑道：“叫我小陈就可以了。”中年男子又说：“你怎么一直不问我是做什么的?”陈小姐若有所思地说：“反正你在这座宾馆上面办公嘛。”

这天早上，中年男子发现陈小姐不在电梯里了。大厅的清洁工告诉中年男子：“宾馆效益下滑，上层研究后决定将电梯小姐辞退。”中年男子通过宾馆人事部找到了陈的住址：“陈小姐，我们商务公司要招聘两名接待员，就是接接电话或者给客人倒倒开水的工作，你的为人告诉我你能胜任这份差使。”这时，陈小姐才知道中年男子是一家商务公司的副总。

上面这则有关社交礼仪的小故事中，就是小陈每天一个小小的动作，体现了她比较专业的职场礼仪，也正是这细小的职场礼仪为她赢得了这家商务公司副总的青睐，也给自己赢得了工作的机会。

有的时候，注重礼仪细节使你通向成功之道。

社交，通常是对人们在社会上所进行的各种交际活动的简称。人际交往，古往今来便有之，随着社会的发展，人们的社会交往便日益频繁起来。我们在日常生活中的会面、问候、迎来、送往、约会、赴宴、馈赠、祝福，以及婚丧嫁娶等仪式，都离不开社交礼仪的规范。可以说，社交礼仪是人际交往的纽带和桥梁。幼儿教师每天都要和幼儿、家长、同事以及社会上的人们沟通，幼师的行为举止更是小孩的学习榜样，因此，作为一名合格的幼儿教师应该掌握基本的社交规则和惯例。

学习单元一　介绍之礼

一、自我介绍

自我介绍，就是在社交场合由自己担任介绍的主角，自己将自己介绍给其他人，以使对方认识自己。

（一）自我介绍的要求

1. 时机恰当

自我介绍的时机恰当就是指在什么时间、什么地点、以什么身份进行自我介绍，往往正确时机的自我介绍能给对方留下深刻的印象，而不恰当的时机即便自我介绍很精彩也将适得其反。以下为自我介绍的恰当时机：

①应聘求职时。

②应试求学时。

③在社交场合，与不相识者相处时。

④在社交场合，有不相识者表现出对自己感兴趣时。

⑤在社交场合，有不相识者要求自己做自我介绍时。

⑥在公共聚会上，与身边的陌生人组成的交际圈时。

⑦在公共聚会上，打算介入陌生人组成的交际圈时。

⑧交往对象因为健忘而记不清自己，或担心这种情况可能出现时。

⑨有求于人，而对方对自己不甚了解，或一无所知时。

⑩拜访熟人遇到不相识者挡驾，或是对方不在，而需要请不相识者代为转告时。

⑪前往陌生单位，进行业务联系时。

⑫在出差、旅行途中，与他人不期而遇，并且有必要与之建立临时接触时。

⑬因工作需要，在公共场合进行业务推广时。

⑭初次利用大众传媒向社会公众进行自我推荐、自我宣传时。

2. 要有特点

自我介绍可以先声夺人，使对方一下子认识你，并留下深刻的印象。如：“您好，我叫李国庆，国庆这一天出生的，希望以后多多关照。”

3. 要自信、友善、清楚

自我介绍要充满自信和勇气，显得胸有成竹；要面带微笑，正视对方，如图 3-1-1 所示；同时，语气要自然，声音不宜过高或过低，语速适中，语音清晰。做自我介绍时，避免眼神左右看或上下看，甚至翻白眼，这样会给对方留下极不好的印象。

图 3-1-1

（二）自我介绍的类型

应当如何进行自我介绍，是否可以千篇一律？显然是不可以的，因为自我介绍涉及时间、地点、当事人、旁观者、现场气氛等，所以自我介绍不能一概而论。根据自我介绍表述的内容不同，可以分为以下五种形式。

1. 应酬型

应酬型的自我介绍适用于一般性接触的交往对象。对介绍者而言，对方属于泛泛之交，或者早已熟悉，进行自我介绍只是确认身份，用一个字概括就是“少”，只要姓名这一项包含了即可。如“您好！我是汪洋”“您好，我的名字叫张燕”。

2. 工作型

工作型的自我介绍有个特点：主要适用于工作中，突出工作，因工作而交友，因工作而交际。有时也可称它为“公务型的自我介绍”。其中包括三项内容：姓名、工作单位或部门、职位，如“您好！我是李扬，是××幼儿园园长”。

3. 交流型

交流型的自我介绍，主要适用于在社交活动中，它不仅介绍了自己，让对方认识自己，更重要的是刻意寻求与对方进一步交流与沟通。在做这种自我介绍时，可以不面面俱到，但应该从最容易进行交流与沟通的方面入手。如“我是李林，毕业于××大学学前教育专业，我和您夫人是校友”“您好，我的名字是邢晓，来自××省，我们可是老乡哦”。

4. 礼仪型

礼仪型的自我介绍适用于最为正式的场合，礼仪性最强。比如讲座、报告、演出、仪式、庆典等一些较为正式的场合，这种介绍内容可以稍微全面一点，凸显自己的友好、谦虚。如“尊敬的各位来宾，大家好！我是王艳，是××幼儿园园长。我代表本园对各位专家的莅临表示热烈的欢迎。”

5. 问答型

甲："您好！请问您贵姓？"

乙："您好，免贵姓王，叫王燕。"

甲："您好！请问怎么称呼您？"

乙："我的名字是王燕，是一名幼儿教师。"

（三）自我介绍的注意事项

不要急于表现自己：当别人正在进行谈话时，打断别人谈话，把自己硬塞进去，会给别人很不好的印象；不要夸大自己：信口开河，口若悬河，不切实际地吹嘘自己，会给对方留下不好的印象；不要不敢表现自己：在介绍自己时不要不自信、说话断断续续、害羞等，要大大方方把自己介绍给对方。

素养提升

自我介绍的语言艺术

第一，镇定而充满自信、清晰地报出自己的姓名，并善于使用体态语言，表达自己的友善、关怀、诚意和愿望，这是体现自信的表示。如果自我介绍模糊不清，含糊其词，流露出羞怯自卑的心理，会使人感到你不能把握自己，因而也会影响彼此间的进一步沟通。

第二，根据不同交往的目的，注意介绍的繁简。自我介绍一般包括姓名、籍贯、职业、职务、工作单位或住址、毕业学校、经历、特长或兴趣等。自我介绍时应根据实际需要来决定介绍的繁简，不一定把上述内容逐一说出。在长者或尊者面前，语气应谦恭；在平辈和同事面前，语气应明快，直截了当。

第三，自我评价要掌握分寸。自我评价一般不宜用"很""第一"等表示极端赞颂的词，也不必有意贬低，关键在于掌握分寸。自我介绍时，表情要自然、亲切，注视对方，举止庄重、大方，态度镇定而充满信心，表现出渴望认识对方的热情。

二、他人介绍

他人介绍，又称为第三人介绍，也就是第三人为彼此不认识的两个人引见、介绍的一种方式，如图 3-1-2 所示。为他人做介绍的第三人是介绍者，而被介绍的双方都是被介绍者。

图 3-1-2

（一）他人介绍的时机

①陪他人时，遇见不认识者，而对方又跟自己打了招呼。

②在家中接待彼此不认识的客人。

③在社交场合遇到自己的两位或两位以上的朋友，但他们互不相识。

④在办公地点接待彼此不相识的来访者。

⑤陪家人外出，遇到家人不识的朋友或同事。

⑥陪同亲友拜会亲友不认识者。

（二）他人介绍的主角

在他人介绍时，哪些人可以充当介绍者呢？我们应该考虑特定的角色，比如由公共人员或者熟悉双方的人，还有就是地位高者充当介绍者。如家庭性聚会中的女主人；社交活动中的长者；社交活动中的东道主；一些专职人员，幼儿园办公室工作人员、接待人员；熟悉被介绍双方者。

（三）他人介绍的顺序

国际上一般惯例是把身份地位低的介绍给身份地位高的。介绍的原则是让尊者优先了解情况，在介绍过程中，先提某人的名字是对他（她）的一种敬意。

根据让“尊者优先了解情况”原则，为他人进行介绍时的顺序大致如下：

①介绍女士与男士认识时，应先介绍男士，后介绍女士。

②介绍长辈与晚辈认识时，应先介绍晚辈，后介绍长辈。

③介绍年长者与年幼者认识时，应先介绍年幼者，后介绍年长者。

④介绍已婚者与未婚者认识时，应先介绍未婚者，后介绍已婚者。

⑤介绍老师与学生认识时，应先介绍学生，后介绍老师。

⑥介绍同事、朋友与家人认识时，应先介绍家人，后介绍同事、朋友。

⑦介绍上级与下级认识时，先介绍下级，再介绍上级。

⑧介绍来宾与主人认识时，先介绍主人，后介绍来宾。

（四）他人介绍的形式

1. 标准型

适用于比较正式的一些场合。如：“两位好！我来介绍一下，这位是××幼儿园吴园长，这位是教育局幼教科张科长。”

2. 引见型

适用于比较随便的应酬中。如：“两位认识一下怎么样？好，你们自报家门吧。”

3. 简洁型

适用于一般场合，内容往往很简单，可以只有姓名一项。如：“李老师，这是小王老师。你们来认识认识。”

4. 推荐型

适用于比较正式一些的场合。如：“大家好，首先让我来介绍一下，这位是××幼儿园张老师，教学经验极其丰富，她还是×大学学前教育方向的硕士研究生。”

5. 礼仪型

适用于正式的场合，是一种正规的他人介绍。内容与标准型类似，但语气、表达、称呼上更为礼貌、谦恭。如：“林教授，您好！请允许我把××幼儿园张杰老师介绍给您。张老师，这位是××大学的林教授。”

（五）他人介绍的注意事项

①介绍者为被介绍者介绍之前，一定要征求一下被介绍双方的意见，切勿上去开口即讲，显得很唐突，让被介绍者感到措手不及。

②被介绍者在介绍者询问自己是否有意认识某人时，一般不应拒绝，而应欣然应允。实在不愿意时，则应说明理由。

③介绍人和被介绍人都应起立，以示尊重和礼貌；待介绍人介绍完毕后，被介绍双方应微笑点头示意或握手致意。在宴会、会议桌、谈判桌上，视情况介绍人和被介绍人可不必起立，被介绍双方可点头微笑致意；如果被介绍双方相隔较远，中间又有障碍物，可举起右手致意，点头微笑致意。

④在做具体介绍时，应礼貌地平举右手掌心斜向上示意，且眼神要随手势指向被介绍的对象，而不应该指手画脚的，切忌用食指示意，否则给人指着鼻子骂的感觉。

⑤对介绍时所表述的内容要字斟句酌，介绍别人时要将关键信息进行核对保证准确无误，如姓名、职务。

三、集体介绍

集体介绍其实是他人介绍的一种特殊形式，它是指介绍者在为他人介绍时，被介绍者其中一方或双方不止一人、甚至许多人，如图 3-1-3 所示。集体介绍有两种情形：一是为一人和多人做介绍；二是为多人和多人做介绍。

图 3-1-3

（一）集体介绍的时机

①规模较大的社交聚会，有多方参加，各方均可能有多人，为双方做介绍。

②大型的公务活动，参加者不止一方，而各方不止一人。

③涉外交往活动，参加活动的宾主双方皆不止一人。

④正式的大型宴会，主持人一方人员与来宾均不止一人。

⑤演讲、报告、比赛，参加者不止一人。

⑥会见、会谈，各方参加者不止一人。

⑦婚礼、生日晚会，当事人与来宾双方均不止一人。

⑧举行会议，应邀前来的与会者往往不止一人。

⑨接待参观、访问者，来宾不止一人。

（二）集体介绍的顺序

在进行集体介绍时，大家应掌握顺序，越是大型、正式的交际活动，对集体介绍的顺序越是不可马虎。

1. 强调地位与身份

若被介绍者双方地位、身份之间存在明显差异，应先介绍地位高者。

2. “少数服从多数”

若被介绍者双方地位、身份大致相似，或者难以确定时，应当使人数较少的一方礼让人数较多的一方，一个人礼让多数人，先介绍人数较少的一方或个人，后介绍人数较多的一方或多数人。

（三）集体介绍的注意事项

1. 不要拿被介绍者开玩笑

集体介绍往往较为正式，无论你与被介绍者关系如何好，千万别拿对方开玩笑，让对方尴尬。如某次正式会议上，办公室主任主持会议，他本人比较喜欢开玩笑，当他介绍其中一位姓“龚”的领导时这样介绍的：“龚县长，为人亲和，平时我们都叫他‘老龚’（龚与公同音）。”下边人顿时哈哈大笑，令龚县长非常尴尬。

2. 不要使用易产生歧义的简称

如“消协”，到底是“消费者协会”还是“消防协会”。

四、握手礼仪

握手是在相见、离别、恭贺或致谢时相互表示情谊、致意的一种礼节，双方往往是先打招呼，后握手致意。握手，是交际的一个部分。握手的力量、姿势和时间的长短往往能够表达出对握手对象的不同礼遇和态度，显露自己的个性，给人留下不同印象，也可通过握手了解对方的个性，从而赢得交际的主动。

（一）握手礼的适用范围

1. 应当握手的场合

在哪些场合下应当握手是幼儿教师在社交中应当掌握的，这样不仅能使自己给对方留下良好的印象，还能为进一步交往打下基础。

①在被介绍与别人相识、双方互致问候的时候，应和对方握手致意，表示为相识而感到

高兴，今后愿意建立联系或商谈工作等。

②对较长时间未见面的友人或多日未见的同事，相见时应热情握手，以此表示问候、关切和感到高兴的意思。

③在家中或办公地点接待来访者时，迎接或送别都应与来访者握手表示欢迎或欢送。

④当对方获得新成绩、得奖和有喜事时（如就任新职、作品发表或得奖、竞赛获得名次等），见面时应与之握手，以表示祝贺。

⑤当自己取得成绩，别人对自己表示祝贺时，应与对方握手，以表示感谢。

⑥在自己领取奖品时，应与发奖者握手，以表示感谢领导对自己的鼓励。

⑦当他人经历挫折或受打击时，应与之握手以表示慰问。

⑧应邀参加社交活动，如宴会、舞会之后，应与主人握手，以表示谢意。

2. 不必要握手的场合

①对方所处的环境不适合握手时。

②对方右手负伤。

③对方右手负重。

④对方手中忙于其他事情。比如：接听电话、用餐、喝饮料、主持会议时。

（二）握手时的伸手顺序

社交场合行握手礼时最为关键的问题，是握手的双方应当由谁先伸出手来“发起”握手。如果对此掌握不好就会失礼。

1.“地位高者优先”原则

见面时位卑者先向地位高者或尊者问好，由地位高者或尊者先伸出手，位卑者只能在此后伸出手以示尊重。

具体握手顺序：主人、长辈、上司、女士主动伸出手，客人、晚辈、下属、男士再相迎握手。

①长辈与晚辈之间，长辈伸手后，晚辈才能伸手相握。

②上下级之间，上级伸手后，下级才能接握。

③主人与客人之间，主人宜主动伸手。

④女士与男士握手，女士伸出手后，男士才能伸手相握；如果男士年长，是女士的父辈年龄，在一般的社交场合中仍以女士先伸手为主。

男士已是女士祖辈年龄，或女士未成年在 20 岁以下，则男士先伸手是适宜的。但无论什么人如果他忽略了握手礼的先后次序而已经伸了手，对方都应不迟疑地回握。

（三）握手的方法

握手时，距离受礼者约 1 米，双腿立正，上身稍向前倾，伸出右手，四指并拢，拇指张开，掌心斜向上，向受礼者握手，握住以后上下抖动一两下。

握手的时候，应面带微笑，眼睛一定要注视对方，不能左顾右盼，口头上有所问候，传达出你的诚意和自信。千万不要跟这个人握手还没完就将目光移至下一个人身上，这样别人从你眼神里体味到的只能是轻视或慌乱。正确握手如图 3-1-4 所示。

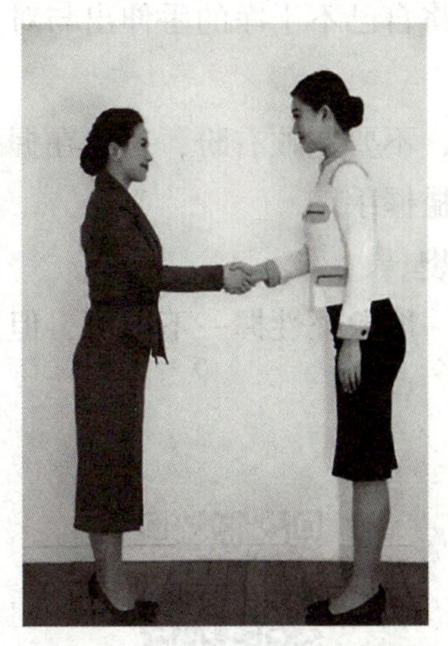

图 3-1-4

握手的力度要掌握好，握得太轻对方会觉得你在敷衍他；太重了，人家不但没感到你的热情，反而会觉得你是个老粗。女士尤其不要把手软绵绵地递过去，显得连握都懒得握的样子，既然要握手，就应大大方方地握。

握手的时间以 1~3 秒为宜，不可一直握住别人的手不放。与大人物握手，男士与女士握手，时间以 1 秒钟左右为原则。

（四）握手的注意事项

①被介绍之后，最好不要立即主动伸手。年轻者、职务低者被介绍给年长者、职务高者时，应根据年长者、职务高者的反应行事，即当年长者、职务高者用点头致意代替握手时，年轻者、职务低者也应随之点头致意。和年轻女性或异国女性握手，一般男士不要先伸手。

②多人相见时，不要交叉握手。当两人握手时，其中一人不可将左胳膊从上面架过去，急着和另外的人握手。

③忌用左手与他人握手。尤其是在与阿拉伯人、印度人打交道时要牢记此点，因为信仰伊斯兰教的人认为左手是不洁的。如果你是左撇子，握手时也一定要用右手。当然如果你右手受伤了，那就不妨声明一下。

④不拒绝对方主动要求握手。在任何情况下拒绝对方主动要求握手的举动都是无礼的。但手上有水或不干净时，应谢绝握手，同时必须解释并致歉。

⑤忌戴手套与别人握手。男士勿戴帽、手套与他人相握，穿制服者可不脱帽，但应先行举手礼，再行握手礼。女士可戴装饰性帽子和装饰性手套行握手礼。

⑥忌坐着握手。除非是年老体弱或者身体有残疾的人，握手双方应当站着而不能坐着握手。

⑦忌戴着墨镜与对方握手。只有眼部有眼疾或眼部有缺陷者例外。

⑧忌顾此失彼。在握手时如果有几个人，而你只同一个人握手，对其他人视而不见，这是极端不礼貌的。同一场合与多人握手时，与每个人握手的时间应大致相等，若握手的时间

明显过长或过短，也是有失礼仪的。

⑨忌用脏手与对方握手。忌将自己不干净的手伸出与对方握手，这种情况可以跟对方致歉以求谅解。

⑩行握手礼时要注意力集中，不要左顾右盼，一边在握手，一边在跟其他人打招呼。

⑪见面与告辞时，不要跨门槛握手。

⑫单手相握时左手不能插口袋。

⑬握手用力要均匀，对女性一般象征性握一下即可，但握姿要沉稳、热情和真诚。

拓展延伸

握手礼的起源

学练结合

1. 自我介绍的类型有哪些？为自己写一份不同类型的自我介绍。
2. 集体介绍的注意事项有哪些？
3. 握手时应遵循什么原则？
4. 握手的禁忌有哪些？

实践训练项目

1. 每三位同学一组，其中一同学充当介绍者，另外两位同学充当被介绍者，轮流练习。

实训目标：掌握规范的他人介绍。

实训内容与要求：掌握介绍时正确的微笑、眼神、手势，提高学生的语言表达能力。

实训成果与检测：一同学做介绍时，另外两同学观摩并指出不足之处。

2. 设定每位同学的身份，将同学分为两人一组，同学间交叉练习握手。

实训目标：掌握规范的握手方式以及伸手的顺序。

实训内容与要求：训练学生在握手时符合正确的站姿、手势、眼神等。

实训成果与检测：学生进行演示，其他学生进行检查和点评。

学习单元二　电话之礼

【知识学习】

作为幼儿教师，看似普普通通的接打电话，实际上是在为教师所在幼儿园、为通话者本人绘制一幅给人以深刻印象的电话形象。所谓电话形象，即人们在通电话的整个过程之中的语言、声调、内容、表情、态度、时间感等的集合。它能够真实地体现出幼儿教师个人的素质、待人接物的态度，以及幼儿园的整体水平。正是因为电话形象在现代社会中无处不在，因此凡是重视维护自身形象的单位，无不对电话的使用给予了高度的关注。

一、拨打电话的礼仪

1. 在主动拨打电话之前

先列一个提纲，有所准备，这样可以节省打电话的时间。提纲列好之后，应该做一个简单的寒暄，然后迅速直奔主题，不要闲聊天，东拉西扯，偏离你要表达的主要意思。

2. 选择适当的通话时间

一般情况下，选择通话时间应遵循不在早上 8 点之前、晚上 10 点以后、三餐之间给人打电话。也就是说，白天应在 8 点以后，假日最好在 9 点以后，夜间则要在 10 点以前，以免干扰受话人包括对方老人或小孩的睡眠，三餐之间应该给对方一个舒心的就餐心情，所以尽量不要在三餐之间给对方打电话。还有，老年人大多数有午睡的习惯，无特殊情况，也不要在中午给老年人打电话。

3. 查清对方的电话号码，并正确地拨号

万一弄错了，应向接电话者表示歉意，不要将电话一挂了事。拨号以后，如只听铃响，没有人接，应耐心等待片刻，待铃响六七次后再挂断。否则，如对方正巧不在电话机旁，匆匆赶来接时，电话已挂断了，这也是失礼的。

二、接听电话的礼仪

1. 迅速地接听电话

幼儿教师听到电话铃声，应准确迅速地拿起听筒，接听电话，以长途电话为优先，最好在三声之内接听。在礼貌问候对方之后应主动报出幼儿园名称、班级以及自己的姓名。电话铃声响一声大约 3 秒钟，若长时间无人接电话，或让对方久等是很不礼貌的，对方在等待时心里会十分急躁，你所在的幼儿园会给家长或者其他单位留下不好的印象。即便电话离自己很远，听到电话铃声后，附近没有其他人，我们应该用最快的速度拿起听筒，这样的态度是每个人都应该拥有的，这样的习惯是每个幼儿教师都应该养成的。如果电话铃响了 5 声才拿起话筒，应该先向对方道歉，若电话响了许久，接起电话只是“喂”了一声，对方会十分不满，会给对方留下傲慢不尊重对方的印象。

2. 重要的第一声

当家长打电话给某幼儿园，若一接通，就能听到对方亲切、优美的招呼声，心里一定会很愉快，使双方对话能顺利展开，对该幼儿园产生较好的印象。同样说：“你好，我是李老师，请问有什么可以帮到您?”但声音清晰、悦耳、吐字清脆，就会给对方留下好的印象，对方对其所在幼儿园也会有好印象。因此要记住，接电话时，应有“我代表的是我的幼儿

园，代表的是幼儿教师”的意识。这就是语调的魅力，用清晰而愉快的语调接电话能显示出说话人的职业风度和可亲的性格。

3. 有效电话沟通

上班时间打来的电话几乎都与幼儿园工作有关，每个电话都十分重要，不可敷衍，即使对方要找的人不在，切忌粗率答复。接电话时要尽可能问清事由，避免误事。

幼儿教师在接听电话时，首先应确认对方身份，了解对方来电的目的，如自己无法处理，也应认真记录下来，委婉地探求对方来电目的，就可不误事而且赢得对方的好感。对对方提出的问题应耐心倾听。表示意见时，应让他能适度地畅所欲言，除非不得已，否则不要插嘴。其间可以通过提问来探究对方的需求与问题。注重倾听与理解、抱有同情心、建立亲和力是有效电话沟通的关键。接到责难或批评性的电话时，应委婉解说，并向其表示歉意或谢意，不可与发话人争辩。电话交谈事项，应注意正确性，将事项完整地交代清楚，以增加对方认同，不可敷衍了事。

与此同时，应做好电话记录。随时牢记5W1H技巧，所谓5W，一是When（何时），二是Who（何人），三是Where（何地），四是What（何事），五是Why（为什么），1H是How（如何进行）。在工作中这些资料都是十分重要的。电话记录既要简洁又要完备。

三、挂断电话前的礼貌

要结束电话交谈时，一般应当由打电话的一方提出，然后彼此客气地道别，应有明确的结束语，说一声“谢谢”或“再见”，再轻轻挂上电话，不可只管自己讲完就挂断电话。

素养提升

让工作顺利的电话术

（1）迟到、请假由自己打电话。

（2）外出办事，随时与单位联系。

（3）外出办事应告知去处及电话。

（4）延误拜访时间应事先与对方联络。

（5）用传真机传送文件后，以电话联络。

（6）同事家中电话不要轻易告诉别人。

（7）借用别家单位电话应注意一般不超过10分钟。遇特殊情况，非得长时间打电话时，应先征求对方的同意和谅解。

四、电话礼仪其他需要注意的细节

1. 要有喜悦的心情

打电话时我们要保持良好的心情，这样即使对方看不见你，但是从欢快的语调中也会被你感染，给对方留下极佳的印象。由于面部表情会影响声音的变化，所以即使在电话中，也要抱着“对方在看着我”的心态去应对。

2. 端正的姿势与清晰明朗的声音

打电话过程中绝对不能吸烟、喝茶、吃零食，即使是懒散的姿势对方也能够听得出来。如果你打电话的时候弯着腰躺在椅子上，对方听你的声音就是懒散的，无精打采的。若坐姿端正，身体挺直，所发出的声音也会亲切悦耳，充满活力。打电话时的语调应平稳柔和、安详。这时如能面带微笑地与对方交谈，可使你的声音听起来更为友好热情，虽然对方无法看到你的面容，但你的喜悦或烦躁仍会通过语调流露出来。打电话时声音要文雅有礼，以恳切之话语表达，口与话筒间应保持适当距离，适度控制音量，以免听不清楚，滋生误会，或因声音粗大，让人误解为盛气凌人。因此打电话时，即使看不见对方，也要当作对方就在眼前，尽可能注意自己的姿势和语调。

3. 不要煲“电话粥”

当你有急事，对方电话一直占线，你一定会心急如焚。然而，你自己是否也曾有过煲“电话粥”的情形呢？打电话，切忌喋喋不休，不分重点，唠唠叨叨说个没完，而要简明扼要，节省时间。电话交谈所持续的时间，以谈话内容多少来定，事多则长，事少则短。如果不是预约电话，时间约 5 分钟以上的，那么就应首先说出自己的通话大意，并征询对方现在讲话对于对方是否和合适。若不方便，就请对方另约时间。

五、电话家访礼仪

电话已成为现代化的交际工具，它可以很好地在教师和家长之间传递信息。日本一个研究传播学的权威曾说：“不管是在公司，还是在家里，凭这个人在电话里的讲话方式，就可以基本判断出其教养的水准。”

1. 通话前的礼仪

（1）拨打电话时要注意选择通话时间

拨打电话一般应选择电话效率高的时间，休息时间尽量不要给家长打电话，晚上 10 点之后早上 8 点之前一般不要打电话。万一有急事要打电话，要先和家长说一句“抱歉，事情紧急，打扰您了”。除非是与家长约好，一般不要在进餐时间打电话，节假日一般也不要打电话，以免占用家长得来不易的休息时间。

（2）形成良好的接打电话习惯

教师应该在电话机旁随时备好纸、笔等文具，以便能随时记下通话要点。拨电话前，要对本次电话家访所要了解的情况心中有数，必要时可列一个提纲，以免拿起话筒语言啰唆，词不达意，占线时间太长，或遗忘一些要点，从而在家长心中留下不好的印象。

2. 通话中的礼仪

在家长接电话后，教师要先自报家门。可以这样说：“您好，我是×××的班主任×××，请问您是×××的父（母）亲吗？”如果家长一拿起话筒教师就问“你是×××的家长吗”，这是缺少涵养的表现。接下来的谈话可以这样开始：“请问现在与您交谈合适吗？”因为教师要考虑家长是否方便与你在电话中长时间交谈。在通话过程中，注意背景不要太吵。如果是在课间休息时打电话，教室可能会很吵，但应尽量找个安静的角落，而不要强制学生保持安静，这样会打扰孩子们的正常游戏和休息。

如果在打电话时，突然又有其他的电话打进来，而且是紧急电话，你与家长的谈话几分钟内又不能结束，那么就应该和家长说“对不起，请您稍候，我先接个电话”，或是说“我这有个紧急电话要接，请你先挂机，一会儿我再打给您”。如果打电话拨错了号码，应当说一声“对不起，我拨错了号码”。教师良好的礼仪与修养应该体现在与任何人的交往中。

3. 通话结束时礼仪

在结束电话交谈时，一般应当由打电话的一方提出，然后彼此客气地道别，互道“再见”等客气话后再挂上电话，不可只管自己讲完就挂断电话。

拓展延伸

特别要注意的职场礼仪小细节

学练结合

1. 拨打电话的礼仪规范有哪些？
2. 接听电话的礼仪规范有哪些？
3. 谈谈如何做好电话家访。

实践训练项目

两人一组进行电话家访的演示。

实训目标：让学生掌握拨打、接收电话的礼仪要求；熟练掌握电话家访的方法。

实训内容与要求：两人一组电话家访演示。考查礼貌用语、电话记录、拨打接听电话的时机把握等。

实训成果与检测：学生进行演示后，其他学生进行检查和点评，以便相互促进。

学习单元三　递送之礼

【知识学习】

一、名片的递送

（一）名片的作用

1. 可以减少初次见面自我介绍的麻烦

使用名片可省却初次见面口头介绍容易造成的遗忘、误听、误解的麻烦。

2. 缩短彼此之间的距离

一张精心设计的名片能给人留下深刻的印象，它缩短双方之间的距离，便于以后随时联系。

3. 显示使用者的修养

名片能显示性格特点、职业特点，展示企业精神，代替广告宣传，能显示使用者的修养。

4. 起到推荐他人、牵线搭桥的作用

介绍某人去见另外一人时，可用回形针将本人名片居上、被介绍人名片居下固定在一起，然后将其装入信封，再交予被介绍人，这就是一封非常正规的介绍信，是会受到高度重视的。

（二）名片的内容

名片的基本内容一般有姓名、工作单位、职务、职称、通信地址等，也有把爱好、特长等情况写在上面，选择哪些内容，由需要而定，但无论繁、简，都要求信息新颖，形象定位独树一帜。

（1）排版方式

①横式名片。横式名片是指以宽边为底，窄边为高的名片版面设计。横式名片因其设计方便、排版便宜，成为目前使用最普遍的名片印刷方式。

②竖式名片。竖式名片是指以窄边为底，宽边为高的名片版面设计。竖式名片因其排版复杂，可参考的设计资料不多，适于个性化的名片设计。

③折叠名片。折叠名片即为可折叠的名片，比普通名片多出一半的信息记录面积。

素养提升

名片的规格

名片标准尺寸：90 mm×54 mm　90 mm×50 mm　90 mm×45 mm。

但是加上出血上下左右各 2mm，所以制作尺寸必须设定为：94×58 mm　94 mm×54 mm　94 mm×49 mm。

另外：

横版：90 mm×55 mm<方角>　85 mm×54 mm<圆角>

竖版：50 mm×90 mm<方角>　54 mm×85 mm<圆角>

方版：90 mm×90 mm　95 mm×95 mm

（2）印刷表面

按印刷表面分，名片有单面印刷、双面印刷两类。按印刷表面分类即是按名片印刷的正面和反面来划分。每张名片都可印刷成单面，也可两面一起印刷，如图 3-3-1 所示。

图 3-3-1

（三）名片的放置

一般说来，把自己的名片放于容易拿出的地方，不要将它与杂物混在一起，以免要用时手忙脚乱，甚至拿不出来；若穿西装，宜将名片置于左上方口袋；若有手提包，可放于包内伸手可得的部位。不要把名片放在皮夹内、工作证内，甚至裤袋内，这是一种很失礼的行为。另外，不要把别人的名片与自己的名片放在一起，否则，一旦慌乱中误将他人的名片当作自己的名片送给对方，这是非常糟糕的。

（四）名片的交换

1. 交换名片的时机

幼儿教师在社交场合出示名片应把握好时机。当初次相识，自我介绍或别人为你介绍时可出示名片；当双方谈得较融洽，表示愿意建立联系时就应出示名片；当双方告辞时，可顺手取出自己的名片递给对方，以示愿结识对方并希望能再次相见，这样可加深对方对你的印象。

碰到以下几种情况，则不必把自己的名片递给对方，或与对方交换名片：如对方是陌生人，不想认识对方，对方对自己并无兴趣；经常与对方见面；双方之间地位、身份、年龄差别很大。

2. 交换名片的办法

（1）呈上自己的名片

向对方递送名片时，应郑重其事，面带微笑，稍欠身，注视对方，将名片正对着对方，用双手的拇指和食指分别持握名片上端的两角或一只手持名片的左上角、另一只手持名片的右下角，将名片正面面对对方，交予对方，如图 3-3-2 所示。如果是坐着的，应当起立或欠身递送，递送时可以说一些：“我是××幼儿园的××老师，这是我的名片，请笑纳”“我的名片，请你收下”“这是我的名片，请多关照”之类的客气话。在递名片时，切忌目光游移或漫不经心。

图 3-3-2

名片的递送先后虽说没有太严格的礼仪讲究，但是，也是有一定的顺序的。一般是地位低的人先向地位高的人递名片，男性先向女性递名片。当对方不止一人时，应先将名片递给职务较高或年龄较大者；或者由近至远处递，依次进行，切勿跳跃式地进行，以免对方误认为有厚此薄彼之感。

（2）接受他人的名片

当他人表示要递名片给自己或交换名片时，应立即停止手中所做的一切事情，起身站立，面含微笑，目视对方。接受名片时，宜双手捧接，用双手的拇指和食指接住名片的下方两角，或以右手接过，切勿单用左手接过。态度也要毕恭毕敬，使对方感到你对名片很感兴趣。

接过名片后为了表示对对方的尊重首先要看。具体而言，就是接过名片后，当即要用半分钟左右的时间，从头至尾将其认真默读一遍。若有疑问，则可当场向对方请教。

接受他人名片时，应口头道谢，如“谢谢”，或重复对方的话语“请您多多关照”“请您多多指教”“能得到您的名片，真是十分荣幸”。若需要当场将自己名片交换过去，最好在收到对方名片装入名片夹后操作，不要一来一往同时进行。切忌接过对方的名片一眼不看就随手放在一边，也不要在手中随意玩弄，不要随便拎在手上，不要拿在手中搓来搓去，否则会伤害对方的自尊，影响彼此的交往。正确接受他人名片的方法如图 3-3-3 所示。

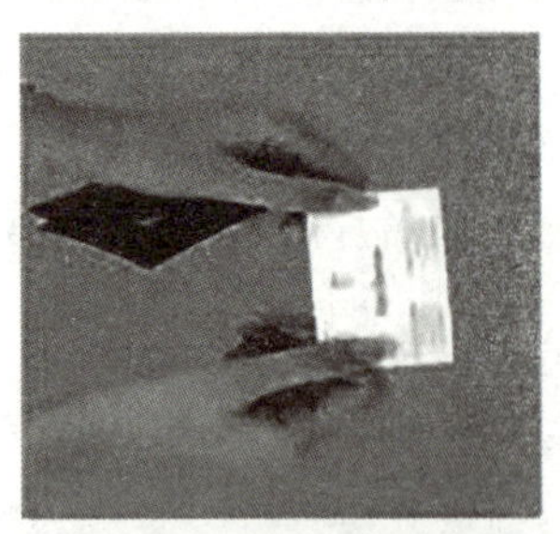
（a）用双手的食指和拇指分别夹住名片的左右端递过去

（b）客人递过来名片时

（c）双手接收

（d）认真仔细地阅读名片

（e）然后放进上衣上面的口袋

（f）对方索要没有名片时，委婉说明

图 3-3-3

收到名片两三天之内，按名片上的电话联系一下对方，向对方问声好，并提醒对方自己是他名片的持有者，对方会感到受重视，会非常高兴，这会为将来进一步交往打下良好基础。

（3）索取他人的名片

如果没有必要最好不要强索他人的名片。若要索取他人名片，则尽量不要直截了当地说，而应采用以下几种方法：

①向对方提议交换名片。

②主动递上本人名片，意思就是我希望获得你的名片。

③询问对方："请问今后如何向您请教？"这种方法适用于向长辈、上级索取名片。

④询问对方："以后怎样与您联系？"此法适用于向平辈或晚辈索要名片。

（4）婉拒他人索取名片

当他人索取本人名片，而自己又不想给对方时或者自己目前暂时没有名片无法赠予对方时可以说"对不起，我忘了带名片"或者"抱歉，我的名片用完了"。不过若手中正拿着自己的名片，又被对方看见了，这样讲显然不合适。

如果自己名片真的没有带或是用完了，自然也可以这么说，不过不要忘了加上一句"改日一定补上"，并且一定要言出必行，改天有机会一定要给对方。否则会被对方理解为自己没有名片，或成心不想给对方名片。

（五）名片交换的注意事项

①与西方、中东、印度等外国人交换名片只用右手就可以了，与日本人交换用双手。

②忌炫耀，有些人的名片上印有无数职衔，名片上的文字最好简单一些。

③忌过大，名片过大，收到的人难以把他存于名片夹或名片盒内。

④忌过小，有些唯美派的名片设计，上面的字过小，看起来很费事。

⑤忌香味，因为收名片者可能会对香味抗拒或敏感，因此不宜采用。

二、递送物品礼仪

1. 递送资料

双手递且字体的正向朝向对方。这样不仅方便对方阅读，也是对对方的一种尊重和表达自己的一种方式，会在不经意间给对方留下好印象。如果是几页的文件或者文件夹，建议翻开资料，递给对方，细小的动作也会让对方感受我们的热情和涵养，如图 3-3-4 所示。

图 3-3-4

2. 递送笔/剪刀等尖锐物品

笔尖、刀尖朝向自己，双手递给对方。不仅仅是为了方便他人使用，其寓意是“把危险留给自己”。

3. 递送小物件

有些小物件，双手根本没法拿，比如回形针，如果双手拿着，那对方拿哪里？其实，习惯成自然，右手拿着物件，左手稍微扶住或托住右手递给对方就可以啦。

4. 递送茶水等饮料

如果说是带有杯耳的杯子，只需右手捏住杯耳，左手托着杯底递给别人或轻放于对方桌上，建议放在右手边，方便取用（左撇子例外）；如果是没有杯耳的杯子，如直身杯一类，需特别注意，要拿杯子的三分之一以下，双手递给对方。

拓展延伸

名片的起源

学练结合

1. 名片的内容应包括哪些要素？
2. 婉拒他人索取名片时有哪些比较正确的方法？
3. 谈谈如何优雅有礼地为他人递送物品。

实践训练项目

让每位同学设计一张自己的名片，将每两位同学分成一组，练习名片的交换方法。

实训目标：让学生掌握名片的类型以及包含要素，掌握名片的正确交换方法。

实训内容与要求：每位同学根据要求设计自己的名片，交换名片时考查学生的站姿、手势、眼神、口头语言。

实训成果与检测：学生进行演示后，其他学生进行检查和点评，以便相互促进。

学习单元四　拜访之礼

一、拜访的意义

当今社会人们用很多方式或形式进行交流、沟通，而其中一种形式就是拜访。作为幼儿园老师，最常见的拜访就是家访。任何一个社会组织和个人都不应当忽视拜访这种社交活动形式，而应适时地考虑安排必要的拜访活动，因为在某种意义上它不仅代表个人，更代表一个组织的形象。

二、拜访前的准备

（一）拜访前的相邀礼仪

不论因公还是因私拜访，都不能搞“突然袭击”，突然访问容易让对方措手不及，造成麻烦。尽量不要做“不速之客”，不得已必须要突然拜访时，可在 5 分钟前打个电话征得对方同意，所以拜访前要与被访者电话联系。联系的内容主要有 5 点：自报家门（姓名、单位、职务）；询问被访者是否在单位（家），是否有时间或何时有时间；提出访问的内容

（有事相访或礼节性拜访）使对方有所准备；在对方同意的情况下约定具体拜访的时间、地点；最后对对方表示感谢。

在具体的拜访时间选择上，最好是利用对方比较空闲的时间。到办公室拜访，最好不要选择星期一；如果是到家拜访，最好选择在节假日前夕。由于中国人普遍有午休的习惯，登门时间最好不安排在中午，当然更不要选在用餐时间。从我国目前的实际情况看，晚上 7 点 30 分至 8 点也许是私宅拜访较好的时机。

（二）拜访前的时间观念

原则上必须提前 5 分钟到达，第一次去的地方要留足充裕的时间。但在现实生活中去办公区域拜访应提前 5~7 分钟到达，而去私宅拜访则尽量准时到达最佳。

（三）拜访前的着装礼仪

出门拜访之前，应根据访问的对象、目的等，选择适合自己的服饰和妆容，头发要梳理好，面容要干净并且应做适当的修饰，蓬头垢面、衣冠不整的形象不但给别人不愉快的感觉，而且是不尊重主人的表现。整洁的衣帽反映的是你对访问者的尊重程度。

注意衣帽应整洁，该扣的衣裤扣子应扣好，鞋带应系好。女士尤其注意一下自己的丝袜，应防止丝袜被勾坏，给别人留下不好的印象。在平时社交访问中，尤其是在访问老熟人、老同事时，这一点却往往容易被许多人忽视。即使去再好的朋友、再近的邻居家访问，也不应穿背心、拖鞋或者睡衣、短裤，因为倘若你访问时只有你的朋友一个人在场，你穿得随便点，也许他不会在意，但假如他的家人都在，或正好有其他的亲朋好友来访时，就会引起主人和其他来宾的难堪，当然就是对主人的不礼貌。

三、拜访的类型

（一）私人住宅的拜访

1. 讲究敲门的艺术

进门访问前，应当先轻声敲门或按门铃。要弯曲食指和中指用指关节敲门，力度适中，间隔有序敲三下，如果主人问“谁呀？”除了天天见面的熟人能辨别你的声音外，应通报自己的姓名，或姓名加单位，而不能只是回答“我”。如无反应，可再稍加力度，再敲三下；如有应声，再侧身隐立于右门框一侧，待门开时再向前迈半步，与主人相对。

2. 主人开门请你进屋

客人应礼貌询问主人是否要换鞋，并要询问鞋的放置（有的家庭是放在门外而不是地垫上）。进门后，我们随身带来的外套、雨具等物品应搁放到主人指定的地方，不可任意乱放。夏天进屋后再热也不应脱掉衬衫、长裤，冬天进屋再冷也应脱下帽子、手套，有时还应脱下大衣和围巾，并切忌说冷，以免引起主人误会。

3. 进屋以后

客人应主动向所有人打招呼、问好，或适当寒暄；对陌生人也应点头致意，如果你带孩子或其他人来，要介绍给主人，并教孩子如何称呼。

4. 在主人家的礼规

如果主人是年长者或上级，主人不坐，则自己不能先坐。主人让座之后，要口称“谢谢”，然后采用规矩的礼仪坐姿坐下。

主人递上烟茶要双手接过并表示谢意。如茶水太烫，应等其自然冷了后再喝，必要时也可将杯盖揭开。放置杯盖时，盖口一定要朝上。切忌将茶水用嘴边吹边喝，喝茶时应慢慢品饮，不要一饮而尽，也不要发出声响。主人递烟时，如你不会抽，也应致谢，要说“谢谢，我不会抽”。如果主人没有递烟，而自己又特别想抽时，应征得主人同意，说“对不起，我可以抽烟吗?”待主人说“请”或“可以”，你道谢之后再抽。如果主人没有吸烟的习惯，要克制自己的烟瘾，尽量不吸，以示对主人习惯的尊重。主人献上果品，要等年长者或其他客人动手后，自己再取用。即使在最熟悉的朋友家里，也不要过于随便，这是对朋友的尊重。如果抽烟，应将烟灰弹入烟灰缸内；假如没有烟缸，应自己主动用一张小纸卷成一个小筒，将烟灰弹入，待出门时扔进垃圾箱里，千万不可将烟灰随处乱弹。吸烟时不可四处走动，吸烟时应注意烟雾的走向，如果你吐的烟雾直冲你旁边的某位不吸烟的主人或客人，应该主动请求换位或挪动一下座椅。吸剩的烟蒂要适度，以留 1 厘米左右为宜，一直吸到滤嘴才罢休的方式在社交场合是不得体的。

5. 一定要“客听主安排”

一定要“客听主安排”，虽然不是“不可多说一句话，不可多走一步路”，但也应放弃一些随意，应充分体谅主人。

主人没有邀请你参观他们的其他房间或设施时，不应主动提出参观，更不能未经主人许可就到处乱窜，特别是到人家里访问时更应注意这一点。因为一般来说每个再爱整洁的家庭都有自己的“死角”，这样的地方会比较零乱一些。又如有的家里客厅布置很有秩序，卧室则不太讲究。几乎所有的主人都不愿把属于“死角”的地方暴露在众人面前。到别人家不可乱翻乱动，否则也是对主人不尊重的表现。翻阅朋友家的书刊之前，也最好征求一下主人的意见，当然更不可随意拉开主人的抽屉、衣柜，不要轻易打听主人的东西值多少钱，在哪里买的，等等。总之，我们去别人住所拜访时一定要自律，尽量不要给主人增添麻烦。

6. 逗留的时间不宜太长

一般情况下要控制在 30 分钟之内，或者要办的事一完后就应告辞。

当遇到以下这几种情况，也应及时告辞：一是双方话不投机，或当你谈话时，主人反应冷淡，甚至不愿搭理时；二是主人将双肘抬起，双手支于椅子的扶手上甚至频繁地看表时。告别前，应向主人的友好、热情等给以适当的肯定。

7. 带礼物

要委托主人办事或者是向主人致谢的拜访，最好带些礼物。古今中外的交往几乎都离不开赠送礼物这个内容，它是情感的象征和媒介。

在我国的传统交往活动中，多以食品、点心、水果、衣料、现金作为礼品。礼品的雅俗贵贱常常是以礼品本身的商品价值和使用价值来衡量的。西方人多以鲜花、工艺品、首饰、书籍等作为礼品，其雅俗贵贱多是以艺术价值、知识价值即精神价值为尺度的。

近年来，在我国，特别是在现代都市里，人们不再以金钱标准来衡量礼品的价值，而是倾向于充分考虑受礼者的实际，以实用性为基础，兼顾艺术性、趣味性、针对性、纪念性等方面。如果不了解对方的个人特长、爱好，也有规律可循。例如，出差或旅游带回的纪念品，送女士可以是化妆品、小饰品或生活用品，送男士可以是领带、衬衣等；如到有孩子的主人家作客可以送一些玩具、文具、糖果等；另外，床上用品、餐具、茶具、陈设品等都是不错的礼物，非常实用。

赠送礼品应注意以下几点：

①要搞清对象，注重效果。首先要清楚被访者与拜访者的关系来选择礼品，礼品不一定要贵重，但一定要有意义。其次要掌握一些与赠礼有关的禁忌。搞清了这些内容，我们赠送的礼品才能帮助我们的拜访达到沟通关系、联络感情、增进了解、互相关心的目的。

②抓准时机，注意场合。从时间上讲，赠礼贵在及时、准确。毫无理由地过早赠送或“马后炮”“雨后送伞”等赠送行为不但没有好结果，而且可能失礼。从地点上讲，赠礼要考虑场合，一些高雅而清廉的礼品适宜送到办公室，而生活用品或价值较高的礼品则应送至私宅。向受礼者呈送礼品的时间，一般是在相见时或分手道别时。

③挑选礼品要精心包装。礼品选好后，应取下价格标签，避免产生不必要的尴尬。送礼前的最后工序就是对礼品进行包装，包装结束后可贴上写有自己祝词和签名的缎带或卡片，以表达自己的情感和诚意。递送礼品时要注意用双手递接，同时并说些祝福的话。

8. 道别

起身告辞时，要向主人表示“打扰”之歉意。起身告退时，如主人处还有其他客人，即使你不熟悉，也应遵守“前客让后客”的原则礼貌地向他们打招呼，或者说“你们谈”；出门后，回身主动伸手与主人握别并说“请留步”。主人送你出门时，看好门外第一个拐弯处，当走到该处时，一定要再回头看看主人是不是还在目送。如果主人还未返回，应挥手向主人示意，以示最后的谢意，并请主人快回家去。如果主人站在门口，发现你“一去不回头”，那你就失礼了，主人也会很失望。

（二）办公区域的拜访

1. 按约定准时进行

访问必须守时，如因故不能及时到达，应尽早通知对方，并讲明原因，无故迟到或失约都是不礼貌的。在到了和客户约定时间前 2~3 小时，再和对方确定一次，以防临时发生变化；选好交通路线，算好时间出发，确保提前 5~10 分钟到。

要阅读拜访对象的个人和单位资料，准备好拜访时可能用到的资料，制定好拜访目标并拟好提问的目录，以提高办事效率。检查各项携带物是否齐备（诸如名片、笔和记录本、电话本、磁卡或现金、合同等）。

2. 着装准备

拜访的地点设在对方的办公区域则应着正装，因为你的拜访在很大意义上代表的是你幼儿园的形象，这样着装可以传递出“你很重视这次拜访”的友好信息。

3. 拜访礼仪

进入办公大楼或客户公司门口前，最好能去洗手间一次。特别是在淋雨后、出汗时要注意擦干头发、衣服、脚上、鞋上、皮包、资料上的水渍。为了不破坏整齐的装扮，不妨用纸巾轻按，避免大力擦抹。

进入室内时面带微笑，向接待员说明身份、拜访对象和目的，从容地等待接待员将自己引到会客室或者到受访者的办公室。

如果是雨天，不要将雨具带入办公室。在会客室等候时，不要看无关的资料或在纸上涂画。接待员奉茶时，要表示谢意。等候超过一刻钟，可向接待员询问有关情况，如受访者实在脱不开身，则留下自己的名片和相关资料，请接待员转交。如果需要事后联系的，一定要依约定时间回复消息。

见到拜访对象，要进行问候、握手，并交换名片等。注意称呼、遣词、用字、语速、语气、语调。会谈过程中，如无急事最好不打电话或接电话。

拜访结束时一定要与对方道别，对本次的打搅表示歉意。

四、幼儿教师家访中的礼仪

家访，是沟通教师、家长与学生心灵的桥梁。家庭是学生的第一所“学校”，通过家访，幼儿教师可以争取到家校的配合，全方位了解学生根本上存在的问题，确保学生稳定、健康、全面地发展。

①家访时，教师应衣着朴素，仪表端庄，讲究礼仪，力求语言朴实诚恳，举止大方。见面主动问好，微笑地对待家长和幼儿，做到“一团和气”感染家长，家长才会“客客气气”，这是打开话匣子，与家长进行推心置腹交流的关键一步。

②遵守时间是交往中极为重要的礼仪。教师在家访时，要按约定的时间到达。过早抵达，家长可能会因没有完全准备好感到难堪；迟迟不到，会让家长担心，让家长等待，也是很失礼的行为。切忌不打招呼擅自闯入。进门时可简要说些寒暄性的话语，落座时，要说“谢谢”，然后采用规矩的坐姿坐下。

③家访时间不宜过长。在双方都坐好后，应尽快步入主题，不要东拉西扯，浪费时间。无论学生家境贫富，教师都要表现得不卑不亢，平和自然。交谈时孩子最好在场，如果需要单独与父母交流，可以预先告诉父母，预设孩子不在的环境，不能硬行让孩子回到自己房中去回避，那是对孩子的不尊重。

④教师在家访中要态度诚恳，分寸得当，要掌握好尺度，无论在什么情况下，都要耐心倾听家长的意见，即使有的意见不一定正确，也应当在其中找到自己应考虑的方面，切不能让自己的情绪影响家长或学生。教师在与家长交谈时，说话一定要小心谨慎，讲究语言交流的艺术，善于抓住家长焦急、期待的心理特点。这样的家访，家长一定会欢迎。在登门家访中，教师切记不可借家访解决私事。

⑤家访结束后就应告辞，起身向家长为前来“打扰”表示歉意。出门后，回身主动伸手与家长握别，并说“请留步”。家访后加强对孩子的关注，以巩固家访效果。

学练结合

1. 私人住宅拜访具体有哪些要求？
2. 赠送礼品的禁忌有哪些？
3. 幼儿教师登门家访时应注意哪些礼仪？

实践训练项目

将学生进行分组，分别拟定身份和设置情景，相互进行家访。

实训目标：掌握家访时的具体礼仪要求。

实训内容与要求：相约—准备—前往—家访—离开，按拜访礼仪规范掌握一定程序和步骤。

实训成果与检测：学生进行演示，其他学生进行检查和点评。

学习单元五　接待之礼

【知识学习】

待客礼仪是幼儿教师交际礼仪中一个非常重要的环节，是与领导、同事、家长以及其他单位建立良好沟通关系的一种方式，在现代实用交际礼仪中待客礼仪应与拜访礼仪结合起来掌握。在待客工作之中，对于来宾的招待乃是重中之重，要做好待客工作，重要的是要以礼待客。

一、以礼待客的因素

（一）时间因素

招待来宾的时间因素，主要涉及两个基本问题：一是来宾何时正式抵达，二是来宾将要停留多久。如果在来宾正式登门拜访时，因为接待人员的考虑不周，而让对方吃闭门羹或者招待不周，无疑会非常失礼，给对方非常不好的印象，并且有损单位形象。因此得知有人将要上门拜访，或是与他人商议邀其上门做客时，一定要预先与对方确认正式抵达的时间和将要停留的时间，以保证不与其他事情相冲突。

（二）空间因素

招待来宾的空间因素，指的是待客时的具体地点的选择问题。一般而言，在家进行接待时，一般选择客厅。在公务活动之中待客的常规地点，有办公室、会客室、接待室等。接待一般的来访者可在自己的办公室进行，接待重要的客人可选择专门用来待客的会客室。接待身份极其尊贵的来宾，有时还可选择档次最高的会客厅或贵宾室。至于接待室，则多用于接待就某些专门问题来访之人，必要时还须设置指引客人之用的“指向标”。

（三）注意光线

应以自然光源为主、人造光源为辅，切勿使光线过强或过弱。招待来宾，尤其是接待贵宾的房间最好向南，这样光线更好。如果阳光直射，则可设置百叶窗或窗帘予以调节。使用人造光源时，最好使用顶灯、壁灯，尽量不要使用台灯或地灯，特别是不要让灯光直接照射来宾。使用彩灯、漫光灯或瀑布灯，也是毫无必要的。

（四）环境因素

幼儿园接待室装饰设计一般较为简单，陈列品常会摆放一些园所文化宣传书或者是一些园所文化照片墙等。从装修来看，通常应当布置得庄重大方又带有幼儿园的特色。接待室如果空间较为狭小，那么在色彩应用方面应选择有扩张视觉效果的色彩，使空间显得宽大，比如蓝色。如果接待室空间较大而设施简单，可大量使用暖色系中的暖米黄、柔黄绿等，这些颜色给以坚毅中带有温暖的感觉，使空间显得收敛温馨。

（五）温度因素

室温以摄氏25~26 ℃为最佳，因为它是人体体温的“黄金分割点”，令人最为舒适。室温低于摄氏18 ℃，往往令人寒冷难耐；室温高于摄氏30 ℃，则又可能会令人燥热不堪。

二、一般公务接待礼仪

（一）公务接待的规格

公务接待一般根据来宾身份，分为高规格接待、低规格接待、同等级接待三种。

①高规格接待。本单位陪客比来客职务要高的接待。通常有这样几种情况：上级领导派一般工作人员向下级领导口授意见或其他单位领导派人到本单位商谈重要事宜，这类情况一般要求领导出面作陪。

②低规格接待。即本幼儿园陪客比来客职务低的接待。低规格接待通常在基层单位中比较多见，一般有这样几种情况：上级领导部门或主管部门领导来本地、本单位视察只能低规格接待；老干部故地重游，老干部和上级领导路过本地，短暂休息等，这种接待只需领导出面看望一下。

③同等级接待。即陪客与客人职务、级别大体一样的接待。一般是来的客人什么级别，本单位也派什么级别的人员陪同，职称或职务相同则更好，或按预约由具体经办部门对等接待。

（二）公务接待的步骤

1. 迎接

迎接客人必须准确掌握来访客人所乘交通工具和抵达时间，并提前通知全体迎接人员和有关单位。如果情况发生变化，应及时告知有关人员，做到既顺利接送来客，又不多耽误迎送人的时间。

对于经常见面的客人，有关人员在会客室里静候即可。如果来宾人数较多，主方可以安排几位公关接待人员在楼下入口处迎接。如果来宾中有级别较高或身份重要的任务，东道主的高级领导因该亲自到门口迎候。

迎接客人时，应在客人抵达前到达迎接地点，等到来宾的车辆开来，接待人员要微笑挥手致意。车停稳后，要快步上前，同来宾一一握手、寒暄，表示欢迎。

2. 陪行

接待人员在引导来宾去往会见、会谈地点时，要用声音和手势同时向来宾示意跟自己走，声音手势都应适度得体。

接待人员中应该有一位在左前方带路，其余的人按尊卑顺序在左侧陪同来宾一起前行。带路人步伐要适中，照顾后边的来宾。在转弯处、楼梯口、电梯口要稍稍停一下，待来宾跟上再前行。遇到不起眼的台阶、地毯接缝处，要提醒来宾注意安全。

如果电梯有专人负责，接待人员要先请来宾进入，自己最后进入。如果电梯没有专人负责，那么带路人就要先进入电梯，按住开门按钮，请来宾进入电梯。到达目的楼层后，电梯内若宽敞，应先请来宾走出电梯；若较挤，自己应先出来给来宾让路。

到达会客室的门口，要先向来宾介绍这是什么地方，然后为来宾开门。外开的门，接待人员应拉开门并站在门后请来宾先进；内开的门，接待人员向里推开后自己先进去，然后在门后拉住门，请来宾进入。

如果走过去的距离较远，经客人允许，可以帮助其拿包或其他东西，并说一些比较得体的话。如果需要转换行进方向，应在说明后同时以手指示。

如果客人有雨具、大衣等物品，帮客人放好后，放置的位置也要向客人讲清楚。如果领导不在会客室，应让客人稍候，自己马上去向领导汇报，请领导前来会客。

宾主见面握手寒暄后，接待人员可以退场。

3. 接待

①接待人员对来访者，一般应起身握手相迎，对上级、长者、家长来访，应起身上前迎候。对于同事、员工，除第一次见面外，可不起身。

②不能让来访者坐冷板凳。如果自己有事暂不能接待来访者，应安排人员接待客人。不能冷落了来访者。

③要认真倾听来访者的叙述。公务往来是“无事不登三宝殿”，来访者都是为了谈某些事情而来，因此应尽量让来访者把话说完，并认真倾听。

④对来访者的意见和观点不要轻率表态，应思考后再做答复。对一时不能答复的，要约定一个时间再联系。

⑤对能够马上答复的或立即可办理的事，应当场答复，迅速办理，不要让来访者无谓地等待，或再次来访。

⑥正在接待来访者时，有电话打来或有新的来访者，应尽量让秘书或他人接待，以避免中断正在进行的接待。

⑦对来访者的无理要求或错误意见，应有礼貌地拒绝，不要刺激来访者，使其尴尬。

⑧如果要结束接待，可以婉言提出借口，如“对不起，我要参加一个会，今天先谈到这儿，好吗”等，也可用起身的体态语言告诉对方就此结束谈话。

4. 送行

在客人告辞离开时，要起身将客人送到门口，礼貌地说：“感谢您的光临”“欢迎您再来”等文明用语。

要协助外地客人办好返程手续。要准确掌握外地客人离开本地的时间，以及所乘交通工具的意向，为其预定好车票、机票，尽早通知客人，使其做好返程准备。作为主人，可以为长途旅行的客人准备一些途中吃的食品。另外，最好由原接待人员将客人送至车站、码头、机场。如果原接待人员因为特殊原因不能送行，应该向客人解释清楚，并表示歉意。

送客的时间一定要严格掌握。送客的人到达的时间要恰当，要给客人留出收拾东西、打点行装的时间。来得太早，不但会影响客人收拾行李，而且也有催他们走的嫌疑；来得太晚，可能会错过飞机或火车的开行时间，让客人着急。

三、来访家长的接待

1. 称呼与问候

家长来访时，不论其身份地位高低，都希望得到尊重。老师应主动起身，点头或握手并问好致意。在与家长交谈时，应使用“您”等礼貌用语。

2. 让座与敬水

接待来访客人用的物品茶杯、茶盘等，要擦拭干净。家长来了，不论是熟人还是第一次来的生客，都应该热情相迎。如果是按约定时间到来，应主动出门迎接，并互致问候，进门后应立即请客人落座。端茶时应用双手端，续茶时把茶杯拿离茶桌，以免倒在桌上弄脏客人衣服。

3. 平等交流

面对来访家长，教师要多讲学生的闪光点，讲学生缺点要客观公正，以利于和家长共同寻求好的教育方法，帮助学生进步。切忌训斥家长。具体来说，要掌握以下与家长沟通的技巧：

①尊重家长，态度诚恳；主动微笑，用字遣词优雅；仪态端庄，包括肢体语言。

②谈话时要控制音量并保持距离，认真倾听家长的叙述。

③营造宽松的氛围，要以平等的身份与家长交谈。

④对孩子的评价一定要客观全面，既肯定优点与进步也要真诚地提出不足之处。

⑤交谈时不要与别的幼儿比较。谈完后要肯定沟通收获。

⑥保留对方的面子，委婉地透露坏消息。

⑦适时提出建议，询问对方的意见。

⑧不要仓促地做决定，不要催促对方下决定。

⑨强调沟通双方相同的处境，充满信心地进行沟通。

素养提升

与来访家长沟通常用语

1. 家长反映问题——态度冷静，让家长把话说完，认真委婉。如：“谢谢！让我们再了解一下。请您放心，我们再商量商量，尽量帮你解决。”

2. 家长之间发生冲突——稳定家长情绪，分别与家长谈话。如：“别着急，孩子在园发生事情，责任在我，您有什么意见和我们说。”

3. 孩子发生事故——如实说清，表示歉意。如：“真是对不起，今天……麻烦您多观察孩子，有什么不舒服时，需要我们做什么尽管与我们联系。”

4. 家长晚接孩子——主动热情，耐心接待。如：“没关系，请您今后商量好谁接，免得孩子着急。”

5. 家长馈赠物品——礼貌回绝。如：“您的心意我们领了，照顾孩子是我们应该做的，您别这么客气。”

6. 找个别家长谈话——态度平和，讲究艺术。如：“对不起，耽误您一会儿时间。”

7. 与家长联系——体贴关心、礼貌客气。如：“您好！我是×老师，今天××不舒服，您看是不是带他去医院？谢谢！给您添麻烦了。”

四、私宅接待的礼仪

（一）迎客

客人在约定的时间到达，不宜在房中静候，应到门口迎接，如果是夫妇一同前往，应该女主人在前。如果是长者、贵客来访，应让全家人到门口微笑迎接。迎接客人时应说一些“欢迎，欢迎”“稀客，稀客”“一路辛苦啦”“请进”“这么热的天，难为您了”等欢迎词和问候语，使客人有受到礼遇、获得尊重的感觉。如果客人有随身携带的物品，应帮助其接下，放到适当的地方。

要让来客有好感，秘诀在于家居环境的整齐清洁。进门处尽量不要摆太多的东西，要保持干净、清爽。给客人穿的拖鞋要事先排放整齐，在客人来之前，茶水、点心要准备好。另外，主人在家中的穿着也很重要，要整理好自己的衣衫，避免出现尴尬。

（二）待客

在待客过程中，一般主要以交谈、招待茶点为主，下列内容是应注意的：

①交谈：话题很重要，最好将谈话的主导权交给对方。作为主人只需做一个好的听众就可以了，无须一个人滔滔不绝。若无法奉陪客人交谈，切不可出现主人只管自己忙，把客人晾在一旁的情况。可安排身份相当者代陪或提供报纸杂志、打开电视供客人消遣。

②招待茶点：请客人吃水果前，应请客人先洗手。将洗净消毒的水果和水果刀交给客人削皮。如果代为客人削皮，一般只应削到你的手指即将碰到已削过的果肉为止，剩下的部分最好向客人致歉后请客人自己削掉。

③递烟时，应轻轻将盒盖打开，将烟盒的上部朝着客人，用手指轻轻弹出几支让客人自己取，不要自己用手指取烟递给客人。如果为客人点火，则最好是打着一次火只为一个客人点烟；如果需连续点火，打一次火最多也只能为两人点烟，绝不要打一次火后为客人“点转转火”，即使你的打火机再好也不能这样做，因为这是一种失礼的行为。如果用火柴点火，每划燃一根火柴，也不能为两个以上的人点烟。点过以后，应先吹灭再丢进烟灰缸中。如果为多位客人点烟，点烟的顺序应是身份高者、年长者、女士在先。

④上茶的时候，应在客人入座后再取出杯子，当着客人的面将杯盖揭开，注意，杯盖一定要盖口朝上放在茶几上；杯中倒入适量开水，烫片刻后将水倒掉；再放入适量茶叶，倒入约 1/3 杯开水，将杯子盖好；从客人的左边为客人上茶；估计茶叶差不多已经泡开的时候，再为客人续上开水。注意，沏茶时杯盖子可以执于左手，如果要放在茶几上，盖口就需朝上，以免染上脏物或病菌；水不应倒得太满，一般为杯子的 4/5 左右即可。

（三）送客

当客人散席或准备告辞时，主人应婉言相留。客人要告别时，主人要帮他们收拾东西，以免忘了带走。外套应拿至门口，有时可帮他们穿上。

送客要送到门口，若是住在高楼中，则送到楼梯口或电梯口；如果客人乘轿车离去，则可送客人上车，目视客人离去后才回屋内。千万不可在客人未离视线之前关上大门，切忌跨在门槛上向客人告别，或客人前脚走你就“啪”地关门，这将是一个很不礼貌也很突兀的举动。

为了表达对客人及客人的同事、亲人的友好感情，临别时别忘了告诉客人代表你向他们问好。可以这样说："请向贵园全体同仁问好！""请代问令尊令堂大人好！""请代问你姐姐好！"等，必要时还应为客人或客人的亲友赠一份土特产或纪念品，请客人笑纳。

如果将客人送至门口，应在客人的身影完全消失后再返回。否则，当客人走了一段再回头致意时，发现主人已经不在，心里会很不是滋味。同时，送客返身进屋后，应将房门轻轻关上，不要使其发出声响。那种在客人刚出门就返身"砰"的一声关上大门的做法是极不礼貌的，并且很有可能因此而葬送客人来访时你精心培植起来的所有情感。

如果是送客至车站、码头，则最好是等车船开动并消失在视线以外后再返回。送客至机场时，应待客人通过安检处之后再返回。如果有很特殊的原因不得不提前返回，也应详细向客人说明理由，请客人谅解，否则都是失礼的。到车站、码头或机场送客时，尤其不要频频看表或表现得心神不宁，以免客人误解你是在催他快快离开。

拓展延伸

中国六大茶类

学练结合

1. 以礼待客包括哪些要素？
2. 公务接待和私宅接待的步骤分别是什么？
3. 接待中的位次礼仪有哪些？

实践训练项目

结合家访礼仪让学生掌握接待家长礼仪，将学生分组训练。

实训目标：掌握规范的接待礼仪，注重细节的处理。

实训内容与要求：准备必要的道具，设置一定的情景，让学生结合拜访礼仪掌握接待礼仪。

实训成果与检测：学生进行演示，教师及其他学生进行检查和点评。

学习单元六　交通之礼

【知识学习】

一、散步行路礼仪

广场、道路是基本的公众场所，一个人单独行路的机会比较多，所以能不能自觉地讲究行路散步的规则，尤其能反映一个人修养水准的高低。无论男女，行路散步时目光要自然前视，不左顾右盼，东张西望，摇头晃脑，上蹿下跳。

（一）严格遵守交通规则

行路时，要走人行道，不走自行车或机动车道。过马路要走人行横道，或是过街天桥、地下通道，如果是路口，一定要等绿灯亮了，再看两边没车时才通过，不能低头猛跑。

行人应该避免的交通陋习：

①走路、骑自行车闯红灯。

②道路上嬉笑打闹，并排行走，并排骑车。

③为抄近路践踏草坪或翻越交通隔离设施和护栏。

④骑自行车逆行、骑车带人。

⑤与机动车争抢道路，在车流中穿行。

⑥闯入封闭高速道路。

⑦眼看信号灯闪烁要变换，仍慢慢走在斑马线上。

⑧在车行道上招呼出租汽车。

（二）保持道路卫生，爱护交通设施

保持环境卫生是人类健康生活的需要，不要一面走路，一面吃东西或抽烟，既不卫生，又不雅观，如确实是肚子饿或口渴了，可以停下来，在路边找个适当的地方，吃完后再赶路。

要自觉维护环境卫生，不随地吐痰，不乱扔果皮等杂物，而应将其扔到果皮箱或垃圾桶中。出门一定带上面巾纸或小手绢，有痰要吐在面巾纸或手绢上，否则随地吐痰会影响市容，搞不好还会同别人发生口角、摩擦，还容易传染疾病。

要自觉爱护广场道路上的各种设施设备，不人为弄脏、损坏公用电话、邮箱、报栏、座椅等公共设施，不做毁坏公物之事，如攀折树木、采摘花卉、蹬踏雕塑、信手涂鸦或践踏绿地、草坪等。

（三）自觉自律，礼貌谦让

在路上，与年老人相遇，要主动让路；遇到妇女儿童不要拥挤；遇到路人摔倒，要上前扶一扶；别人掉了东西，看到了要招呼他一下；到人多拥挤的地方，要自觉依次而过，三人以上同行，不要并行，不要嬉笑打闹；不在道路上停下来长谈，影响交通；碰了别人或踩了别人要及时说声“对不起”，别人碰了自己，踩了自己，不必过分计较，应表现出良好的修养和自制力，切不可口出恶言，厉声责备。应宽容和气地说：“慢一点，别着急。”必须讲清的，可以礼貌而委婉地说一声“请你注意一下”，不可大声争吵，以免有失身份。遇到蛮不讲理的人，不要与之纠缠，尽早摆脱。始终保持理智而冷静的态度，就不致酿成更大的不愉快。

（四）路上行进，讲究位置

走人行道或路边，要靠右侧行走，同时让出盲道。

路上行进时要保持一定的速度，不要行动太慢，以免阻挡身后的人，更不要在马路上停留、休息或与人长谈。要与其他人保持适当的距离。走路时不要多人并排同行。尤其与异性同行时，不应表现得过分亲密，否则既有碍观瞻又有不自重之嫌。如果你走路的同时提着物品，应留神别让自己提的物品阻拦或碰撞了别人。若与人同行，你则应提物品走外侧。

多人行走时，不携手并肩行走、互相打闹，以免影响他人通行。在一般情况下尤其是在人多之处，往往需要单行行进。

在单行行进时，有两点务必要注意：行进时应自觉走在道路的内侧；在客人、女士、尊长对行进方向不了解或是道路较为坎坷时，主人、男士、晚辈与职位较低者则须主动上前带路或开路。

若道路状况允许两人或两个以上的人并排行走时，一般讲究“以内为尊，以外为卑”，即道路内侧是安全而又尊贵的位置。

当三人一起并排行进时，以前进方向为准，由尊而卑依次为：居中者、居右者、居左者。多人单行行走时，以前为上，以后为下。

（五）路遇事故，不可围观

路遇别人发生矛盾，或其他突发性事件，不要围观起哄、添火加油或扎堆观望，应主持公道，排解纠纷，以免妨碍交通，增加不安全的因素。

路遇熟人，应热情礼貌，主动打招呼互致问候，不能视而不见，把头扭向一边，擦肩而过。但不必高声大喊，以免惊扰他人。如果想多交谈一会儿，应靠边站立，不要站在路当中或拥挤的地方，不过分亲密。

（六）问路礼貌，助人热情

总的原则是不应轻易打扰别人去问路。必需问路时，在问询之前态度要诚恳，热情礼貌地打招呼，如“劳驾”“请问”等，然后根据年龄特点选择称呼，如“老大爷”“阿姨”“叔叔”“小朋友”等。发问要用请示语气，发问后无论对方能否为你指路，均要诚恳致谢。

如遇人问路，要热情为他人指路，不能置之不理，必要时也可以为对方带路。若自己不知要向对方说明，请其转问他人，并表示歉意，不可以不实之言欺人。

二、排队等候礼仪

排队是一个民族文明程度最明显的表现之一。在公共场合，不管有没有明文规定或是他人监督，都应该主动排队。排队就跟后辈礼让前辈一样，后到之人应该礼让先到之人。

（一）排队等候的礼仪要求

①如果你在等车或别的需要排队却没有其他人的场合时，你应该站在龙头位置而不要四处走动，不然别人就无法确定你是不是要排队。

②排队时，应尽快调整好心态，自觉按照先来后到的顺序排列成行，耐心等候，不要起哄、拥挤。

③遵守秩序，依次行事。队列秩序需众人共同维护。排队的基本秩序为：先来后到，依次而行。不仅自己要做到不插队，而且还要做到不让自己的任何熟人插队。

④间距适当，互惠互利。排队时应与前面的人保持适当距离，尽量保持在一臂左右即可，靠得太近可能有侵犯人家私人空间之嫌，站得较远又会惹来提问：“你是否在排队？”在排队时，大家均应缓步前行，前后之间不应有身体上的接触，尤其在金融窗口、取款机等涉及个人隐私的场合，前后之间的距离应适当增大。

⑤排队过程中有事暂时离开，再次返回后，应向原位置身后的人说明情况并获得同意才能回到原处继续排队，否则需要到队尾重新排队。

⑥不但自己不插队，还要批评、制止不守秩序的人，帮助维护公共秩序。如果大家都肯出来说一句公道话，不守秩序的人逐渐就没有市场了。比较自觉一点儿的人都会立刻有所收敛，可能你周围的人也会声援你，一起谴责插队的人。如果不奏效，可向维持秩序的保安或

其他工作人员求助，请他们维持秩序，制止插队的人。

（二）在特殊场合，排队需要注意的礼仪

（1）医院

排队时不要大声喧哗，不要偷窥他人的处方或化验单，更不要随意询问陌生人的病情，或者站在诊室门口倾听、观看别人的检查诊断。

（2）银行

在银行办理相关业务时，应按照银行划定的区域按顺序排队。在前面的人临近窗口办理个人业务时，后者应主动远离，在 1 米线后等待。窥视、越步上前询问或未等前面的人办完就争抢办理业务，都是非常不礼貌的行为。在排队时，个人物品应拿好，以免别人碰到造成不必要的误会。不要窥视和记录他人的账号和密码，也不要偷听他人与银行业务员的谈话内容。

（3）邮政局

排队时不要妨碍或干涉他人办理邮政业务，也不要偷窥他人填写的汇款单或汇物单据。

（4）安检

不要拥挤和插队，不要偷窥他人的证件，提前拿出钥匙等随身携带的金属物品，登飞机前不要忘记关闭手机。

（三）上下楼梯

1. 上下楼梯的仪态

上下楼梯时头要正，背要伸直，胸要微挺，臀部要收，膝要弯曲，保持优雅的仪态。

2. 上下楼梯的注意事项

①上下楼梯或楼道行走时均应靠右单行行走，不应多人或并排行走，遇到师长、老弱幼妇女应主动站立一旁，让其先走。

②上下楼梯时，既要注意楼梯，又要注意与身前、身后的人保持一定距离，以防碰撞。步伐要轻，注意姿态、速度，不管自己有多么急的事情，都不应推挤他人，也不要快速奔跑。

③上下楼梯时，男女长幼之顺序如下：上楼时，女士在前男士在后；长者在前，幼者在后，此以示尊重；下楼时，男士在前，女士在后；幼者在前，长者在后。此为安全顾虑之故。上、下楼梯的引导如图 3-6-1 所示。

引导者（限女性）走在后面，客人走在楼梯里侧，引领者走在中央，配合客人的步伐速度引领

引导者走在客人的前面，客人走在里侧，而引领者应该走在中间，边注客人动静边下楼

图 3-6-1

④上下楼梯，尽量少交谈，更不应站在楼梯上或转角处深谈。

⑤若携带较多物品上下楼梯，应等楼梯上人较少时再走，以免相互影响。

（四）乘坐电梯礼仪

1. 乘箱体电梯的礼仪

（1）注意安全

轻按按钮，不随意扒门，更不能在电梯内乱蹦乱跳；不要超载运行；遇火警不能使用电梯。

电梯关门时，不要扒门，不要强行挤入。在电梯人数超载时，不要强行进入。如果电梯已超载，请您自觉等下一次机会。身上若背了背包或多拿了东西时，务必小心进出电梯，以免碰到他人引起不快。

在电梯升降途中，如发现突然偏梯或其他事故，不要惊慌失措，要应通知检修人员检修，耐心等候，不要冒险攀缘而出。

（2）注意秩序

等候电梯时，不应挡住电梯门口，以免妨碍电梯内的人出来。

电梯到达后，应先出后进，依次进出，尽量让残障人士、孕妇、老人和妇女先行，先上的人尽量往里站。同时要遵循“尊者为先”的原则，晚辈礼让长辈，男士礼让女士，职位低者礼让职位高者。如果与尊长、女士、客人同乘电梯，尽量把无控制按钮的一侧让给尊长者和女士。

在电梯里，尽量站成“凹”字形，挪出空间，以便让后进入者有地方站。进入电梯后，正面应朝电梯口，不要四处张望或盯着某一个人看，目光自然平视，可以看电梯门或楼层显示的数字，以免造成面对面的尴尬。在电梯中，禁饮、禁食、禁烟，不应高声谈笑或隔空喊话，不能乱丢垃圾，要爱护公物。(见图 3-6-2)

图 3-6-2

在自己的目的楼层快要到时，应尽早等候在电梯门旁，不要等电梯打开时，才匆匆忙忙出来。一般说来，与不相识者同乘电梯，出来时应由外至内依次而出，不要争先恐后。若与客人同乘电梯，应一手按住“开门”按钮，另一手做出请出的动作，可说：“到了，您先请!”客人走出电梯后，自己立刻步出电梯，并热诚地引导行进的方向。

（3）主动服务

乘电梯时，即便电梯中的人都互不认识，站在开关处者，也应做好开关的服务工作。如果你站在电梯按钮旁，你有义务替其他同乘者服务，可主动询问每人欲前往之楼层，并代为按钮。如果你远离电梯按钮，则可有礼貌地请按钮旁的人代劳。千万不要自行伸长手臂翻山越岭地去按钮，别人代劳也别忘了致谢。（见图 3-6-3）

图 3-6-3

（4）不在电梯内整理仪容

现在的电梯很多内侧装饰了带镜面的材料。但是，这些“镜面”不是用来整理仪容的。尤其是电梯内有他人同乘，你不应该兀自面对“镜子”修饰自己的面容或着装；即便电梯内只有你一个人也不要这样，殊不知多数电梯内安装了摄像头，你的一举一动可能已经传到了别人的“眼”里。整理仪容是很私密的举动，应该放在洗手间进行。

（5）陪客人长辈乘坐箱体电梯的步骤

①伴随客人或长辈来到电梯前，先按电梯。

②电梯来时，若客人或长辈不止一人时，可先行进入电梯，一手按“开”，另一手按住电梯侧门，口中礼貌地说“请进”，请客人们或长辈们安全进入电梯。

③进入电梯后，尽量侧身面对客人，并按下客人或长辈要去的楼层。若电梯行进间有其他人员进入，可主动询问要去几楼，帮忙按下。在电梯内可视状况决定是否寒暄，例如没有其他人员时可略做寒暄，有外人或其他同事在时，可斟酌是否有必要寒暄。

④到达目的地，一手按住“开”，另一手做出请出的动作，口中可说：“到了，您先请！”客人走出电梯后，自己立刻步出电梯，并热诚地引导行进的方向。

2. 乘自动扶梯的礼仪

①应靠右侧站立，为有急事走路的人空出左侧通道；

②手应扶在电梯扶手上，以免失足；

③主动照顾同行的老人，小孩和行动不便的人乘扶梯；

④有急事走急行通道时要确保安全和礼貌。（见图 3-6-4）

图 3-6-4

三、乘坐小轿车的礼仪

（一）基本乘车礼仪

①乘坐轿车应遵循客人为尊、长者为尊、女士为尊的礼仪规则。

②在正式场合，乘坐轿车应分清座位的主次，找准自己的位置。非正式场合，不必过分拘礼。

③女士登车不要一只脚先踏入车内，也不要爬进车里。需先站在座位边上，把身体降低，让臀部坐到位子上再将双腿一起收进车里，双膝一定要保持合并的姿势。(见图 3-6-5)

（二）乘车中的座次安排

乘坐有专职司机驾驶的轿车时，后排的位置应当让尊长坐。其座次自高而低为：后排右座，后排左座，后排中座，前排右座（即副驾驶座）。

当主人亲自驾车时，副驾驶座不能空着，由其夫人坐。如夫人没同行，则让给尊长，其余的人坐后排。其座次自高而低为：前排右座，后排右座，后排左座，后排中座。(见图 3-6-6)

主人亲自驾车，坐客只有一人，应坐在主人旁边。若同坐多人，中途坐前座的客人下车后，在后面坐的客人应改坐前座，此项礼节最易被疏忽。

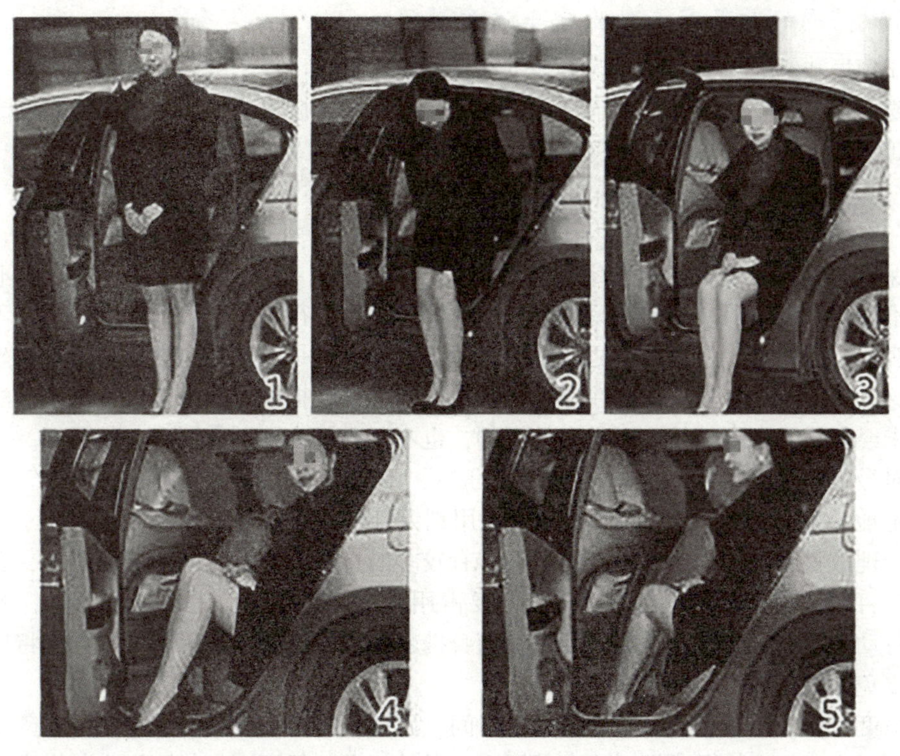

图 3-6-5

四排座及其以上的中型或大型车排位，应由前而后，由右而左，依距离前门远近排定。

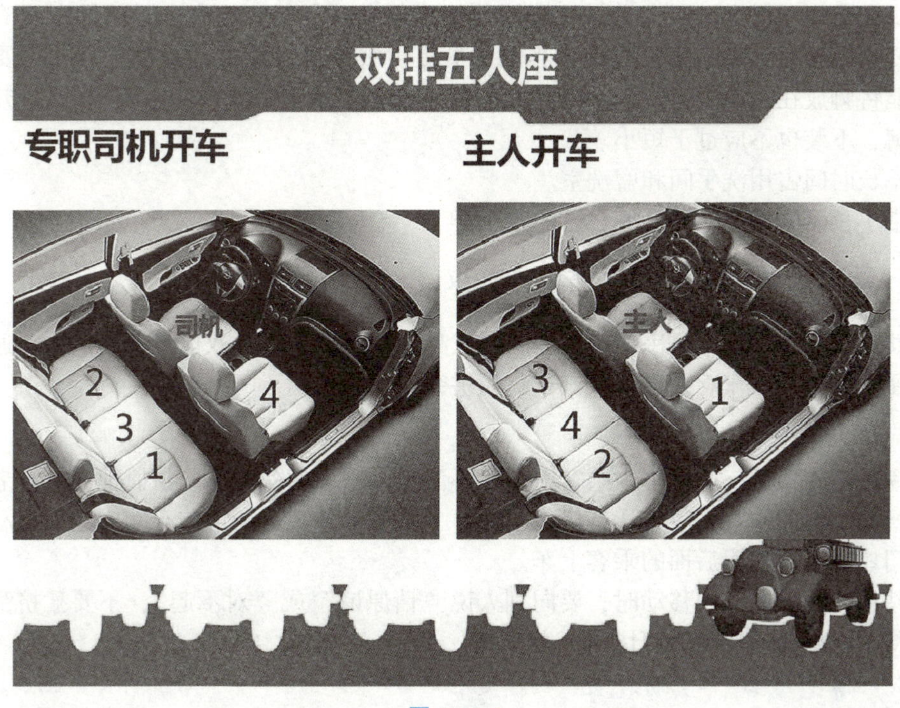

图 3-6-6

（三）陪同领导及客人外出乘车注意事项

①让领导和客人先上，自己后上。

②要主动打开车门，并以手示意，待领导和客人坐稳后再关门，一般车的右门为上、为先、为尊，所以应先开右门，关门时切忌用力过猛。

四、乘坐火车、轮船时的基本礼仪

①保持安静。在候车（船）室要保持安静，不喧哗，谈天、打扑克、听广播不要打扰别人。不乱扔果皮纸屑。一个人只能坐一个位子，不要用行李占位子，行李的摆放不要妨碍其他旅客通行。而且，注意异性之间不要过于亲密。无论是同性还是异性，都不要坐在对方腿上，这是非常不礼貌的行为。在座位紧张的情况下，要把座位让给老人、抱小孩的妇女或孕妇。未经允许，不要随便取阅人家的书刊，也不要凑过去与别人同看一份报纸。

②对号入座（卧）。要依次排队上车（船），不要乱挤乱撞，人为制造紧张气氛。进入车厢（船舱）后，对号入座（卧），不可占用别人订好的座位（铺位）。

③合理放置物品。长途旅行，一般都带有较多的行李，乘客之间要相互照顾，合理使用行李架。将较大的行李放在行李架上，不要占用过道。站在座位上放置行李时，要脱掉鞋子。有行动不便的人，要主动给予帮助。随身携带机器零件或鱼肉等的乘客，应将所带物品包好，以免弄脏其他乘客的衣服。

④适度交流。长途旅行有较多共处的时间，因此，需要友爱和互助。在不泄露机密的前提下，可以交流一点情况或探讨一点共同感兴趣的问题，但不要打扰到别人。有人跟自己交谈，不要置之不理；若对方反应一般，向其点点头微笑一下即可，不必一厢情愿说得过多，也不要轻易相信别人以免上当受骗。

⑤讲究卫生和仪表。要自觉保持车厢的整洁卫生，不随地吐痰，不把果皮残渣扔在地上。需要吸烟时，到吸烟区去吸烟，当服务员提供服务时，要主动予以配合。不要随意脱鞋，不能将脚放在对面的座位上。需要休息时一般不应宽衣解带。不论天气多么炎热，都不要打赤膊，下装也不应过于短小。

⑥不长时间占用洗手间和盥洗室。

⑦带小孩子的旅客应看管好自己的孩子。

五、乘坐公共汽车和地铁列车的礼仪

公共汽车是中国城市居民最常用的交通工具。平时上下班，双休日上街购物，通常都乘坐票价便宜的公共汽车。乘坐公共汽车，应讲究以下礼仪：

（一）排队候车，先下后上

车辆进站停稳后，应待车内乘客下车后再依次上车，切勿推拉、挤撞他人。对老弱妇幼病残等行动不便的乘客，应礼让其优先上车。上了车的乘客应酌情向车厢内空处移动，不要堵在车门口，以免妨碍后面的乘客上车。

到站前，提前向车门移动时，要向别人说“请原谅”或“对不起”，不要猛挤乱冲。下车时要待车子停稳后有秩序地快速下去。

（二）尊老爱幼，主动礼让

不应无故抢占座位。遇年迈、患病、残疾、怀孕、幼童及怀抱婴儿的乘客，应主动让出自己的座位，如果自己是站着的，也要把有扶手的或空间大的地方让出来，切勿熟视无睹。当他人为自己让座时，应立即道谢。

（三）遵守规则，注意安全

上车后，注意安全，扶好、坐好。不要将身体伸到车外，或随意动车厢里的设施。不带易燃、易爆和危险品上车，不私自开启车门，不在车未停稳时上下车，不在车上打毛衣，不将雨伞尖对着他人。注意保管随身物品，发现失窃应立即通知驾乘人员或报警，发生危急情况，应服从驾乘人员安排，及时疏散。

尊重司乘人员，车辆行进途中不要大声交谈或随意喧闹，以免分散司机的注意力或使其他乘客感到不悦。

（四）互谅互让，待人宽容

在公共车辆上碰碰撞撞是常有的事，不能斤斤计较，应相互礼让，注意礼貌。如果碰到了别人，要表示道歉，请示别人原谅；如果被别人碰了，则要有一点绅士风度，待人宽容一点。在公共车厢里，随身携带的物品不要占用座位；遇到老弱病残的乘客要主动让座。

（五）讲究卫生，衣着得体

在车上不要随意吃东西、吸烟、吐痰，不将瓜果之类的东西随地乱扔，更不能扔出车窗外。雨雪天乘车，应将雨具放入事先准备好的塑料袋中，以保持车内清洁。不携带未经包装的刀具、玻璃等以及家禽和其他暴露的腥、臭、污秽物品，不携带未受约束的可能危及他人的宠物。

乘客着装应齐整。尽管公交车上没有严格的着装要求，但公交车也是公共场合，在衣着方面依然应该比较注意，上下身衣着都应相对齐整。尤其夏季乘车不能赤膊赤足。

（六）保持安静

即使你带着小孩也应该善加约束，不可让他们在车上玩闹，要让他们安静地坐好，不可大声吵闹。人多时，车上遇到熟人只要点头示意即可，不可挤过去交谈。

六、乘飞机的礼仪

（一）乘飞机的礼仪常识

1. 登机前的礼仪

①乘坐飞机要求提前一段时间去机场。国内航班要求提前一个小时到达，而国际航班需要提前两个小时到达，以便留出托运行李、检查机票、身份证和其他旅行证件的时间。

②飞机的行李要尽可能轻便。

手提行李一般不超过 5 千克，其他能托运的行李要随机托运。在国际航班上，对行李的重量有严格限制。随机托运行李时尽可将几个小件行李集中放在一个大袋中，这样可以节省时间，又避免遗失。为了避免在安全检查中耽搁时间或出现不快，应将带有金属的物品装在托运的行李中。为了在国外开会时有一套整洁、挺括的衣服，大多数大型飞机上，还可以携带装衣服的挂袋，如西装挂袋，你可请空中乘务员将挂袋挂在专门的柜子里。随机托运行李的件数、样式要记清，以便抵达时认领。

③乘坐飞机前要取到登机卡。

有的航班在你买机票时就为你预留了座位，同时发给你登机卡。大多数航班都是在登记行李时由工作人员为你选择座位卡。登机卡应在候机室和登机时出示。

④领取登机卡后，乘客要通过安全检查门。

乘客应先将有效证件（如身份证、军官证、警官证、护照、台胞回乡证等）、机票、登机卡交安检人员查验，放行后通过安检门时需将电话、钥匙和小刀等金属物品放入指定位置，手提行李放入传送带。乘客通过安检门后，注意将有效证件、机票收好以免遗失，只持登机卡进入候机室等待。

⑤上下飞机时，均有空中小姐站立在机舱门口迎接乘客。她们会向每一位通过舱门的乘客热情地问候。此时，作为乘客应有礼貌地点头致意或问好。

2. 登机后的礼仪

①登飞机后，乘客要根据飞机上座位的标号按秩序对号入座。

②飞机起飞前，乘务员通常给旅客示范如何使用降落伞和氧气面具等，以防出现意外时使用。当飞机起飞和降落时要系好安全带。在飞机上要遵守“请勿吸烟”的信号，同时禁止使用移动电话、AM/PM 收音机、便携式电脑、游戏机等。

③飞机起飞后，乘客可看书看报或与同座交谈。如你愿意交谈，可以“今天飞行的天气真好”等开场白来试探同座是否愿意交谈，在谈话中不必通报姓名，只是一般谈谈而已。如你不愿交谈，对开话头的人只需“嗯哼”表示，或解释“我很疲倦”。

3. 停机后的礼仪

①停机后，乘客要带好随身携带的物品，按次序下飞机，不要抢先出门。

②国际航班下飞机后要办理入境手续，通过海关便可凭行李卡认领托运行李。许多国际机场都有传送带设备，也有手推车以方便搬运行李。还有机场行李搬运员可协助乘客。在机场除了机场行李搬运员要给小费外，其他人不给小费。

（二）乘飞机的注意事项

①不乱动飞机上的安全用品及设施。需要找乘务员时，可以揿按呼唤铃，不宜大声喊叫。接受乘务员服务应致谢。

②在飞机上进餐时，主动将座椅椅背调至正常位置，以免影响后排乘客进餐。

③保持舱内整洁卫生，因晕机呕吐时，应使用机上专用呕吐袋。

④飞行过程中尽量不要脱下鞋子以免异味影响他人；如果是长途飞行，脱下鞋后应在外面再罩上护袜。

⑤机上读物阅后要整齐放入面前插袋。

⑥飞机未停稳时不抢先打开行李舱取行李，以免行李摔落伤人。

⑦上下飞机时，对空中乘务员的迎送问候有所回应。

学练结合

1. 行路时的礼仪规范有哪些？
2. 排队有哪些礼仪要求？
3. 在特殊场合，排队需要注意哪些礼仪？

4. 上下楼梯时大家认为应该注意哪些方面？
5. 乘扶梯时要怎么做？
6. 乘箱式电梯应注意哪些礼节、礼貌要求？
7. 乘坐火车轮船时候应注意哪些礼仪规范？
8. 乘坐飞机时候应注意哪些礼仪规范？

实践训练项目

一、让学生演示不同场合不正确的排队等候行为。
实训目标：掌握排队等候的礼仪规范。
实训内容与要求：十人一组，分别自行设计三个场合正确及不正确的排队等候行为。
实训成果与检测：学生进行演示，教师及其他学生进行检查和点评。

二、让学生演示不正确的散步行路行为。
实训目标：掌握散步行路的礼仪规范。
实训内容与要求：五人一组，分别自行设计并演示五种不正确的散步行路行为。
实训成果与检测：学生进行演示，教师及其他学生进行检查和点评。

三、让学生演示陪家长或长辈乘坐箱体电梯的步骤。
实训目标：掌握乘箱体电梯的礼仪规范。
实训内容与要求：十人一组，分别演示如何陪同家长及长辈乘坐箱体电梯。
实训成果与检测：学生进行演示，教师及其他学生进行检查和点评。

四、让学生演示乘坐不同交通工具时的礼仪规范。
实训目标：掌握乘坐交通工具时礼仪规范。
实训内容与要求：五人一组，分别自行设计乘坐三种不同交通工具应做到的礼仪规范。
实训成果与检测：学生进行演示，教师及其他学生进行检查和点评。

学习单元七　用餐之礼

一、中餐礼仪

中餐礼仪，是中华饮食文化的重要组成部分。中国的饮宴礼仪号称始于周公，经过千百年的演进，形成了今天为大家普遍接受的一套饮食进餐礼仪，这套礼仪是古代饮食礼制的继承和发展。

（一）常见的中餐用餐方式

1. 宴会

宴会通常指的是以用餐为形式的社交聚会。一般多在晚间举行，往往有负责人出席。

宴会可以分为正式宴会和非正式宴会两种类型。正式宴会，是一种隆重而正规的宴请。它往往要用请柬邀请，是为宴请某人而精心安排的、在比较高档的饭店或是其他特定的地点举行的、讲究排场和气氛的大型聚餐活动。对于到场人数、穿着打扮、席位排列、菜肴数目、音乐演奏、宾主致词等，往往都有十分严谨的要求和讲究。

非正式宴会，也称为便宴，也适用于正式的人际交往，似多见于日常交往。它的形式较简单，偏重于人际交往，而不注重规模、档次。一般来说，它只安排相关人员参加，不邀请配偶，对穿着打扮、席位排列、菜肴数目往往不做过高要求，而且也不安排音乐演奏和宾主致词。

2. 家宴

家宴是在家里举行的宴会。相对于正式宴会而言，家宴最重要的是要制造亲切、友好、自然的气氛，使赴宴的宾主双方轻松、自然、随意，彼此增进交流、加深了解、促进信任。

通常家宴在礼仪上往往不做特殊要求。为了使来宾感受到主人的重视和友好，基本上要由女主人亲自下厨烹饪，男主人充当服务员；或男主人下厨，女主人充当服务员，来共同招待客人，使客人产生宾至如归的感觉。

3. 便餐

便餐是家常便饭。用便餐的地点往往不同，礼仪讲究也最少。只要用餐者讲究公德，注意卫生、环境和秩序，在其他方面就不用介意过多。

4. 工作餐

工作餐是指在商务交往中具有业务关系的合作伙伴，为进行接触、保持联系、交换信息或洽谈生意而以用餐的形式进行的商务聚会。

工作餐不同于正式宴会和亲友们的会餐。它重在一种氛围，意在以餐会友，创造出有利于进行进一步接触的轻松、愉快、和睦、融洽的氛围。工作餐是借用餐的形式继续进行的商务活动，把餐桌充当会议桌或谈判桌。工作餐一般规模较小，通常在中午举行，主人不用发正式请柬，客人不用提前向主人正式进行答复，时间、地点可以临时选择。出于卫生方面的考虑，最好采取分餐制或公筷制的方式。

5. 自助餐

自助餐是近年来借鉴西方的现代用餐方式。它不排席位，也不安排统一的菜单，是把能提供的全部主食、菜肴、酒水陈列在一起，根据用餐者的个人爱好，自己选择、加工、享用。采取这种方式可以节省费用，而且礼仪讲究不多，宾主都方便，用餐的时候每个人都可以悉听尊便。在举行集体活动，招待为数众多的来宾时，这样安排用餐，也是最明智的选择。

（二）宴请的组织安排

宴请宾客是一种较高规格的礼遇，具有很重要的礼仪作用，主办单位或主人一定要认真、周到地做好各项准备。宴请程序一般包括：

迎接宾客（主人一般站在门口）—引宾入座（按先女宾后男宾，先主宾后一般宾客的顺序，从椅子左边进入）—上菜服务—致辞祝酒—散席送客。

1. 确定宴请的目的、对象、范围、形式等

（1）目的

宴请目的多种多样，可以是表示欢迎、欢送、答谢，也可以是庆贺、纪念等。明确了目

的，根据需要安排宴请的范围和形式。

（2）对象

主要根据来宾的身份、国籍、习俗、爱好等确定宴会的规格、主陪人、餐式等。

（3）范围

应事先明确宴请什么人，请多少人参加。

（4）形式

根据规格、对象、目的来确定是举办正式宴会还是家宴，一般正规的、规格高的、人数少的，以宴会形式为宜。

2. 时间地点的选择

确定正式宴请的具体时间，主要要遵从民俗惯例。而且主人不仅要从自己的客观能力出发，更要讲究主随客便，要优先考虑被邀请者，特别是主宾的实际情况，不要对这一点不闻不问。如果可能，应该先和主宾协商一下，力求双方方便。至少，也要尽可能提供几种时间上的选择，以显示自己的诚意，并要对具体长度进行必要的控制。

另外，在社交聚餐的时候，用餐地点的选择也非常重要。

（1）环境幽雅

宴请不仅仅是为了“吃东西”，也要“吃文化”。要是用餐地点档次过低、环境不好，即使菜肴再有特色，也会使宴请打折扣。在可能的情况下，一定要争取选择清静、幽雅的地点用餐，如图 3-7-1 所示。

图 3-7-1

（2）卫生条件良好

在确定社交聚餐的地点时，一定要注意卫生状况。如果用餐地点太脏、太乱，不仅卫生问题让人担心，而且还会破坏用餐者的食欲。

（3）交通方便

充分考虑到聚餐者来去交通是不是方便。有没有公共交通线路通过，有没有停车场，是不是要为聚餐者预备交通工具，以及该地点设施是否完备。

3. 发出邀请或请柬

宴会一般都要用请柬正式发出邀请。这样做一方面出于礼节，另一方面也是供客人备忘。

请柬内容应包括活动的主题、形式、时间、地点与主人姓名。请柬书写应清晰、打印精美。通常提前一周左右将请柬发出，太晚则不够礼貌，也不便于被宴请者提早安排。

素养提升

请　柬

＿＿＿＿＿小姐/先生：

仰首是春、俯首成秋，××公司又迎来了她的第九个新年。我们深知在发展的道路上离不开您的合作与支持，我们取得成绩中有您的辛勤工作。久久联合、岁岁相长。作为一家成熟专业的××公司我们珍惜您的选择，我们愿意与您一起分享对新年的喜悦与期盼。故在此邀请您参加××××公司举办的新年酒会，与您共话友情、展望将来。如蒙应允、不胜欣喜。

地点：××××××

时间：××××年××月××日

备注：期间抽奖，请随赐名片

（三）订菜与菜单

根据我们的饮食习惯，与其说是“请吃饭”，还不如说成“请吃菜”，所以对菜单的安排马虎不得。它主要涉及点菜和准备菜单两方面的问题。

点菜时，不仅要吃饱、吃好，而且必须量力而行。如果为了讲排场、装门面，而在点菜时大点、特点，甚至乱点一通，不仅对自己没好处，还会招人笑话。这时一定要心中有数，力求做到不超支、不乱花、不铺张浪费。可以点套餐或包桌，这样费用固定，菜肴的档次和数量相对固定。也可以根据“个人预算”，在用餐时现场临时点菜，这样不但自由度较大，而且可以兼顾个人的财力和口味。

做东招待时，可请客人点菜，或请女士先点。被请者在点菜时，一是要告诉做东者，自己没有特殊要求，这实际上正是对方欢迎的；也可以认真点一个不太贵、又不是大家忌口的菜，再请别人点。别人点的菜，无论如何都不要挑三拣四。

一顿标准的中餐大菜，不管什么风味，上菜的次序都相同。通常先是冷盘，接下来是热炒，随后是主菜，然后上点心和汤，最后上果盘。如果上咸点心的话，讲究上咸汤；如果上甜点心的话，就要上甜汤。了解中餐标准的上菜次序，不仅有助于在点菜时巧做搭配，而且还可以避免因为不懂而出洋相、闹笑话。

在宴请前，主人需要事先对菜单再三斟酌。在准备菜单的时候，主人要着重考虑哪些菜可以选用、哪些菜不能用。

优先考虑的菜肴有四类：

①有中餐特色的菜肴。宴请外宾的时候这一条更要重视，像炸春卷、煮元宵、蒸饺子、狮子头、宫保鸡丁等，因为具有鲜明的中国特色，所以受到很多外国人的推崇。

②有本地特色的菜肴。比如西安的羊肉泡馍、湖南的毛家红烧肉、上海的红烧狮子头、北京的涮羊肉，在那里宴请外地客人时，上这些特色菜恐怕要比千篇一律的生猛海鲜更受好评。

③本餐馆的特色菜。很多餐馆都有自己的特色。上一份本餐馆的特色菜，能说明主人的细心和对被请者的尊重。

④主人的拿手菜。举办家宴时，主人一定要当众露上一手，多做几个拿手菜。其实所谓的拿手菜不一定十全十美，只要主人亲自动手，单凭这一条足以让对方感觉到你的尊重和友好。

在安排菜单时，还必须考虑来宾的饮食禁忌，特别是要对主宾的饮食禁忌高度重视。饮食方面的禁忌主要有四条：

①宗教的饮食禁忌。例如穆斯林通常不吃猪肉，并且不喝酒。国内的佛教徒不吃荤腥食品，它不仅指的是不吃肉食，而且包括葱、蒜、韭菜、芥末等气味刺鼻的食物。

②出于健康的原因对于某些食品也有所禁忌。比如心脏病、脑血管脉硬化、高血压和中风后遗症的人不适合吃狗肉；肝炎病人忌吃羊肉和甲鱼，胃肠炎、胃溃疡等消化系统疾病的人也不合适吃甲鱼；高血压、高胆固醇患者要少喝鸡汤等。

③不同地区人们的饮食偏好往往不同。对于这一点在安排菜单时要兼顾。比如，湖南人普遍喜欢吃辛辣食物而少吃甜食。英美国家的人通常不吃动物内脏、动物的头部和脚爪。

④有些职业出于某种原因在餐饮方面往往也有各自不同的特殊禁忌。例如国家公务员在执行公务时不准吃请，在公务宴请时不准大吃大喝，不准超过国家规定的标准用餐，不准喝烈性酒。再如驾驶员工作期间不得喝酒，忽略了这一点，便有可能犯错误。

在隆重而正式的宴会上，主人选定的菜单也可以在精心书写后给每人一份，使用餐者不但餐前心中有数，而且餐后也可以留作纪念。

（四）席位的安排

中餐的席位排列，关系到来宾的身份和主人给予对方的礼遇，所以是一项重要的内容。中餐席位的排列，在不同情况下有一定的差异，可以分为桌次排列和位次排列两方面。

1. 桌次排列

在中餐宴请活动中，往往采用圆桌布置菜肴、酒水，排列圆桌的尊卑次序有两种情况：

第一种情况是由两桌组成的小型宴请。这种情况又可以分为两桌横排和两桌竖排的形式。当两桌横排时，桌次是以右为尊，以左为卑。这里所说的右和左，是由面对正门的位置来确定的。

当两桌竖排时，桌次讲究以远为上，以近为下。这里所讲的远近，是以距离正门的远近而言。

第二种情况是由三桌或三桌以上的桌数所组成的宴请。在安排多桌宴请的桌次时，除了要注意“面门定位”“以右为尊”“以远为上”等规则外，还应兼顾其他各桌距离主桌的远近。通常距离主桌越近，桌次越高；距离主桌越远、桌次越低。在安排桌次时，所用餐桌的大小、形状要基本一致。除主桌可以略大外，其他餐桌都不要过大或过小。

为了确保在宴请时赴宴者及时、准确地找到自己所在的桌次，可以在请柬上注明对方所在的桌次，在宴会厅入口悬挂宴会桌次排列示意图，安排引位员引导来宾按桌就座，或者在每张餐桌上摆放桌次牌（用阿拉伯数字书写）。

2. 位次排列

宴请时，每张餐桌上的具体位次也有主次尊卑的分别。排列位次的基本方法有 4 条，它们往往会同时发挥作用。

①主人大都应面对正门而坐，并在主桌就座。

②在举行多桌宴请时，每桌都要有一位主桌主人的代表在座。位置一般和主桌主人同向，有时也可以面向主桌主人。

③各桌位次的尊卑，应根据距离该桌主人的远近而定，以近为上，以远为下。

④各桌距离该桌主人相同的位次，讲究以右为尊，即以该桌主人面向为准，右为尊，左为卑。

另外，每张餐桌上所安排的用餐人数应限在 10 人以内，最好是双数。比如 6 人、8 人、10 人。人数如果过多，不仅不容易照顾，而且也可能坐不下。

根据上面 4 个位次的排列方法，圆桌位次的具体排列可以分为两种具体情况，它们都是和主位有关。

第一种：每桌一个主位的排列方法。特点是每桌只有一名主人，主宾在右首就座，每桌只有一个谈话中心。

第二种：每桌两个主位的排列方法。特点是主人夫妇在同一桌就座，以男主人为第一主人，女主人为第二主人，主宾和主宾夫人分别在男女主人右侧就座。每桌从而客观上形成了两个谈话中心。

如果主宾身份高于主人，为表示尊重也可以安排在主人位子上坐，而请主人坐在主宾的位子上。

为了便于来宾准确无误地在自己的位次上就座，除招待人员和主人要及时加以引导指示外，应在每位来宾所属座次正前方的桌面上，事先放置醒目的个人姓名座位卡。举行涉外宴请时，座位卡应以中、英文两种文字书写。我国的惯例是中文在上，英文在下。必要时，座位卡的两面都书写用餐者的姓名。

排列便餐的席位时，如果需要进行桌次的排列，可以参照宴请时桌次的排列进行。

位次的排列，可以遵循四个原则：

第一，右高左低原则。两人一同并排就座，通常以右为上座，以左为下座。这是因为中餐上菜时多以顺时针方向为上菜方向，居右坐的因此要比居左坐的优先受到照顾。

第二，中座为尊原则。三人一同就座用餐，坐在中间的人在位次上高于两侧的人。

第三，面门为上原则。用餐的时候，按照礼仪惯例，面对正门者是上座，背对正门者是下座。

第四，特殊原则。高档餐厅里，室内外往往有优美的景致或高雅的演出，供用餐者欣赏。这时候，观赏角度最好的座位是上座。在某些中低档餐馆用餐时，通常以靠墙的位置为上座，靠过道的位置为下座。座次排列如图 3-7-2 所示。

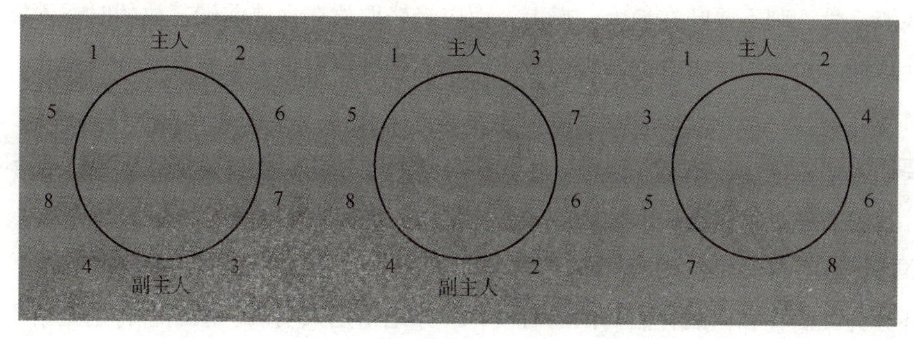

图 3-7-2

（五）餐具的准备

宴请餐具十分重要，考究的餐具是对客人的尊重。依据宴会人数和酒类、菜品准备足够的餐具，是宴会厅的基本礼仪活动之一。餐具应卫生，餐布、餐巾应干净整洁，杯、筷子、刀叉、碗碟等洗净擦亮。

1. 筷子

筷子是中餐最主要的餐具。使用筷子，通常必须成双使用。用筷子取菜、用餐的时候，要注意以下几个方面：

①不论筷子上是否残留着食物，都不要去舔。

②和人交谈时，要暂时放下筷子，不能一边说话，一边像指挥棒似的舞着筷子。

③不要把筷子竖插在食物上面。因为这种插法，只在祭奠死者的时候才用。

④严格筷子的职能。筷子只是用来夹取食物的。用来剔牙、挠痒或是用来夹取食物之外的东西都是失礼的。

2. 勺子

勺子的主要作用是舀取菜肴、食物。有时用筷子取食，也可以用勺子来辅助。尽量不要单用勺子去取菜。用勺子取食物时，不要过满，免得溢出来弄脏餐桌或自己的衣服。在舀取食物后，可以在原处“暂停”片刻，汤汁不会再往下流时，再移回来享用。

暂时不用勺子时，应放在自己的碟子上，不要把它直接放在餐桌上，或是让它在食物中“立正”。用勺子取食物后，要立即食用或放在自己的碟子里，不要再把它倒回原处。而如果取用的食物太烫，不可用勺子舀来舀去，也不要用嘴对着吹，可以先放到自己的碗里等凉了再吃。不要把勺子塞到嘴里，或者反复吮吸、舔食。

3. 盘子

主要用来盛放食物，在使用方面和碗略同。盘子在餐桌上一般要保持原位，不要堆放在一起。

需要着重介绍的，是一种用途比较特殊的被称为食碟的盘子。食碟的主要作用，是用来暂放从公用的菜盘里取来享用的菜肴的。用食碟时，一次不要取放过多的菜肴，免得看起来繁乱不堪。不要把多种菜肴堆放在一起，弄不好它们会相互“串味”，不好看，也不好吃。

不吃的残渣、骨、刺不要吐在地上、桌上，而应轻轻取放在食碟前端；放的时候不能直接从嘴里吐在食碟上，要用筷子夹放到碟子旁边。如果食碟放满了，可以让服务员换。

4. 水杯

主要用来盛放清水、汽水、果汁、可乐等软饮料时使用。不要用它来盛酒，也不要倒扣水杯。

5. 酒杯

酒杯分为红酒杯和白酒杯。喝酒的时候，一味地给别人劝酒、灌酒，特别是给不胜酒力的人劝酒、灌酒，都是失礼的表现。

敬酒时要注意以下几点：

①斟啤酒时应先慢倒，接着猛冲，最后轻轻抬起瓶口，其泡沫自然高涌。气泡保持了啤酒的新鲜美味，一旦泡沫消失，香气减少，则苦味必加重，有碍口感。

②中餐常以开杯酒作为宴请开始的标志，宴席开始时，主人举杯敬所有来宾，这个时候，无论会不会喝酒，都要举杯浅酌，不宜推拒，它代表了主人的谢意与祝福。

③当主人起立敬酒时，所有来宾也应起立回敬，这是基本礼节。

④向长辈或上级敬酒时，宜双手捧杯，起立敬酒。

⑤许多能喝酒的人为表示先干为敬，喝酒时仰起脖子，将整杯酒滴酒不剩地倒进喉咙里，虽然豪气万千，却很不雅观。

6. 牙签

尽量不要当众剔牙。非剔不行时，用另一只手掩住口部，剔出来的东西，不要当众观赏或再次入口，也不要随手乱弹，随口乱吐。剔牙后，不要长时间叼着牙签，更不要用来扎取食物。

（六）用餐注意事项

①中餐用餐前，比较讲究的话，会为每位用餐者上一块湿毛巾。它只能用来擦手。擦手后，应该放回盘子里，由服务员拿走。有时候在正式宴会结束前，会再上一块湿毛巾。和前者不同的是，它只能用来擦嘴，却不能擦脸、抹汗。

②任何国家的餐饮都有自己的传统习惯和寓意，中餐也不例外。比如，过年少不了鱼，表示“年年有余”；和渔家、海员吃鱼的时候，忌讳把鱼翻身，因为有“翻船”的意思。

③宴会快结束时，服务员都会端上果盘。享用果盘时，一般要用牙签，千万别直接用手拿，这样非常失礼。

④如果宴会没有结束，但你已用好餐，不要随意离席，要等主人和主宾餐毕先起身离席，其他客人才能依次离席。

⑤斟茶是一件很简单的事，不过，很多朋友会疏忽个中的礼貌。如果一个人当然可以自斟自饮，否则，就应斟完其他人才替自己斟。

⑥有人喜欢用自己的筷子替左右邻夹菜，其实很多人是害怕别人这番“热情”的，想拒绝却又怕对方不高兴，只有勉强接受，心中总是不快，既然如此，何必“多此一举”。

⑦吃饱之后乱放胃气，“怪声”阵阵会给人坏印象。假如是一顿商务应酬的宴会，几下“怪声”就可能将整天的努力都白费，良好的形象亦毁于此刻。

⑧圆桌以顺时针方向旋转为基本，上菜后，由主宾或年长者首先动筷夹菜，如果有人反向旋转也无妨，但要避免来回改变方向旋转。

⑨右边是常动方，左边是不动方，所以不常用的物品，摆放在左边。杯、筷摆在右边；湿纸巾、汤碗、菜单放在左边。

⑩残渣勿直接吐在桌面上。

⑪用毛巾抹面、抹颈和抹身，诸如此类的行为，千万不能出现，否则不自觉令人产生反感而不自知。

⑫如果是在柜台结账，结账者需早点离席结账，不要让同席人等待。

⑬如果是上司或年长者请客，一般不必回请，但要郑重道谢。

（七）参加宴请

如果要参加宴会，首先要把自己打扮得整齐大方，这是对别人也是对自己的尊重，还要按主人邀请的时间准时赴宴。除酒会外，一般宴会都请客人提前半小时到达。如因故在宴会开始前几分钟到达，不算失礼。但迟到就显得对主人不够尊敬，非常失礼了。

当走进主人家或宴会厅时，应首先跟主人打招呼。同时，对其他客人不管认不认识，都要微笑点头示意或握手问好；对长者要主动起立，让座问安；对女宾举止庄重，彬彬有礼。

入席时，自己的座位应听从主人或招待人员的安排，因为有的宴会主人早就安排好了。如果座位没定，应注意正对门口的座位是上座，背对门的座位是下座。应让身份高者、年长者以及女士先入座，自己再找适当的座位坐下。入座后坐姿端正，脚踏在本人座位下，不要任意伸直或两腿不停摇晃，手肘不得靠桌沿，或将手放在邻座椅背上。入座后，不要旁若无人，也不要眼睛直盯盘中菜肴，显出迫不及待的样子。可以和同席客人简单交谈。上菜以后，应该先等主人家起筷后才动手夹菜。

二、西餐礼仪

西餐是迥然不同于我国饮食文化的外来品。许多人听过也吃过西餐，但不知为什么叫它西餐。西餐是我国和其他部分东方国家及地区的人民对西方国家菜点的统称。广义上讲，是对西方餐饮文化的统称。我们所说的“西方”习惯上是指欧洲国家和地区，以及由这些国家和地区为主要移民的北美洲、南美洲和大洋洲的广大区域，因此西餐主要指代的是以上区域的餐饮文化。西方人把中国的菜点叫“中国菜”、把日本菜点叫做日本料理、韩国菜叫做韩国料理，等等，他们不会笼统地称之为“东方菜”，而是细细对其划分，依其国名具体而命名。实际上，西方各国的餐饮文化都有各自的特点，各个国家的菜式也都不尽相同，例如法国人会认为他们做的是法国菜，英国人则认为他们做的菜是英国菜。西方人自己并没有明确的“西餐”概念，这个概念是中国和其他东方国家人民的概念。

（一）西餐的菜序

正规的西餐宴会，其菜序既复杂又非常讲究。一般情况下，比较简便的西餐菜单可以是：开胃菜—汤—副菜—主菜—甜品—咖啡。

①开胃菜。也称为头盘，一般有冷盘和热头盘之分，常见的品种有鱼子酱、鹅肝酱、熏鲑鱼、鸡尾杯、奶油鸡酥盒、焗蜗牛等，如图 3-7-3 所示。

②汤。大致可分为清汤、奶油汤、蔬菜汤和冷汤等 4 类。品种有牛尾清汤、各式奶油汤、海鲜汤、美式蛤蜊汤、意式蔬菜汤、俄式罗宋汤、法式葱头汤，如图 3-7-4 所示。

图 3-7-3

图 3-7-4

③副菜。通常水产类菜肴与蛋类、面包类、酥盒菜肴均称为副菜。西餐吃鱼类菜肴讲究使用专用的调味汁，品种有鞑靼汁、荷兰汁、酒店汁、白奶油汁、大主教汁、美国汁和水手鱼汁等，如图 3-7-5 所示。

图 3-7-5

④主菜。肉、禽类菜肴是主菜。其中最有代表性的是牛肉或牛排，肉类菜肴配用的调味汁主要有西班牙汁、浓烧汁精、蘑菇汁、班尼斯汁等。禽类菜肴的原料取自鸡、鸭、鹅；禽类菜肴最多的是鸡，可煮、可炸、可烤、可焗，主要的调味汁有咖喱汁、奶油汁等，如图 3-7-6 所示。

⑤蔬菜类菜肴。可以安排在肉类菜肴之后，也可以与肉类菜肴同时上桌，蔬菜类菜肴在西餐中称为沙拉。与主菜同时搭配的沙拉，称为生蔬菜沙拉，一般用生菜、番茄、黄瓜、芦笋等制作。还有一类是用鱼、肉、蛋类制作的，一般不加味汁，如图 3-7-7 所示。

图 3-7-6

图 3-7-7

⑥甜品。西餐的甜品是主菜后食用的，可以算作是第六道菜。从真正意义上讲，它包括所有主菜后的食物，如布丁、冰淇淋、奶酪、水果等。

⑦咖啡。饮咖啡一般要加糖和淡奶油。

（二）西餐的座次

1. 西餐的座次安排

（1）恭敬主宾

在西餐中，主宾极受尊重。即使用餐的来宾中有人在地位、身份、年纪方面高于主宾，但主宾仍是主人关注的中心。在排定位次时，应请男、女主宾分别紧靠着女主人和男主人就座，以便进一步受到照顾。

（2）女士优先

在西餐礼仪里，女士处处备受尊重。在排定用餐位次时，主位一般应请女主人就座，而男主人则须退居第二主位。

（3）以右为尊

在排定位次时，以右为尊依旧是基本方针。就某一特定位置而言，其右位高于其左位。例如，应安排男主宾坐在女主人右侧，应安排女主宾坐在男主人右侧。

（4）面门为上

有时又叫迎门为上。它所指的是，面对餐厅正门的位子，通常在序列上要高于背对餐厅正门的位子。

（5）距离定位

一般来说，西餐桌上位次的尊卑，往往与其距离主位的远近密切相关。在通常情况下，离主位近的位子高于距主位远的位子。

（6）交叉排列

用中餐时，用餐者经常可能与熟人，尤其是与其恋人、配偶在一起就座，但在用西餐时这种情景便不复存在了。商界人士所出席的正式的西餐宴会，在排列位次时，要遵守交叉排列的原则。依照这一原则，男女应当交叉排列，生人与熟人也应当交叉排列。因此，一个用餐者的对面和两侧，往往是异性，而且还有可能与其不熟悉。这样做，最大的好处是可以广交朋友。不过，这也要求用餐者最好是双数，并且男女人数各半。

2. 座次排列的详情

在西餐用餐时，人们所用的餐桌有长桌、方桌和圆桌。有时，还会以之拼成其他各种图案。不过，最常见、最正规的西餐桌当属长桌。以下是西餐排位的种种具体情况。

（1）长桌

以长桌排位，一般有两种主要办法：一是男女主人在长桌中央对面而坐，餐桌两端可以坐人，也可以不坐人；二是男女主人分别就座于长桌两端。某些时候，如用餐人数较多时，还可以参照以上办法，以长桌拼成其他图案，以便安排大家一道用餐。西餐长桌座次排列如图 3-7-8 所示。

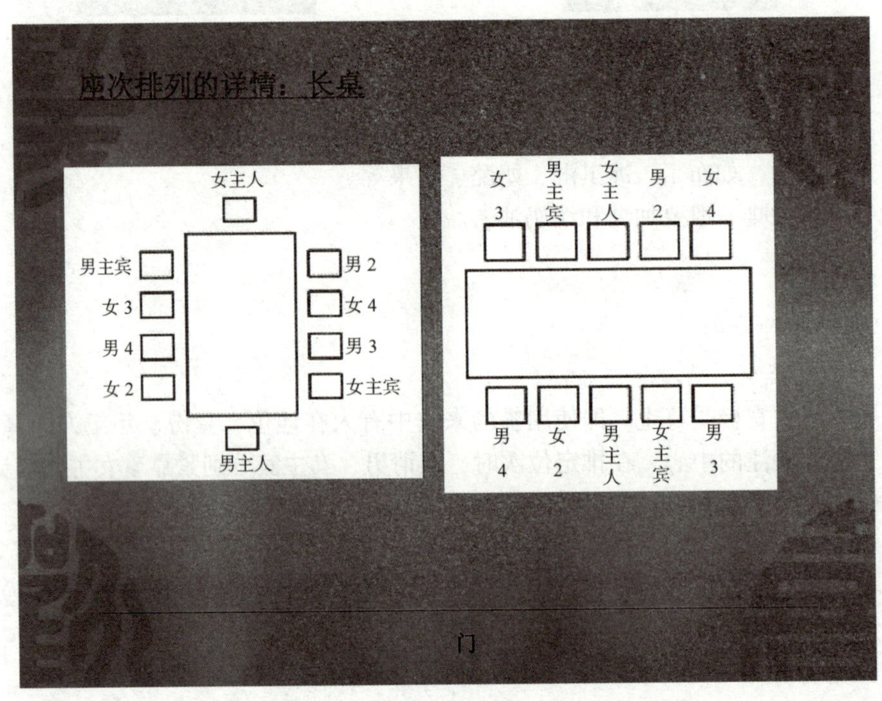

图 3-7-8

（2）方桌

以方桌排列位次时，就座于餐桌四面的人数应相等。在一般情况下，一桌共坐 8 人，每侧各坐两人的情况比较多见。在进行排列时，应使男、女主人与男、女主宾对面而坐，所有人均各自与自己的恋人或配偶坐成斜对角。

（3）圆桌

在西餐里，使用圆桌排位的情况并不多见。在隆重而正式的宴会里，则尤为罕见。其具体排列，基本上是各项规则的综合运用。

3. 西餐的餐具

（1）刀叉的使用

刀、叉分为肉类用、鱼类用、前菜用、甜点用，刀叉就像是中国的筷子一样。有时是刀与叉（或汤匙）两只为一组放置在刀叉架上；有时是将刀、叉、汤匙三只为一组，放置在刀叉架上；有时是刀与叉（或汤匙）两只为一组地放置其上，使刀的刀刃部与叉子的前部不会碰触到桌巾，如图 3-7-9 所示。

图 3-7-9

进餐时，餐盘在中间，刀子和勺子放置在盘子的右边，叉子放在左边。一般右手写字的人，饮用西餐时，很自然地用右手拿刀或勺，左手拿叉，杯子也用右手来端。刀、叉的使用方法如图 3-7-10 所示。

图 3-7-10

在桌子上摆放刀叉，一般最多不能超过三副。三道菜以上的套餐，必须在摆放的刀叉用完后随上菜再放置新的刀叉。

刀叉是从外侧向里侧按顺序使用（也就是说事先按使用顺序由外向里依次摆放）。

进餐时，一般都是左右手互相配合，即一刀一叉成双成对使用的。有些例外，喝汤时，则只是把勺子放在右边——用右手持勺。食用生牡蛎一般也是用右手拿牡蛎叉食用。

刀叉有不同规格，按照用途不同而决定其尺寸的大小也有区别。吃肉时，不管是否要用刀切，都要使用大号的刀。吃沙拉、甜食或一些开胃小菜时，要用中号刀。叉或勺一般随刀的大小而变。喝汤时，要用大号勺，而喝咖啡和吃冰激凌时，则用小号为宜。

不能用叉子扎着食物进口，而应把食物铲起入口。当然现在这个规则已经变得不是那么的严格。英国人左手拿叉，叉尖朝下，把肉扎起来，送入口中，如果是烧烂的蔬菜，就用餐刀把菜拨到餐叉上，送入口中，美国人用同样的方法切肉，然后右手放下餐刀，换用餐叉，叉尖朝上，插到肉的下面，不用餐刀，把肉铲起来，送入口中，吃烧烂的蔬菜也是这样铲起来吃。

如食用某道菜不需要用刀，也可用右手握叉，例如意大利人在吃面条时，只使用一把叉，不需要其他餐具，那么用右手来握叉倒是简易方便的。没有大块的肉要切的话，例如素食盘，只是不用切的蔬菜和副食，那么，按理也可用右手握叉来进餐。

为了安全起见，手里拿着刀叉时切勿指手画脚。发言或交谈时，应将刀叉放在盘上才合乎礼仪。这也是对旁边的人的一种尊重。

叉子和勺子可入口，但刀子不能放入口中，不管它上面是否有食物。除了礼节上的要求，刀子入口也是危险的。

（2）置刀与叉

用餐中刀、叉位置为“八”字形，如果在用餐中途暂时休息片刻，可将刀叉放于盘中，刀头与叉尖相对成“一”字形或“八”字形，刀叉朝向自己，表示还是继续吃。如果是谈话，可以拿着刀叉无须放下；但若需做手势时，就应放下刀叉，千万不可手执刀叉在空中挥舞摇晃。

应当注意，不管任何时候，都不可将刀叉的一端放在盘上，另一端放在桌上。刀与叉除了将料理切开送入口中之外，还有另一项非常重要的功用。刀叉的摆置方式传达出“用餐中”或是“结束用餐”之讯息。而服务生利用这种方式，判断客人的用餐情形，以及是否收拾餐具准备接下来的服务，等等，所以希望能够记住正确的餐具摆置方式。特别要注意的是刀刃侧必须面向自己。用餐结束的摆置方式是：将叉子的下面向上，刀子的刀刃侧向内与叉子并拢，平行放置于餐盘上，如图 3-7-11 所示。摆置方式又可以分为英国式与法国式，不论哪种方式都可以，但最常用的是法国式。尽量将柄放入餐盘内，这样可以避免因碰触而掉落，服务生也较容易收拾。

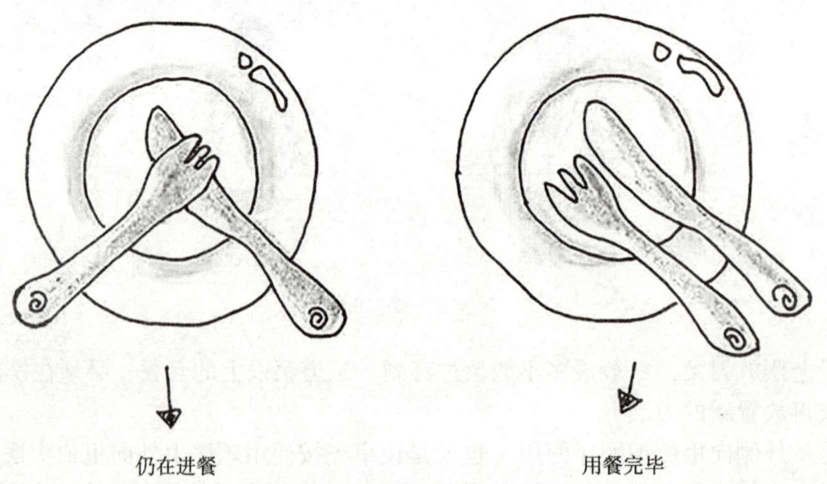

图 3-7-11

4. 西餐的食用方法

（1）汤的吃法

一般使用的餐具是汤盘或汤碗。汤碗分带把儿和不带把儿两种。饮用汤要使用汤勺。握汤勺的方法同握写字笔近似，不要太紧张，也不能太松弛。握的位置要适当，握柄的中上部最为理想，看上去优雅自然。

进汤时，身体要保持端正，头部不要太接近汤盘，长头发的女士千万注意不要把头发落到汤盘里，那样既不卫生，又不美观。用勺子送汤到嘴里，而不是低头去找汤盘。注意不要让汤从嘴里流出来或把汤滴在汤盘外边。

在进汤类食物时，千万避免发出向嘴里吸溜的声音，如果汤是滚烫的，可稍等片刻再享用，不可将嘴巴凑近汤盘猛吹。即使汤盘里只有少许汤底，也不可举盘把汤底倒入口中。可将汤盘向外倾斜，以便将最后的几滴用勺子舀起。如果是汤碗的话，最后的几滴可倒入口中。

（2）沙拉的吃法

沙拉做头盘是比较理想的选择，它既爽口又开胃，正统西餐的沙拉汁一般偏酸，也就是力图达到这个效果。西方人不习惯在餐前吃带甜味的沙拉。

盛沙拉一般用沙拉盘，平盘深盘都可以。一般讲究的餐厅要摆上刀和叉，即使有些人习惯只是用叉而不用刀。作为同主食一起上菜时的沙拉，把沙拉盘放在主菜盘的左侧，这时一般只放一把叉子。

遇见比较大叶的蔬菜的时候，要先用刀子和叉子折起来，然后再用叉子入口。

（3）鱼的吃法

鱼肉极嫩易碎，因此餐厅常不备餐刀而备专用的汤匙。这种汤匙比一般喝汤用的稍大而且较平，不但可切分菜肴，还能将菜和调味汁一起舀起来吃。若要吃其他混合的青菜类食物，还是使用叉子为好。对于鱼骨头，首先用刀在鱼鳃附近刺一条直线，刀尖不要刺透，刺入一半即可。将鱼的上半身挑开后，从头开始将刀放在骨下方，往鱼尾方向划开，把骨剔掉并挪到盘子的一角。最后再把鱼尾切掉，由左至右边切边吃。

（4）肉类的吃法

从左边开始切。用餐时，以叉子从左侧将肉叉住，再用刀沿着叉子的右侧将肉切开，如切下的肉无法一口吃下，可直接用刀子再切小一些，切开刚好一口大小的肉，然后直接以叉子送入口中。

重点在于利用刀压住肉时的力度。为了轻松地将肉切开，首先就要松肩膀，并确实用叉子把肉叉住。再以刀轻轻地慢慢地前后移动。用力点是在将刀伸出去的时候，而不是将刀拉回时。

将取得的调味酱放在盘子内侧。点排餐时，会附带一杯调味酱。在正式的场合中，调味酱应是自行取用，而非麻烦服务生服务。首先将调味酱钵拿到盘子旁边，以汤勺取酱料时要注意不要滴到桌巾上。调味酱不可以直接淋在牛排上，应取适当的量放在盘子的内侧，再将肉切成一口大小蘸酱料吃。调味酱的量约以两汤匙为最适量。取完调味酱后，将汤勺放在调味酱钵的侧边，并传给下一个人。

不可一开始就将肉全部切成一块一块的，否则好吃的肉汁就会全部流出来了。如果用叉子叉住肉的左侧却从肉的右侧开始切，会很难将肉切开。因左手拿叉子，所以从左侧开始切才是基本。千万不要从右侧开始切。如果太用力切，在切开时会因与盘子碰撞而发出很大的声音。身体向前倾的姿势很难使用刀子。

点缀的蔬菜也要全部吃完 放在牛排旁边的蔬菜不只是为了装饰，同时也是基于营养均衡的考虑而添加的。国人大都会把蔬菜留下，如果不是真的不爱吃，最好不要剩下。

（5）喝酒的方法

喝酒时绝对不能吸着喝，而是倾斜酒杯，像是将酒放在舌头上似的喝。轻轻摇动酒杯让酒与空气接触以增加酒味的醇香，但不要猛烈摇晃杯子。此外，一饮而尽，边喝边透过酒杯看人，都是失礼的行为。不要用手指擦杯沿上的口红印，用面巾纸擦较好。

（6）面包的吃法

吃面包时先用两手撕成小块，再用左手拿来吃。吃硬面包时，用手撕不但费力而且面包屑会掉满地，此时可用刀先切成两半，再用手撕成块来吃。避免像用锯予似的割面包，切时可用手将面包固定，避免发出声响。

5. 西餐的礼仪要求

（1）预约的窍门

越高档的饭店越需要事先预约。预约时，不仅要说清人数和时间，也要表明是否要选择吸烟区或视野良好的座位。如果是生日或其他特别的日子，可以告知宴会的目的和预算。在预定时间内到达，是基本的礼貌。

（2）用餐着装

吃饭时穿着得体是欧美人的常识。去高档的餐厅，男士要穿着整洁的上衣和皮鞋；女士要穿套装和有跟的鞋子。如果指定穿正式服装的话，男士必须打领带。

（3）入座礼节

最得体的入座方式是从左侧入座。当椅子被拉开后，身体在几乎要碰到桌子的距离站直，领位者会把椅子推进来，腿弯碰到后面的椅子时，就可以坐下来。用餐时，上臂和背部要靠到椅背，腹部和桌子保持约一个拳头的距离，两脚交叉的坐姿最好避免。

（4）点酒礼节

在高级餐厅里，会有精于品酒的调酒师拿酒单来，对酒不大了解的人，最好告诉他自己挑选的菜色、预算、喜爱的酒类口味，请调酒师帮忙挑选。

（5）点菜礼节

吃西餐时，没有必要全部都点，点太多却吃不完反而失礼。稍有水准的餐厅都不欢迎只点前菜的人。前菜、主菜（鱼或肉择其一）加甜点是最恰当的组合。点菜并不是由前菜开始点，而是先选一样最想吃的主菜，再配上适合主菜的汤。

主菜若是肉类应搭配红酒，鱼类则搭配白酒。上菜之前，不妨来杯香槟、雪利酒或吉尔酒等较淡的酒。

6. 餐巾礼节

点完菜后，在前菜送来前的这段时间把餐巾打开，往内折三分之一，让三分之二平铺在腿上，盖住膝盖以上的双腿部分。最好不要把餐巾塞入领口。进餐一半回来还要接着吃的话，餐巾应放在你座椅的椅面上，它表示的信号是告诉在场的其他人，尤其是服务生，你到外面有点事，回来还要继续吃。餐巾放桌上去，就是就餐结束的意思。

餐巾可以擦嘴，但是不能擦刀叉，也不能擦汗。

7. 握杯礼节

酒类服务通常由服务员负责将少量酒倒入酒杯中，让客人鉴别一下品质是否有误。只需把它当成一种形式，喝一小口就行。接着，侍者会来倒酒，这时，不要动手去拿酒杯，而应把酒杯放在桌上由侍者去倒。证确的握杯姿势是用手指轻握杯脚。为避免手的温度使酒温增高，应用大拇指、中指、食指握住杯脚，小指放在杯子的底台固定。

拓展延伸

中餐的敬酒与拒酒

西餐咖啡礼仪

学练结合

1. 宴会的组织应考虑哪些要素？
2. 中餐的席位安排应遵循哪些原则？
3. 西餐的座次安排与中餐的座次安排有何不同？
4. 西餐菜序与中餐菜序有何不同？

实践训练项目

案例一：王老师在生活中遇到了烦心事，情绪不好。这一天晨间接待时对家长态度冷淡，爱理不理。导致家长对王老师产生不好的看法，之后对王老师的工作找碴，不愿支持配合王老师工作。

请问，王老师为什么会面对这种情况？如果是你在晨间接待时情绪不好怎么办？

案例二：有一次，列宁同志下楼，在楼梯狭窄的过道上，正碰见一个女工端着一盆水上楼。那女工一看是列宁，就要退回去给让路。列宁阻止她说："不必这样，你端着东西已走了半截，而我现在空手，请你先过去吧！"他把"请"字说得很响亮，很亲切。然后自己紧靠着墙，让女工上楼了，他才下楼。

结合社交礼仪规范谈谈我们应该向列宁同志学习什么。

案例三：娇娇和妈妈去参加老同学聚会。用餐时，大人们举杯推盏尽情地聊着，娇娇伸着筷子，看哪盘菜好吃就一个劲儿地挑着吃，一副不管不顾的样子。有人开了个玩笑说："这小丫头真精啊！"妈妈听了简直无地自容。是呀，在家里吃饭这不算什么事，姥姥每次做了好菜都紧着娇娇吃。像三鲜虾仁这道菜，娇娇就专挑虾仁吃，姥姥还帮着她挑，直到把盘子里的虾仁挑得一个不剩，留下一堆黄瓜片，她才住手。现在虽说到了外边，可习惯已经成自然了，这丢脸的吃相一时哪里改得过来。

假如你是娇娇的老师，应该如何教导娇娇改正错误的用餐习惯？用餐时还有哪些礼仪规范，能一起给娇娇讲讲吗？

综合测评

介绍礼仪评价表

自评项目	是否做到	改进措施
自我介绍的时机是否合适		
自我介绍时是否微笑，自信		
自我介绍时是否语音清晰、语速适中、语气自然		
为他人介绍的时机是否合适		
为他人介绍时顺序是否准确		
集体介绍顺序是否准确		
握手的场合是否合适		
握手的顺序是否准确		
握手时是否面带微笑，使用礼貌用语		
握手时是否握右手，停留不超过 1~3 秒		
是否能说出 5 个以上的握手禁忌		

电话礼仪评价表

自评项目	是否做到	改进措施
拨打电话前是否有所准备，不偏离要表达的意思		
通话时间是否合适		
通常是否能做到三声之内接听电话		
通话时语音是否清晰愉快，语速适中		
接听电话是否简单报出单位名称		
接听电话同时是否认真做好通话记录		
结束电话是否让主动拨打电话一方提出		
是否有煲电话粥的习惯		

递送礼仪评价表

自评项目	是否做到	改进措施
是否了解名片内容		
递送名片时是否面带微笑，双手递送		
是否明确递送名片的顺序		
接受名片时是否起身微笑，双手或右手接受		
接受名片后是否认真阅读一遍		
接受名片后是否放入名片夹		

拜访、接待礼仪评价表

自评项目	是否做到	改进措施
拜访前是否与对方取得联系		
拜访他人的时间是否合适		
拜访他人时着装是否合适		
自我介绍、握手是否符合礼仪规范		
拜访他人时逗留时间是否过长		
若向主人致谢是否准备合适的礼物		
工作区域拜访前资料是否准备完整		
家访时是否准时到达，仪表端庄		
家访与家长沟通过程是否能把握好分寸		
招待来访客人事先是否了解准确的抵达时间		
招待来宾地点选择是否正确		
招待来宾光线、温度是否适宜		
为来宾引导时姿势是否正确		
乘坐厢式电梯时是否为来宾主动服务		
接待私宅拜访的客人时，是否准备茶点、水果等		
接待客人的茶水礼仪是否准确		
送客是否送到门口		
送别语是否得当		

宴请用餐礼仪评价表

自评项目	是否做到	改进措施
宴请的时间、地点是否合适		
宴请前是否提前发出邀请		
座次安排是否得当		
菜品选择是否兼顾主宾的口味、民族、信仰等方面		
菜品是否荤素搭配、冷热搭配、常规菜与特色菜搭配		
用餐环境是否优雅		
宴会是否有致辞、祝酒		
上菜顺序是否正确		
宴会陪同人员是否与主宾礼貌热情交谈		
宴会结束时间是否合适		
是否做到礼貌送客		
赴宴用餐时是否准时到达		
用餐时衣着是否合适		
赴宴是否携带合适的小礼物		
赴宴时是否礼貌入座、坐姿端正		
用餐时餐具是否适用正确		
适时敬酒、祝酒		
委婉拒酒		
亲切交谈		
礼貌离席		
告辞致谢		
宴会后礼貌表达感谢		

模块四

职场之礼

【目标导航】

[素质目标] 能够礼貌待人，懂得在实践中将中华民族优秀的传统礼仪文化发扬光大，践行规范的职业礼仪。

[知识目标] 熟知实习、求职以及与幼儿、家长、同事、领导交往中应遵守的礼仪规范。

[能力目标] 掌握实习、求职以及与幼儿、家长、同事、领导交往的相关礼仪方法和技能。

【情境案例导入】

一名实习生组织幼儿开始户外活动。在活动中，一名小朋友不小心摔倒了，手蹭破了皮，隐隐渗出血丝。实习生见状，上前把小朋友扶起，并马上向带班老师汇报。带班老师察看过小朋友的伤口后，让实习生把小朋友送到幼儿园医务室，让医护人员帮他搽药，贴上创可贴。午睡后，实习生关切地询问小朋友的情况。离园时，实习生很抱歉地向家长说明白天在园发生的事。“今天真对不起！由于我们照顾不周，让小朋友受伤了，这是创可贴，明天请您给他换上，好吗?”实习生真诚的态度取得了家长的谅解。

有一位幼教专科生到深圳某一大型外企办的幼儿园应聘。已经通过了初选、笔试等环节，只要复试一过就万事大吉了。到了复试这一天，幼儿园的园长、有关负责人和面试考官都准时到了，谁知这位专科生却迟到了三分钟。结果专科生与这所幼儿园的教师职位失之交臂。

“细节决定成败。”为了使幼儿师范生能够顺利地进行实习和求职面试，本章将详细介绍在实习、求职以及与幼儿、家长、同事、领导交往等过程中要了解和注意的礼仪知识。

学习单元一　实习之礼

【知识学习】

教育实习是学校培养高素质师资的必由之路，是教师教育不可缺少的教育环节。学生在这一环节中有着多重身份，既是老师又是学生，既是同学又是同事，既是主人又是客人。既要展示你自己良好的专业素养和教育水平，又要同原学校老师、实习学校老师打交道，还要同幼儿、同学及幼儿园周边的人或园长打交道。所以，幼师生在实习期间能否妥善处理各方关系，关系着学校的声誉和教育实习工作的顺利开展，也关系着幼师生实习成绩评定和实习效果。

在实习期间，你只是一名“准老师”，还不是一名正式的幼儿园教师。你不能擅自做主组织幼儿开展各类活动或处理幼儿突发的意外事故。如果要开展活动，要征得指导老师的同意并且在他们的协助下开展；如果幼儿发生任何事故，要马上第一时间向指导老师和幼儿园负责人汇报，由他们来处理，自己不能私自处理。处理不当的话，会影响到学校与实习园的关系及今后的实习工作，同时也会影响幼儿园与家长的关系。幼儿师范生都要礼貌待人、谦虚好学、举止大方、为人师表。

一、实习生个人礼仪须知

幼儿园教师是幼儿灵魂的塑造者，教师的言谈、举止、仪表、气质、待人接物的方式都是幼儿学习仿效的榜样，教师的一举一动、一言一行都会处于幼儿敏锐的注意之中，成为幼儿的行为准则，直接影响到幼儿的成长。尤其是实习期，幼儿师范生在实习园的时间至少有一个月左右，有很多的机会与小朋友接触。虽然是实习生，但在幼儿心目中已是老师。所以，实习生除了要严格遵守见、实习的工作要求外，还要注意个人的仪表仪容和仪态举止，给实习单位留下好的印象，给小朋友树立学习的榜样，也为学校今后的实习工作打下良好的基础。

（一）实习生仪表仪容的具体要求

作为幼儿师范学校的实习生，要做到举止大方，态度诚恳，待人亲切，彬彬有礼，着装整洁。实习生有得体的仪表、得当的仪容，就能深深吸引幼儿、打动幼儿，给幼儿留下良好的印象，使幼儿对你产生亲切感。因此实习生应注重自己外在形象的设计和塑造，讲究礼仪。

1. 注意形象，着装自然朴素

某一实习生衣着新潮，常穿奇装异服。一天，一个小朋友好奇地指着实习生裤子膝盖上的两个洞，问：“姐姐，你的裤子破了，妈妈为什么不给你补一补呢?”实习生听了，若有所思。俗语说得好，“唱什么戏，穿什么行头”。在实习期间，幼儿师范生的着装要自然、大方、朴素、干净、整洁，有朝气。同时，实习生作为一名实习老师，着装要为人师表，显示出良好的知识素养和严谨的生活态度。同时，幼儿师范生正处于花季年华，可以穿得活泼、随意一些。

素养提升

（1）不要衣着稀奇古怪，忌穿露脐装、露背装、无袖衣裙、低腰裤、紧身裤等性感服装。

（2）不要衣冠不整、不修边幅，不要穿拖鞋。

（3）不要浓妆艳抹、花枝招展。

（4）不要戴戒指等饰物。

2. 个人卫生整洁

马卡连柯曾说过："从口袋里掏出揉皱了的手帕的教师，已经失去了当教师的资格了。"实习生要注意做好个人的卫生，保持面部、手部和头部的清洁。勤洗脸、洗脚、洗头、洗澡，保证身体无异味，早晚及饭后要刷牙；指甲要修理干净，不要留长指甲，不要让指甲缝里藏有污垢，不要涂染指甲油；头发要梳理整齐、展示青春活力，不要染发、烫发或披发散发，留长头发的女同学要把头发束好，前额的刘海不要遮住眉毛；男同学不要留长发，胡子要刮干净，不要抽烟喝酒。

3. 待人亲切有礼

幼儿师范生在实习期间，既是学生又是"老师"，不仅要与实习园领导、指导老师、小朋友打交道，还要与小朋友的家长打交道。实习生要注意做好自己的角色，态度要诚恳，尊重实习园的领导和教职员工，见面时热情主动问候，待人亲切有礼，工作认真负责，做到早到晚走和"手勤、腿勤、眼勤"，虚心接受实习园领导、指导老师、家长的意见。尊重家长，热情周到地接待家长，不要与家长发生矛盾冲突。对待小朋友要耐心、细心和有爱心，要有高度的责任心和事业心，要善于倾听，学会控制好自己的感情与情绪，不要向小朋友乱发脾气。

4. 要遵时守规

幼儿师范生要遵守实习幼儿园的制度，尊重实习幼儿园的做法。因为幼师生参加教育实习，一般来说会在一定程度上影响实习幼儿园的正常秩序，所以，学校要确定一所幼儿园实习，往往要通过各种渠道，运用各种关系，经过多方协商。在这种情况下，实习生就应该多尊重对方，多理解对方，不要动不动给实习幼儿园提要求、提条件，不要随便议论学校有关事情，即便是有看法、有意见，也要按照程序汇报带队老师，由带队老师与实习学校协商解决。应严格遵守实习幼儿园的作息时间、管理制度等各项规章制度，听从学校领导和指导老师的工作安排。自觉爱护幼儿园教学设备等公物，节约用水用电。不在幼儿园周边滋事、闹事，给实习幼儿园带来麻烦。实习生还应想方设法做点让他们满意的事情，如认真上好每一课堂，关心每一个幼儿，利用自己所学的专长多做对实习学校有利的事情等。孟子说："爱人者，人恒爱之；敬人者，人恒敬之。"管子也说："善人者，人亦善之。"人与人之间，要想得到别人的关爱，首先要去关心别人。

5. 要注意小节

对于一些小问题，不要认为是"细枝末节"就掉以轻心。

①不要在人前"打扫个人卫生"，如剔牙齿、掏鼻孔、挖耳屎、搓泥垢等。

②与人谈话时要保持一定的距离，不要对人口沫横飞，声音不要太大或太细。

③与人交谈时，不要在牙缝中夹带食物残渣，不要有葱蒜韭菜等食物的气味。

④身体有异味要勤洗澡和勤换衣服，要及时治疗。

⑤谨言慎行，不要议论别人的隐私，不要乱起绰号。

⑥不要随意翻阅别人的资料或文件。

⑦不要随便食用小朋友的食物或接受小朋友的物品。

（二）实习生仪态举止具体要求

我们在前面章节学习过，仪态就是人的身体姿态，包括人的站姿、坐姿、走姿、表情以及身体展示的各种动作。在实习过程中，实习生要时刻提醒自己，注意自己的行为举止，要为人师表，克服平时的一些不良习惯，展示自己良好的“体姿”。

在实习听课期间，如果是坐着听课时，要注意正确的坐姿；上身挺直，双脚并排自然摆放，目光柔和，集中精神；不要弓腰驼背，随意懒散地坐在椅子上；如果是站着听课时(如室外的活动课)，注意身体要挺直，面带微笑，两臂自然下垂，手指自然弯曲，双腿直立，女生的双膝和双脚要靠紧，男生两脚间可稍分开点距离；不要靠在墙壁、椅子上或三三两两凑在一起窃窃私语。

实习生在实习上课时，应站着讲课，要站稳站直，胸腔自然挺直，不要耸肩或过于昂头；目光要柔和、亲切、有神，给小朋友以平和、易接近的感觉；声音要温柔、适中，要耐心细致地倾听小朋友的回答，必要时可蹲在小朋友的身旁，抚摸小朋友的头，拍拍小朋友的手或肩膀，给予鼓励。当说话被小朋友打断时，不能责备或体罚小朋友，也不能投以不屑的目光或冷漠待之，学会采用一些合适的方式或小活动让小朋友重新集中精神听课；当出现突发事件打断讲课时，如小朋友突然尿湿裤子，实习生要保持冷静，在指导老师的帮助下妥善处理事情，事后要进行自我批评与反思，找出事情发生的原因与解决问题的方法，避免类似问题再出现，同时，对当事的小朋友要加以关怀，不能嘲笑，以免伤害小朋友的自尊心。当需要用手势或教具来增强上课效果时，手势要得体、自然，出示教具要自然，要随相关内容进行；不要用教具或物品敲击讲台，提问时不能直接用手指指小朋友，而应是用手掌做“请”状。在教室内走动时，步幅不宜过大过急。在整个上课期间，实习生都应保持面带微笑。

二、实习生言谈礼仪须知

俗话说“好言一句暖三冬，恶语伤人六月寒”，合适的言语表达能够增进了解、加深友谊，进一步加强我们的人际交往。在见、实习活动中，见、实习生不一定都要伶牙俐齿，妙语连珠，但是要求具有清晰的语言表达能力和良好的逻辑思维能力，在交谈中有个人的风格，并能以礼待人。

（一）礼貌言谈

无论是与园长、指导老师、家长、小朋友还是实习生之间进行言谈时，都应使用礼貌语，态度要真诚热情、不卑不亢，语言要规范、准确、得体。“您好”“请”“谢谢”“麻烦”“对不起”“再见”等礼貌用语要常挂嘴边。

在实习的日常工作中，相互见面，应礼貌地互道“您好”或“你好”，需要其他实习生或指导老师协助时，要用“请”“麻烦”“劳驾”；对同伴或指导老师提供的帮助和方便，要用“谢谢”“给您添麻烦了”；打扰或妨碍了他人时，要及时真诚地说声“对不起”“请原谅”“请多包涵”；接受吩咐时说“听明白了”“清楚了，请您放心”；有同行或领导来园参观时，要说“欢迎”；求教于指导老师或同伴要用“请问”等。

早上，负责值班的见、实习生要准时到园，在园门口接待小朋友与家长，见到小朋友和家长，要亲切问声“早上好”；下午，与家长和小朋友告别时要亲切地说“再见，请走好”或“明天见”。实习生要时刻注意自己的言谈，给小朋友树立一个学习的榜样。

（二）注意称谓

实习生要尽快记住园长、指导老师的姓名，在与幼儿园园长、指导老师第一次的见面会上，实习生就要用心记住园长、指导老师的姓名，见到园长或指导老师时，要以职务称呼幼儿园的领导和老师，要分别说“×园长好”“×老师好”，不能都说“老师好”；幼儿园的保育员或其他工作人员可以称呼为“阿姨”或“叔叔”；使用代称时，尽量使用“您”字，特别是对幼儿园的园长、年长的幼儿园老师和家长。不能给幼儿园园长、指导老师或工作人员起绰号，更不能随便称呼他们的外号。

实习生要在最短的时间内记住带班小朋友的姓名。对小朋友，可以称其为“×××小朋友，你好”，或“×××，你好”；对小朋友的称呼要近乎、热乎，尽可能用“我们……”，而少用“你们……”；小朋友的家长可以称呼为“×××小朋友的家长，您好”或“叔叔（阿姨），您好”。不能说有损小朋友形象的绰号或以外号称呼小朋友。

实习生之间要相互理解，以礼相待。实习生之间也要以“老师”相称，尤其是在小朋友面前，既可以给小朋友树立文明有礼的榜样，有利于培养小朋友的文明礼貌习惯，也有利于在小朋友中树立见、实习生的威信。

（三）注意小节

①称谓要注意场合，如在上课期间，实习生之间不能互叫绰号。

②不要在别人背后说三道四。

③不要言而无信或轻易许下诺言。

④不要讲粗话脏话。

⑤不要大声喧哗。

三、实习生交往礼仪须知

实习生要注意实习期间交往中的礼貌、礼节，以赢得人们的好感和支持，顺利地开展实习工作。

（一）与实习园园长的交往

主动礼貌地与园长打招呼。见到园长，实习生都应放下手中的活儿，双手自然下垂站好，面带微笑、礼貌地与园长打招呼“园长，您好”或点头致意。

虚心接受园长的指导，园长向实习生提出有关实习工作的意见或建议时，实习生要虚心接受，并在实习工作中有所体现。

尊重园长的工作，实习生要尽量少打扰园长的工作，没有得到园长的允许，实习生不能擅自进入园长的办公室，也不能私自使用幼儿园的物品。

在一般情况下，有什么问题直接向指导老师反映、请教，除非是非常要紧的事或是实习生本人的事要找园长，才可以去打扰园长。首先要提前与园长约定好时间，以免太突然而使园长措手不及或打乱园长的工作安排，在预约时间时，说话要婉转、自然、真诚，使用商量式的口吻。第二要选择好见面的时间。一般来说，周一和周五这两天幼儿园工作较繁忙，除非是有特别要紧的事，一般都避开这两天找园长。第三要按时赴约。约好时间后不能失约，要按时到达园长的办公室，不要迟到或早到。如果有特殊原因不能准时到达的，要及时向园长说明情况并表示歉意。第四要有礼貌地进入园长办公室。到达园长办公室门口，要稍稍整理一下自己的头发和服装，然后用手指关节轻轻敲两三下门，并礼貌地通报自己的姓名，得到允许后才能推门进入，入门后，不要马上找椅子坐下，应该在得到示意或允许后才在适当的位置坐下。第五要直入话题。在赴约前，要把事情考虑好，想说什么，怎么样说等。坐下后直奔主题，简明扼要地把事情说明，尽量少说或不说客套话。得到了答复后就应及时告辞，以免影响园长的工作。第六要礼貌地告辞。对园长的热情接待和帮助要表示感谢，离开时要轻轻把门带上。

（二）与实习园指导老师的交往

1. 勤谨谦恭，处理好与主班老师的关系

指导老师就是实习生的“师傅”，实习生不仅要服从本校的带队指导老师，帮助老师开展工作，更要尊重实习园的指导老师。在实习期间，实习园的指导老师与实习生接触最多，指导老师更是言传身教，手把手地向实习生传授有关幼儿教育教学的各种技能技巧。不要以貌取人或以年龄取人，无论指导教师的学历、相貌、年龄如何，都要以诚相见、以礼相待。不要在指导老师背后或在小朋友面前评论指导老师，以免损坏对方的形象。在实习期间受到表扬时，应感谢指导老师的辛勤指导。

实习生与主班老师的关系最基本的一点就是要做到勤谨谦恭。勤谨谦恭是作为学生应备的基本礼仪。同时，在实习中，实习生往往充满好奇和强烈的表现欲望，想要展示才能，得到认可。但无论怎样，都不要挑拨幼儿与主班老师的关系，更没有必要在幼儿和旁人面前显示自己的优越，指责主班老师的不是。急于表现不仅会严重影响实习班级原有的师生关系，产生不良后果，还会让实习学校的老师大为恼火，最终影响自己的实习效果。

2. 实习生要主动、虚心地向“师傅”学习。

在实习过程中，指导老师都会对实习的工作给实习生做详细的讲解与示范，实习生不仅要用心听讲、做好记录，还要用眼观察、用心体会、细细理解，学习他们丰富的教学经验和一丝不苟的敬业精神，学习他们的优点。不要自以为是、目中无人、我行我素或懒懒散散、马虎应付。不是实习工作范围内的事情，不要“多管闲事”，不要去打听对方的学历、家庭等。

3. 主动积极配合指导老师的工作。

在观摩听课期间，实习生要做好“二传手”，如帮指导老师制作上课用的教具，早餐时帮忙分派餐具或组织好小朋友等，同时，实习生自己要做好听课记录，有不明白的地方在课余时间要大胆向指导老师请教，不要不懂装懂。在请教指导老师时，要注意自己的说话方式、口吻和请教的时间与场所。学习上的交流与讨论是必要的，但也不能唯师是从，可以提出自己的见解，同样也要注意说话的口吻。多运用商量式的口吻，如“我觉得这个问题，这样处理，是不是会更好一些？”等。

在实习上课期间，实习生要提前写好教案和做好教具，准时送给指导老师审阅，并按照指导老师的意见进行修改，修改后再送给指导老师审阅，不要怕麻烦。在正式上课前，要进行试教，要邀请指导老师和同组的实习生一同听课，试教后要及时根据老师和同学的意见进行修改、熟悉。上完课，实习生要主动征求大家的意见，恳请大家给予指导，以不断地提高自己的水平。实习生要组织小朋友开展活动，一定要征求指导老师的意见和建议，并得到他们的同意才能开展。不可以私自组织小朋友活动。上完课，如果实习园老师需要教具，实习生应大方地把教具留给幼儿园。

（三）与实习生之间的交往

学会与人交往、与人合作是非常重要的。实习生要认识到实习是一次难得的学习机会。“有缘才能相遇。”所以实习生之间要相互帮助、相互关心、取长补短、共同进步，要以诚相待，要有宽容包涵之心，要有集体的观念，尤其是与其他实习学校的不熟悉的实习生，不能相互欺生，也不要互相唱对台戏或嘲笑同学；遇到问题时，大家要齐心协力、共同解决；要相互听课评课。在实习期间，不要只是和自己熟悉的同学在一起，而孤立其他实习成员。如果是住在幼儿园的宿舍，实习生要自觉地把宿舍卫生打扫干净，不要随便拿用别人的物品。

（四）与幼儿及幼儿家长的交往

首先是记住自己的身份。“教师无小节”，从进入实习园的第一天起，实习生就要像一名“教师”，注意自己的形象、言行、举止，要有老师的模样。在与幼儿交往的过程中，宜亦师亦友、宽严结合，对幼儿要真诚、耐心、细致、有爱心，一视同仁；使用儿童式的语言，亲切地与幼儿打招呼、交谈，不要板着脸孔；尊重幼儿的选择与意见，多称赞和表扬小朋友，对幼儿的“过错”，讲究教育的艺术，保护幼儿的好奇心和自信心。在生活中，要关心幼儿，以大哥哥、大姐姐的姿态呵护幼儿，适时提醒他们要注意的事项；照顾个别幼儿的特殊需要。在活动中，要和幼儿一起无拘无束地玩耍，引导教授他们相应的活动技能技巧及与人相处的方式方法。注意不要随意给幼儿起外号或叫他们的外号，不要厚此薄彼，不能大声斥责、体罚或冷落幼儿。

其次要尊重家长。实习生要热情有礼貌地与家长打招呼，虚心听取和接受家长的意见，如实、婉转地向家长反映幼儿在园的情况。当家长有情绪或意见时，实习生不要顶撞家长、与家长产生矛盾，或擅自做主处理问题，应该把问题交给指导老师或幼儿园领导去解决。

四、实习结束时的礼仪

提前告知园方实习工作结束的时间。当实习工作快要结束时，尤其是实习，实习生要提早两三天告诉实习园领导和指导老师离园的具体时间，让实习园做好各项工作的安排，使正常的教学活动情况不受影响，同时能安排好时间组织召开欢送会。

做好离园前的各项工作。在离开实习园前，实习生要清理好自己借用幼儿园或指导老师的有关资料或物品，并将相关费用结算清楚。把宿舍和办公室的卫生打扫干净，物品还原到原来的位置。完成实习的工作总结和有关的表格。

与指导老师告别。请指导老师写好实习工作的评定意见和成绩，虚心听取他们的意见或建议，感谢他们在实习期间的真诚帮助。如果条件允许，可以向指导老师赠送小小的纪念品，以表示感谢。

与幼儿告别。安慰幼儿的情绪，与他们一起合影留念，鼓励幼儿好好学习；可以让幼儿在留言本上留言、画画，实习生也可以制作一些小玩具等与幼儿交换礼物以作纪念。

参加欢送会。实习生可能会参加由指导老师组织的班级的欢送会，也可能参加有实习园的领导、全体指导老师参加的欢送会。无论哪一种情况，实习生都要对实习园提供的实习条件表示真挚的感谢。在欢送会上，除了简单总结见、实习的工作外，还可以即兴表演节目以活跃气氛，由实习生代表向实习园赠送小小的纪念品。

写信感谢。离园前，实习生最好能写一封言真意切的感谢信，在正式离园前一天，张贴在实习园的板报栏，再次对实习园的大力支持表示感谢。安静离园。实习生离园时，尽可能避开幼儿上课的时间，不要影响幼儿园正常的教学活动，以免对幼儿的情绪造成影响。实习结束后，实习生尽可能不要再与幼儿或家长保持联系。

学练结合

案例分析

1. 实习生王欣在园实习不久，就给小朋友们布置“我喜欢的实习老师”一类的说话训练，渴望得到小朋友们的肯定，想从中寻求精神上的安慰。结果使同组的实习生在学生心目中留下的印象相差很大，引出了一系列的问题。

请分析：小朋友们会给出什么样的回答？不同的回答会给实习带来什么麻烦？

2. 喜欢运动的春华在实习寝室里是有名的“臭脚王”，只要他在寝室拔出双脚，全寝同学便无法再待在寝室。开始室友们还当作一个笑柄觉得好玩，春华也并没有太多在意，久而久之大家再难忍受，贪玩的春华总没有时间及时洗涤衣服，经常运动回来后，满身臭汗，随手拿上别人的香皂和洗发水就冲进澡堂洗澡。换下的一大桶衣服和袜子，经常会堆积发臭，无衣服可换时，春华才会东家借洗衣粉、西家借刷子地去洗涤。在寝室熄灯后，也经常会看到春华赶洗衣服的情形。室友们多次劝说，春华也没有改进，于是大家对他厌烦和冷淡起来了。

请分析：大家对春华冷淡的原因是什么？

学习单元二　求职之礼

【知识学习】

求职礼仪是公共礼仪的一种，是求职者整体素质的一个重要表现。它是求职者在求职过程中与招聘单位接待者接触时应具有的礼貌行为和规范，主要是通过求职者的应聘材料、仪容仪表、言谈举止、应答与才艺表演等方面体现其内在的素质。作为一名幼师毕业生，除必要的专业素养外，掌握一些求职的礼仪惯例和技巧是非常必要的。

一、求职前的礼仪

（一）求职的心理准备

求职前的心理准备主要有以下几方面的内容：

1. 明确目标

一个人在求职前，首先应该弄清楚自己的事业究竟向哪个方面发展，自己的奋斗目标是什么。只有明确目标，人们才会激励自己努力奋斗，并积极创造条件去实现目标，避免随波逐流、浪费青春。历史上的很多失败者并不是因为他们没有足够的知识和才能，而是因为没有树立和取得最适合自己成长与发展的职业生涯目标和机会。因此，在求职前，首先要明确自己人生未来的奋斗目标，筹划好要走的第一步。

2. 正确评价自己

人贵有自知之明。这里的“自知”，不仅表现为知道自己的短处，也表现为了解自己的长处。不少大学毕业生都非常担心：只有一纸学历文凭而无工作经验会很难找到理想的工作。但其实只要你肯学肯做肯加班，就会受到用人单位的欢迎。此外，大学生最好通过为应届生而设的供需见面会之类的求职渠道求职。因为，此时大家的起跑线相同，条件相差无几，自然不用害怕自己的条件不如别人。

3. 克服恐惧心理

在面试前应该给自己积极的心理暗示，以克服恐惧心理，做好思想准备。人们往往非常在意自己的缺点，但在求职面试前只要你不随便否定自己，而是秉持每个人都有并且应该发现、发挥自己优势的信念，便能克服恐惧心理，取得求职面试的成功。

4. 充满自信

自信是求职面试前必备的心理素质，是面试成功的关键。任何公司或单位都不希望自己的职员因为畏首畏尾、过分谦卑而难当大任。

5. 凡事积极争取

不管遇到什么事情，去做不一定能够成功，但不做就一定不会成功。因此，凡事都要积极争取，就业机会也同样如此。

6. 勿轻易放弃专业

眼下就业市场的专业意识虽已被淡化，但专业仍是大学生的立足之本。从事本专业的工作，比改行应有更大的发展潜力。

7. 培养热忱

卡耐基的办公桌上挂了一块牌子，他家的镜子上也吊了同样的一块牌子，上面都写着：“你有信仰就年轻，疑惑就年老；有自信就年轻，畏惧就年老；有希望就年轻，绝望就年老；岁月使你皮肤起皱，但失去了热忱，就损伤了灵魂。”这是对热忱最好的赞词。一个对自己的工作有热忱的人，不论工作有多难、需要多少训练，都始终会用不急不躁的态度来对待它。只要抱着这种态度，任何人都会成功。热忱是成功和成就的源泉，培养并发挥自己的工作热忱，你一定会受到用人单位欢迎的。

8. 培养良好的竞争心态

每个人都有争强好胜之心，竞争能力是自身发展和社会发展的需要。竞争的目的是使人们在危机感中不断寻找拼搏前进的新制高点，让每个人的才能得到充分的发挥。但是，我们应该明白，竞争是众多的人在追求同一个目标，每次较量的结果是冠军只有一个。因此，我们要有一种良好的竞争心态，坚信只要目标合乎客观实际，再加上自己的顽强努力，每个人便都能成功。

（二）材料要准备充分

1. 毕业生就业推荐表

毕业生就业推荐表是学校为毕业生统一制作的、最具权威的求职面试的材料。推荐表的个人基本情况、学习情况的总结等部分内容是需要毕业生本人亲自填写的。这些内容的填写一定要书写工整。我国历来有“字如其人”的说法，一个人的字给对方的第一印象非常重要。书写工整不但利于面试负责人的阅读，还会给对方一种尊重自己的感受，在感情上拉近距离。有些毕业生对书写不注意，写字潦草，甚至错别字不断，这有违于礼仪、礼貌的本质，也反映出一个人对待工作、对待事物的态度，不利于毕业生的求职。

在填写学习情况的总结时，一定要简明扼要，突出自己的优势和专长、所具备的能力和能胜任的工作。在填写时要尽量避免涂改，保持推荐表的整洁。推荐表的所有内容填好，盖上学校的公章后，毕业生要多复印几份，在面试求职的过程中使用复印件，正件留待与用人单位正式签约时才使用。

2. 求职信

在学校组织的毕业生供需会上，直接使用毕业生就业推荐表去求职就可以了。但是许多时候，毕业生除参加供需会外，自己还会亲自到其他幼儿园或单位去求职面试。因此，除准备好毕业生就业推荐表外，还要精心准备求职信，同时要注意求职信的写作礼节。

求职信是你与用人单位的首次交往，其最终效果直接影响着你给对方的最初印象，所以更要遵循传统礼节。在通常情况下，求职信既要遵循一般信件的要求，又要突出求职的特色。具体来说，可以将其概括为以下几个方面：

（1）称呼要恰当礼貌

称呼恰当礼貌是指求职信的称呼要准确、礼貌。一般来说，求职信的收信人是所求职单位中有录用实权的人，如公司的总裁、总经理、人力资源部的负责人等。要特别留意有决策权人员的姓名和职务，确保书写准确，称呼恰当。求职信一般是在初次交往中使用，如果对用人单位有关人员的姓名不熟悉，在求职信件中可以直接称呼其职务或头衔，如“某某公司负责人”“某某公司经理”，或者采用泛称“尊敬的领导”或“尊敬的园长”等。求职信的目的在于求职，因而称呼要求严肃谨慎，不可过分亲近。称呼之前一般要加表达敬意的修饰语，如尊敬的、敬爱的、尊贵的，等等。

（2）问候要真诚自然

在书信中，无论是经常通信还是初次通信，开头都应有问候语，这是必不可少的礼仪。问候语可长可短，但即使短到“您好”两个字，也应体现出写信人的一片真诚，表达出对对方的一分敬意。另外，问候语要简捷、自然，不能过于冗长、烦琐。

（3）内容要准确清晰

正文，即写信人要说的事，是书信的主体，应从信笺的第二或第三行左空两格开始。正文内容主要是做自我介绍，说明自己的基本情况（兴趣、爱好、特长和优势）、学习情况（学习了哪些课程、所学专业的特点和适用的部门或岗位、获得的各类等级技能证书）、曾经获得的荣誉和奖励、求职的意向及应聘的理由。在书写正文的过程中，对对方单位的称呼要使用敬辞，如“贵园”“贵单位”等，虽然书信的内容不同，写法也各异，但都要做到准确清楚、结构明晰、文辞通畅、字迹工整。另外信件的语言还要谦恭有礼，即要根据收信人的特点及写信人与收信人的特定关系进行遣词造句，注意谦辞敬语的选择和语调的把握，等等。

（4）祝颂要热诚规范

正文后的祝颂语虽然只有短短的几个字，但对于表达写信人对收信人的祝愿与钦敬之情也有着不可忽视的礼仪作用。祝颂语有规范的格式要求：一般分两行书写，上一行左空两格，下一行顶格。祝颂语可以套用约定俗成的句式，如“此致、敬礼”“祝您身体健康”之类；也可另辟蹊径，即景生情，以便能更好地表达出对收信人的良好祝愿。如“祝贵公司事业发达，鹏程万里”“祝贵校兴旺发达”，等等。

（5）落款要礼貌完整

求职信最后的落款处要注明写信人的名字和写信日期，以体现完整性。为表示礼貌，在名字之前可以写“求职者”或“您未来的部下”等。

求职信写好后，就可以根据自己的就业需要有针对性地寄给用人单位。

最后，毕业生可以把求职信、毕业生就业推荐表、各种技能等级证书、荣誉证书、发表的论文等的复印件和优秀作品的照片等这些资料整理成一本有个人特色的求职材料。求职材料最好能附上美观大方的封面。在封面上写上学校名称、本人姓名、所学专业、学校地址、联系方式和联系电话、材料准备好后，可以用拉杆夹把求职材料夹好，同时要多准备几份。

3. 个人简历的写作技巧

个人简历是求职者自我描述的一幅“彩照”，也是求职者自我推销的名片。一份完美的个人简历，既是对个人学历、工作经历、特长、性格及其他有关情况简明扼要的书面介绍，也是打开面试大门的金钥匙。

个人简历的写作应当遵循整洁、简明、准确、诚信的原则。所谓整洁，是指简历的外观必须端正、清爽、醒目，让人一目了然。简明，就是内容要言简意赅，不能长篇大论，且内容要有针对性，写清楚与应聘职位有关的学历和工作经历。准确，就是语言规范贴切，术语得当合理。诚信，就是简历中的内容应当实事求是，不弄虚作假，也不夸大其词。

一份完整的个人简历，一般包括个人资料、求职目标、学习经历、工作经历、专长、技能证书等项目，但根据个人的实际情况可以有所增补或删减。

①个人资料：包括姓名、出生年月日、性别、籍贯、身高、体重、健康状况、婚姻状况、业余爱好、通信地址及联络方式等信息。

②求职意向：即求职者的愿望，要明确具体地写出想要申请的职位，也就是希望在求职单位扮演的角色和承担的责任。

③学习经历：应按学历由低到高的次序写清学习起止年限、学校、院系和专业。

④工作经历：包括工作的起止时间、工作单位名称和所担任的职务等。对于刚毕业的大学生来说，虽无工作经历，但可以写上自己在校期间担任过的职务或组织参与过的活动或实践经历。尽管这些活动或实践可能是短期的、不成熟的，但都可以不同程度地反映一个人的志趣、社交能力、组织能力、协调能力、领导能力和人格成熟度等个性特征，而这些正是用人单位考察的重点。所以，如果你具有与应聘岗位相关的经历，无论时间长短，都一定要写在简历上。

⑤专长：是指专业范围内最突出、最擅长的强项。它不仅指求职者所学的专业，还包括你在工作、生活及兴趣中发展而来的各种特长。那些与所应聘岗位相关的专长尤为重要。比如，应聘办公室秘书时若你具有较高外语、计算机、中文写作水平，那就肯定比没有此项专长的人多几分成功的把握。

⑥技能证书：包括外语水平能力以及中文表达和书写能力证书等，如全国外语或专业外语等级考试成绩及证书、发表的文章，等等。计算机能力是指计算机操作能力，如查找资料和编辑程序的水平。求职者可以在最后附上此类证书的复印件，以表明自己在简历中所列的

情况属实，真实可信。

拓展延伸

个人简历

<table>
<tr><td>姓名</td><td>××××</td><td>性别</td><td>女</td><td>民族</td><td>汉</td><td rowspan="5">照片</td></tr>
<tr><td>出生年月</td><td>2000. 3</td><td>政治面貌</td><td>团员</td><td>籍贯</td><td>辽宁沈阳</td></tr>
<tr><td>电子邮箱</td><td></td><td>手机号码</td><td></td><td>健康状况</td><td>良好</td></tr>
<tr><td>学历</td><td colspan="2">大学本科</td><td>学位</td><td colspan="2">教育学学士学位</td></tr>
<tr><td>专业</td><td colspan="2">学前教育</td><td>毕业学校</td><td colspan="2">××××××</td></tr>
<tr><td>求职意向</td><td colspan="6">专业相关的教师、保育员、育婴师等职业</td></tr>
<tr><td>学习经历</td><td colspan="6"></td></tr>
<tr><td>实践经历</td><td colspan="6"></td></tr>
<tr><td>技能证书</td><td colspan="6"></td></tr>
<tr><td>专长</td><td colspan="6"></td></tr>
</table>

4. 面试物品的准备

由于幼儿教师职业的特殊需要，幼儿园的负责人往往在面试时一般都会要求毕业生现场展示作品或才艺表演，因此，在面试前，结合自己的特长，精心准备好面试要用的物品，以备所需之用。

①表演类的物品：舞蹈鞋、舞蹈道具（如扇子、手绢等）、音乐伴奏带（如果是录音带，最好事先把带子倒好）、录音机、各种表演用的乐器。

②展示类的物品：美术作品（作品要大气，保持平整，不要折皱，更不能拿别人的作品“滥竽充数”）、发表或曾获奖的文章、教具、获奖证书的复印件等。

此外，还要准备好笔和纸张。

5. 模拟演练

事前的练习能帮助毕业生放松紧张的精神，并能发现问题，及时地进行修正。在正式面试前，毕业生要积极参加学校组织的模拟面试，对面试的各个环节进行熟悉，同时，虚心听取指导老师和同学的意见，不断地改进面试的技巧。此外，还可以几个同学为一个练习小组，大家相互演练，不断改进，积累经验，以提高面试的成绩。

二、面试中的礼仪

在求职的过程中，我们除了做好思想和相关的物品准备外，还要注意做好哪些细节呢？请看以下的事例，看能给你以什么样的启发或信息。

案例一：某家幼儿园根据收到的求职材料约见一位女同学作为预选对象。面试时，这位女同学凭着较好的教学基本功和技能技巧基本上符合幼儿园的要求。面试快结束时，这位女同学忽然感到喉咙痒痒的，随口就向地上吐出一口痰。就是因为这一口痰，她落选了。

案例二：一个幼师毕业生去应聘一家幼儿园的教师职位，长相、学历样样合格，偏偏面试时出了问题，原来这位女生那天去见幼儿园的园长时穿着一件比较暴露的吊带衫，光脚穿着凉鞋，脚趾上涂了很醒目的指甲油。园长一见，当面就谢绝了。

案例三：一名幼师男毕业生在应聘一家幼儿园时曾因留着长头发、站得歪歪斜斜而落聘，而后对自己进行了一番“包装”，现已被一家幼儿园聘用。

以上几则求职事例的成功与失败，给人以启迪：求职者除了注意外在的仪表与自我形象的设计外，还要重视个人内在的素质修养。参加面试，不管是学校组织的校园招聘会，还是自己本人亲自到用人单位，求职者最好能提前几分钟到达面试的地方。一方面显示自己珍惜今次面试的机会，另一方面可以趁这个时间稳定情绪，再次检查整理面试要用的资料，然后放松紧张的神经，从容不迫地步入面试场，力求给园长或面试单位留下良好的第一印象。

（一）仪容礼仪

此部分前面学习单元已有说明，这里就不重复介绍。

（二）言谈礼仪

案例：一位求职者到某幼儿园参加面试，园长和她没谈几句，对她说：“谢谢你到本园来！”就婉言谢绝了。这位小姑娘并没有放弃，像其他求职者一样一走了之，而是在临走前十分有礼貌地对园长说：“园长，很感谢您给了我这次面试的机会，可惜我自己的能力不够，达不到贵园的工作要求，占用了您宝贵的时间，很不好意思。您的忠告让我知道我还需要努力，谢谢您！”就这样婉转地结束了面试。事后园长觉得这位女生具有很大的可塑性，有培养发展的前途，于是就把她录为幼儿园的后备人员。

从以上案例中可以知道：学会说话也是成功的奠基石。在面试过程中，求职者注意言谈的方式与技巧，将有助于求职的成功，有时还会有额外的收获。

与面试负责人交谈时，要做到谈吐礼貌、语言优雅、语调柔和、语音清晰、语速适中。语言要准确表达、简单明了、言简意赅，不要含含糊糊，令人费解甚至误解。说话的语速不宜过快或过慢，声音不要过大或过小。坚持用“您好”开头，“请”字在中间，“谢谢”结尾。

学会倾听，是对言谈者的一种尊重，也是自身修养的一种表现，在与面试负责人交谈的过程中，求职者最好能集中精神，专心听对方说话，记住说话人的内容重点，保持微笑，自然流露出敬意，并用目光注视说话人。在倾听对方谈话时，要记住园长或面试负责人的姓名，身体微微倾向谈话人，表示对说话者的重视。注意做出适当的呼应，可以用“是的”“嗯”“好”等词表示自己正在认真倾听或用稍稍点头、会意的微笑等动作做出反应；尽量少用“啊”“噢”“哇”“嘛”等夸张性的语气词；不要轻易打断负责人的说话或乱插话，尽量做到“多听少说”，当然，该说的时候，还是要说清楚。

在与园长或面试负责人交谈的过程中，求职者还可以适当地配以手势、眼神和面部表情，以增强交谈的效果。

法国作家罗曼·罗兰曾说过：“面部表情是多少世纪培养成功的语言，是比嘴里讲得更复杂千万倍的语言。”因此，求职者要学会保持端庄中有微笑、严肃中有柔和的面部表情，不要嘻嘻哈哈或嬉皮笑脸，给人一种玩世不恭的感觉。

“眼睛是心灵的窗户”，在和对方目光接触的过程中，目光要轻柔、亲切、真诚。求职者要正视对方的眼睛和眉毛之间的三角区部位。如果不敢正视对方或含胸埋头，会被对方认为你害羞、害怕或对自己信心不足。同时，注意不要左顾右盼、东张西望，给人一种心不在焉、“身在曹营心在汉”的感觉。如果有多位面试负责人，目光先从左面的负责人开始，再到右面的负责人；然后再从右面到左面，与所有的面试负责人进行目光的交流。

（三）举止礼仪

面试时举止要端庄、稳健，自然大方有美感，不做作。站立时要直，端坐时要正，走路的姿势要端庄文雅，平时要按照前面单元学习的个人礼仪来多加练习，在面试这样的场合才能运用自如。

在与面试负责人的交往中，求职者胸挺背直，双目平视，能给人自信、乐观的感觉。因此，求职者在站立时，注意挺胸收腹，腰背挺直，双臂自然下垂，头平正，闭起嘴巴，双脚对齐，脚尖适度分开，眼睛正视前方，手自然下垂或叠放于小腹前。同时注意不要站得东倒西歪，两腿不要弯曲或叉开太大，不要弓着背或斜靠在同伴身上或其他物品上，手不要插入口袋或双臂抱在胸前或双手叉腰。尽量避免出现挠头发、摆弄衣角、咬手指甲等小动作。

在未得到面试负责人的允许前，求职者不要随便坐下，得到了允许后，应说声“谢谢”再坐下。入座时从椅子的左侧入座，起立时也从左侧离座。入座时动作要轻柔和缓；起立时动作要端庄稳重，入座和起立时注意不要弄出太大的声响，入座后不要随意摆动椅子。坐下时，不要一屁股坐满整个椅子；如果是穿着裙子，在入座时应用手把裙子稍稍拢一下，不要坐下后再站起来整理衣服。入座后注意保持良好的体态，上身要挺直，不要斜靠在椅背上，双臂自然弯曲放于膝前或椅子的扶手上，掌心向下，双膝自然并拢，脚尖要朝下，不要抖动腿脚或跷“二郎腿”。同时，注意双手不要放于臀下或不停地摆弄头发、手指、小饰物、手中物品等，或出现用手捂住嘴巴、掩嘴巴、摸下巴等小动作。

求职者坐下来与面试负责人交谈时，身子要适当地向前倾，以示自己正认真地倾听负责人的说话。

走路时，上身应保持挺直，目光平视，面带微笑，双手自然前后摆动，步幅均匀，步距适中，步态轻盈，脚步声轻而稳，抬头挺胸迈步向前。在行走的过程中，注意双臂不要过分摆动，脚步声不要太重，免得把地板踩得“咚咚”作响，也不要用拖拉的方式，即脚步蹭着地面的方式走路；眼睛不要东张西望或低着头心事重重的样子；手不要插在口袋里或倒背双手或双臂相抱。即使有紧急的事情，也不要在面试场内风风火火地快速行走，以免影响其他求职者。

在面试的过程中，如果不小心把有关的资料弄丢在地上时，不要弯腰、翘臀去拾，这是不雅观的姿势。应先走到要拾物品的旁边，再以正确的蹲姿把物品拿起。

（四）自我介绍礼仪

无论是在学校组织的毕业生供需见面会上，还是毕业生亲自到幼儿园去求职面试，成功出色的自我介绍有助于毕业生赢得用人单位的好感和信任，赢得了好感也就意味着成功求职的良好开端。

初次与陌生人，尤其是与关系到自己能否得到心仪工作的园长见面，紧张害怕的心情是难免的，要做到得体出色地介绍自己，更不是一件容易的事。灵活掌握自我介绍的一些礼仪礼节和技巧，将有助于我们顺利地打开求职的大门。

第一，在进行自我介绍时，求职者要面带笑容，态度自然、亲切、落落大方，礼貌地称呼对方（如“园长，您好”或“您好”），给园长一种亲善友好的感觉。作为一名幼儿教师，亲善友好的态度是受幼儿欢迎的。

第二，自我介绍时要抓住重点、力求简洁，要突出自己的知识和能力，如自己在校期间所学习的专业知识和掌握的某种技能技巧、自身的专长、具有幼儿园实习或社会实践的经验、爱好兴趣等，把自己的优势和闪光点重点介绍。避免平铺直叙，面面俱到而无法使自己在众多求职者中脱颖而出，从而错失良机。

第三，自我介绍的语言要清晰准确，最好使用标准的普通话，不要夹带方言、土语或俚语，不要使用口头禅。语气要充满自信，保持正常的语速。语速过快、过慢或语音含糊不清都是求职者紧张、缺乏自信的表现，同时也让园长无法听清或听明白求职者的表述。

第四，自我介绍要诚实、实事求是、恰如其分，要与求职材料的内容相一致，不要夸大其词。

求职者不管是以站着的姿态还是以坐着的姿态进行自我介绍，都要注意自己的仪态，站姿要端正、坐姿要稳重，尽量避免出现吐舌头、咬手指头、转笔杆等小动作。

一般地，求职者进入面试场，就应该面带微笑，来到自己想就职的单位，一见到园长或面试负责人，就应微笑着主动热情地打招呼：“园长，您好，我是××幼儿师范学校的应届毕业生，我的名字叫×××，是来参加贵园面试的，请多多指教。”说完后双手恭恭敬敬地递上自己的求职资料。这样，你的面试之旅就拉开了帷幕。

此外，还可具体参阅本书第六章日常交往礼仪中的介绍礼仪的内容。

（五）应答和询问礼仪

1. 应答礼仪

在面试中，园长会提出许多问题，通过观察求职者在回答问题的过程中的各种表现，从而考查求职者的综合素质和能力。

求职者要逐一回答园长的提问。无论是站着回答还是坐着回答，求职者都要注意保持优雅的姿势和亲切的笑容，回答的声音要响亮，尤其是在开放式的面试场所，要适当地提高音量，让园长能清晰地听到你的回答，同时，要集中注意力，目光注视园长，必要时要点头应和。在回答过程中，求职者不要左顾右盼、注意力分散，更不要出现用手捂嘴巴、吐舌头、打哈欠、抠鼻子、抖动双腿、看手表等不文雅的小动作，回答完后不妨说一声“回答完毕”或“请您多多指教”，以提醒园长自己已回答完了。在面试回答问题过程中，要注意以下几点：

第一，回答时，求职者要自信大方、沉着应对、不慌不忙、准确回答，问什么就答什么，不要答非所问、文不对题或问而不答、毫无反应，这是很失礼节的表现。在应答的过程中，难免会碰到一时答不出来的问题，求职者不要一言不发，可以用适当的话来缓冲一下：“这个问题我过去没怎样认真想过：但我认为……”然后迅速地在头脑中试归纳出几条主要的想法或先说说你所了解知道的内容，再承认自己有一部分内容还没有思考。只要求职者能从容地说出自己的想法，虽然回答不一定很完整，但不会影响整个面试的效果。

第二，态度要诚恳、实事求是地作答，“知之为知之，不知为不知”，不要不懂装懂、弄虚作假或随意答复、敷衍了事，要记住“你的态度决定你的命运”。

第三，口齿要伶俐、语言流利、突出重点、明了简要、条理清晰。由于面试的时间有限，在回答之前，应对自己要说的话稍加思考与整理，想好了的就先说，还没想好的就少说或干脆不说。回答时不要拖泥带水、拐弯抹角、喋喋不休，免得园长听得不耐烦。

第四，要有自己的见解，不要千篇一律、千人一面，避免乏味、枯燥。有个人特色的回答才能引起园长的注意。

第五，要谦虚，有错的地方要敢于承认，不要自吹自擂或过多地显示自我，更不能与园长发生争辩。一般情况下不要打断园长的问话或抢答，听不懂时可虚心地要求再重复一次，对重复的问题也要表现得有耐心。

素养提升

应答范例

问题一：可以说说你自己吗？

回答：我觉得自己是一个细心、热心、具有爱心的人，平时同学有什么事情要帮忙，我都会尽力帮忙。我自己的性格较急躁，老师布置的事情或作业会在短期内最快完成，不会拖拉到最后期限，对工作认真积极，遇到困难不会轻易放弃，回答完毕。

点评：回答这个问题，要求求职者能客观地评价自己是有一点困难的，但关键是要以诚恳的态度实事求是地、不卑不亢地回答，不要胡乱吹嘘或贬低自己，以谦虚的态度对待自己的缺点也可以成为优点。同时可借题发挥说说自己的工作态度和进取精神，园长在意的不一定是求职者的内容而是求职者的态度。

问题二：本园对幼儿老师的要求很高很严，工作非常辛苦，你能忍受吗？

回答：“严师出高徒”，有压力才会有动力。我认为自己的性格适合当幼儿园老师。因为自己富有爱心，做事认真、负责，而且能吃苦耐劳，回答完毕。

点评：爱心与责任心是从事幼儿园工作必备的“二心”，也是幼儿园工作与许多普通工作的不同之处。求职者能够抓住幼儿园工作的性质和特点来回答，表明自己的决心，自然会受到园长的喜爱。

问题三：如果小朋友在玩耍中不小心撞到了头，起了个包，你该怎样办？

回答：对不起，这个问题具体怎样处理，我暂时还没有好好思考过，也没有具体的经验，但我想我会马上把小朋友送到幼儿园的医务室，让医生来处理。在今后的工作中，我会虚心向幼儿园的医生和带班老师请教和学习相关的知识。请园长多多指教。

点评：“知之为知之，不知为不知”，不懂的问题可以委婉地说不知道。不耻下问是一种美德，园长是不会拒绝虚心好学的老师的。

像这类问题，答案没有正确与错误之分，求职者根据具体的情况加以回答即可，但是要注意回答的内容要与求职材料一致，不要有所不同，以免给园长留下不诚实的印象；不要谈及与面试无关的问题，也不要夸大其词或夸夸其谈。

2. 询问礼仪

为了及时了解有关的情况，求职者还要充分把握好询问的机会。

在一般情况下，求职者应尽量避免直接向园长提出“贵园的福利待遇好吗？一个月有多少钱收入？以后能否让我继续深造？”等问题。但是在面试快要结束时，园长通常会问，你还有什么问题吗？这不是客套话，求职者可以顺水推舟，借此机会巧妙婉转地向园长提出自己所关心的，或更具体更实质性的，但尚未了解清楚的问题，像薪酬、福利待遇等。

求职者询问时要落落大方，用期盼的目光平视园长，不要低头弯腰；询问的问题要具体、合适、得体，把你认为最重要的最有代表性的问题向园长提出，不要漫无边际或唐突莽撞；态度要诚恳，不要显示出满不在乎的表情；用词要准确，不要词不达意，或使用简称、方言、俚语与口头语，以免园长听不懂；语气要委婉，不要生硬冷淡；语速要适中，表达要流畅，不要因为觉得难为情就有意加快或放慢说话的速度，或者支支吾吾、说话含糊不清；声音要适度，不要过大或过小；时间要把握好，不要太长，显得喧宾夺主。

素养提升

询问范例

范例一：“我不想浪费您宝贵的时间，可是我想略微了解一下贵园的工作环境与今后的发展。”

范例二：“我愿意接受贵园的薪酬标准，但不知按规定这个岗位的薪酬标准是多少？”

范例三：“您能否具体地介绍一下这个职位的工作范畴和要求吗？”

范例四：“我还需要加强哪些方面的专业知识呢？”

（六）才艺展示的礼仪

多才多艺的毕业生是最受幼儿园园长欢迎的，求职者要精准备好要展示的才艺，做好展示前的各项准备工作，把握好充分表现自己的这个机会，力求在展示中把自己最精彩的一面表现出来，以求给园长留下深刻的印象。

求职者要做好展示前的准备工作。这些工作主要包括：一是要做好展示前的热身工作，如表演唱歌前要自己先练练声，以免嗓音干涩；表演跳舞前要做好压腿、弯腰等基本功，避免在表演中出现扭伤腰腿等现象。二是要穿好表演时所需的着装，如表演舞蹈时穿着的衣服、鞋子等。三是要准备好表演所需的各种物品，如伴奏带、录音机、乐器、剪刀、彩纸等。

才艺表演的项目和具体要求。求职者要展示的才艺主要有钢琴、唱歌、舞蹈、讲故事、器乐演奏、剪纸、美工等。无论是展示哪一种才艺，求职者在展示前都应用响亮、流利、标准的声音报出自己将要展示的才艺名称，如：“大家好，我将为大家展示的才艺是舞蹈，名字叫《×××》，请欣赏。”在展示中，求职者注意要保持优雅的姿势，落落大方、充满信心、大胆地表演，展示的动作要到位、娴熟，声音要合适，讲童话故事时最好能巧妙地模仿各种人物、动物的声音、体态和神态，展示美工作品等要双手拿着或捧着，态度要诚恳谦虚。万一在展示的过程中出现各种失误，如忘记了动作或故事情节，求职者不要慌张、保持镇定，接着往下坚持展示表演完毕，不要半途而废或愣着发呆。展示完后鞠躬表示感谢并说声“请多多指教”。

在整个才艺展示过程中，求职者要注意把握好时间，不要占用太多的时间；同时提醒自己注意保持适当的仪态，尽量不要出现害羞、吐舌头等小动作。一般来说，如果园长提出才艺展示的具体要求和先后次序，如要求求职者首先展示唱歌，然后再展示跳舞，那么求职者就要按照园长的要求进行展示；如果园长没有提出具体要求，求职者一定要先展示自己最拿手或准备最充分的才艺项目，力求留下良好的第一印象。

才艺展示时的注意事项。在进行舞蹈才艺表演时，求职者最好是把课堂上所学的内容与自己的体会相结合，在此基础上进行改进，使其含有经过自己精心组织设计的动作和内容，这样就能显出自己的与众不同，避免出现直接把课堂内容搬到面试场的现象，或同一毕业学校的求职者表演的舞蹈动作与内容都是一个模样的。在表演的过程中，出现突发情况，如伴奏带不响了，此时，求职者不要因而慌张失措而影响才艺的表演，甚至放弃表演，也不必对园长解释是什么原因。求职者的重要表现就是要继续表演才艺。其实这是在考验求职者灵活应变能力，也是求职者表现自己的良好契机。同样，在进行唱歌表演时，遇到这种情况求职者可以这样处理：在心里默默地或口头上或用手打拍子代替伴奏带把舞蹈或歌曲继续表演完成。

在进行钢琴才艺表演时，求职者要以正确的姿势坐在钢琴前，深呼吸以稳定情绪，理清头绪后果断地按下琴键，熟练地弹奏。弹奏儿歌的时候，即使是园长没有要求，求职者最好能以边弹边唱的形式进行。这样的话，要求弹钢琴的声音要轻些，唱歌的声音要大些，以突出唱歌的声音。注意不要习惯性地试琴，会给园长造成一种错觉：你对此曲子根本不熟练。有时，由于紧张等原因，在弹奏的过程中会弹错音或忘记音了，不要紧，保持微笑，继续往下弹奏，直到完成为止。

才艺展示结束后，求职者要把自己的物品收好、带好，不要遗忘在面试场。求职者最好能把现场清理干净后才离开，尤其是剪纸后产生的废纸；也不要马上就向园长询问展示的结果如何。园长提出意见，求职者要虚心接受。

三、面试后的礼仪

在整个面试过程中，求职者要善始善终，把握机会适时地提出告辞，做好面试后的致谢和再次面试的准备工作。

把握机会告辞。无论是参加学校组织的校园招聘会，还是求职者自己主动到幼儿园面试，抑或是用人单位约见求职者面试，求职者都要会察言观色和听弦外之音，把握好结束面试的时机，在适合的时间向园长提出告辞。

一般地，如果园长表现出心不在焉、心神不定的神态或不停地看表，不停地整理有关资料，或者这样对求职者说：“你的情况我们都很满意。但是还有几个求职者在等我们面试呢。”“感谢你对我们幼儿园的关心。一有消息，我们会马上通知你。”“我们还没有最后定下来。”

这些都是在暗示求职者：面试该结束了。作为求职者，应该把握好这个时机，主动有礼貌地提出告辞。告辞前把自己的资料收拾好，如果园长需要，把自己的求职材料留下一份。告辞时应自然、大方、面带真挚的笑容，以柔和的目光注视园长，不矫揉造作。

表示感谢。无论面试的结果如何，求职者在告辞时都应向园长表示衷心的感谢，“非常感谢您给了我这一次难得的学习和锻炼的机会，占用了您宝贵的工作时间，希望有机会能为贵园服务，向您请教”。说完后，微笑着站起来，伸出右手与园长握手告辞，再次谢谢园长，然后离开。如果是在室内面试的话，离开前记得要把门轻轻地带上，给园长留下一个良好的印象。

如果在面试现场当时没有机会对园长表示感谢，面试后的一两天内，求职者最好能给园长打电话、发短信或写信表示感谢。打感谢电话要选择好时间，尽量选择上班的时间，把电话打到园长的办公室，不要选择在园长休息或下班后的时间，也不要打园长的私人电话，如手机或家庭电话。电话要简短，把自己的名字、毕业学校及面试的时间等讲清楚，对园长表示感谢，打电话的时间不要过长。发短信时，用词要谦虚、真诚，内容包括自己的简单情况和感谢之意。把握好发短信的时间，不要影响园长的工作和休息，不要占用园长太多的时间，也不必要求园长回复。感谢信要清晰简洁，不要太长。在信中，先对园长表示感谢，再提到自己的姓名、简单情况及面试的时间，再次表示对该职位的兴趣和对幼儿园的信心、努力工作的决心等。注意不要出现错别字。

耐心等待。求职者不要面试刚结束就急不可待地向园长打听面试的结果。一般来说，面试结束后，幼儿园的有关领导需要进行讨论，最后才决定录用人选。如果幼儿园非常迫切需要老师，相信园长会主动与你联系或当场就能给你一个确切的答复。如果面试已过了一段较长时间或到了园长许诺的答复时间还没有结果时，求职者可以主动打电话、发短信或写信给园长，询问面试的结果。这时，同样也需要注意礼貌礼节。

再次面试。一次面试结束后，求职者没接到录用通知，面试的结果还是不得而知的，那么，求职者就不能放弃其他单位的面试机会。求职者要尽快调整好自己的心情，准备再投入下一次的面试。总结上一次面试的经验，找出不足的地方，并针对这些不足重新做准备，以争取最好的面试表现。

求职面试应避免的事项

“世上无难事，只怕有心人。”幼儿师范生在日常的学习、生活中，注意学习礼仪的知识，练习相关的礼节，不断提高自身的素质修养，相信在毕业求职的时候一定能找到满意的工作岗位。

拓展延伸

注意你的身体语言

面试时最重要的是自信。这种自信可以通过你的步态表现出来。自信的步态应该是：身体重心稍微前倾，挺胸收腹，上身保持正直，双手自然前后摆动，脚步要轻而稳，两眼平视前方；步伐要稳健，步履自然，有节奏感。需要注意的是，如果同行的有公司的职员或接待小姐，你不要走在他们前面，应该走在他们的斜后方一米左右。俗话说“此时无声胜有声”，在整个面试过程中都要用你无声的、职业化的举止向招聘者表明“我是最适合的人选”。

四、教师资格证面试礼仪

教师资格证面试是在笔试之后进行，笔试合格者才能进入面试。面试工作一般由人事部门、教育行政部门负责具体组织实施，纪检监察部门全程监督。考生一般需要提前 30 分钟到达指定地点报到，考试工作人员要核对考生身份证件和面试通知书等相关证件。之后，由工作人员组织面试考生采取抽签的方式决定面试顺序和考试内容（说课或试讲、幼儿教育专业技能测试、答辩、结构化面试），抽签顺序按笔试成绩从高分到低分进行。

考生需要严格按抽签顺序、规定时间进行准备和面试，面试顺序一经确定，不得更改。若不服从考评组安排，擅自离开面试考场者，视为自动放弃面试资格。

关于面试的仪容、仪表规范，前文已经介绍，这里不再重复，这里着重从面试的仪态、面试的语言方面介绍。

（一）面试的仪态规范

仪态，又称举止，指的是人们在日常生活中的活动、动作，以及身体各部分在其过程中所呈现的姿态，是指人的肢体所呈现的各种体态及其变动的行为动作和表情。日常生活中人们的站、坐、行（走）等姿态，一举手一投足，一颦一笑都称为举止。

1. 面试的敲门礼仪

敲门在生活中看起来是件小事，却往往能反映出一个人的修养乃至一个民族的文化传统。敲门实际上是考生面试的第一道题目。

进入他人的房间或者办公室都应该轻轻敲门，得到允许后方可进入，切不可贸然闯入。下面介绍面试考场敲门的礼仪。

敲门的指法：考生应用右手食指或者中指弯曲后敲门，不要用多个手指或者手背、手掌用力拍门。敲门的节奏：敲三下，相当于“有人吗”“我可以进来吗”的意思。咚咚咚之间的间隔应该在 0.3~0.5 秒，太快会让人感觉心烦，太慢会给人感觉散漫、不自信。敲两下，表示自己与对方比较熟悉，相当于说“你好”“我进来了”的意思。敲四下是很不礼貌的行为。

敲门的力度：力度大小应适中，要坚定并有一定力度。力度太大会让考官受到惊吓，给人以粗鲁没有教养的感觉；力度太小让人感觉你胆子太小，紧张过度。

敲门后的等待：敲门后要等待考官的应答，如果没有等到考官说“请进”的口令，考生应等待 3 秒钟再次敲门，声音适度提高一点。如果仍然没有听到考官应答，则可以在 3 秒钟后推门进入。

关门：无论考生进入考场之前门是开着还是关着的，考生都要关门，这体现考生的修养。关门时声音不能太大，要用手扶着门柄关门。关门要尽量避免整个背部正对考官。如果门是碰锁，最好先旋起锁舌，上门后，再放开，以减轻关门声对他人的干扰。然后，缓慢转身面对考官。

2. 面试的问候礼仪

考生进入考场后，见到考官要主动问好，以示礼貌和尊敬。一般的问候方式是行鞠躬礼并说“各位考官好，我是××号考生”。

鞠躬行礼规范如下：

①考生应立正站好，并拢双脚，保持身体端正。

②面向受礼者，距离为 3 步远。

③男士的双手自然下垂，贴放于身体两侧裤线处；女士的双手下垂搭放在腹前（右手搭在左手上）

④伸直腰，以腰部为轴，整个肩部向前倾15度以上（具体视行礼者对受礼者的尊敬程度而定），视线由对方脸上落至自己的眼前1.5米处或1米处。

⑤鞠躬后，弯腰速度适中，之后抬头直腰，目视考官，等待回应。

拓展延伸

站姿的禁忌

坐姿禁忌

3. 手势

讲课时，都需要配以适度的手势来强化讲课效果。手势要得体、自然、恰如其分，要随着相关内容进行。在教学中主要起到表示形象、传达感情两个方面的作用。

（1）手势大小适度

在社交场合，应注意手势的大小幅度。手势的上界一般不应超过对方的视线，下界不低于自己的胸部，左右摆的范围不要太大，应在自己胸前或右方进行。在试讲中，手势动作幅度不宜过大，次数不宜过多，不宜重复。

（2）自然亲切

在试讲时，多用柔和的曲线手势，少用生硬的直线手势。

（3）恰当适时

试讲应伴以恰当的、准确无误的手势，以加强表达效果，并激发学生的听课情绪。切忌不停地挥舞，含有不礼貌、教训人的意味。

（4）简洁准确

在试讲时，手势要适度舒展，既不要过分单调，也不要过分繁杂。一般来说，向上、向前、向内的手势表示失败、悲伤、惋惜等。手势应该正确地表示感情，不能词不达意，显得毫无修养。

（二）面试语言

语言是人类特有的用来表达思想、交流情感的工具，是一种特殊的社会现象。语言表达能力不只是教师面试的重要测评要素，也是考官全面了解考生能力和素质的主要途径。

1. 称呼的使用

（1）对考官的称呼

据心理学家研究，对别人怎样称呼十分重要，称呼恰当，能使对方产生相容心理，感情就较融洽；称呼不当，可能会招致对方的不满或反感。在面试中，进入考场后要向考官问好，一般就直接称呼“各位考官好”，或者用“各位考官大家好（上午好或下午好），我是××号考生”，离场时一般说“各位考官辛苦了”。

（2）对“自己”的称呼

心理学家告诉我们，多数人既有展示自我的欲望又有不愿意做别人观众的心态。当你痛快地使用“我”时，考官可能已经认为你是一个以自我为中心的人了。所以当你要表达你的观点时，可以把“我”改成“我们”把“我想”“我觉得”改成“我认为”“我建议”，会显得更为谦和。在某些情况下也可以把“我”字省略，在明确主体、承担责任的语义下又可以巧用“我”字。

2. 提问中的技巧

①在答辩环节，考官给出问题后，如果考生没听清楚问题，可以请求考官再重复一次问题。要求考官再次重复问题是考生的权利，读清问题是考官的义务，但考生也要礼貌地请求考官。比如说：“可否麻烦您再重复一遍刚才的问题？”在考官重复完毕后，考生要谢谢考官。

②当考官提问时，考生要注意倾听，正确理解考官的意思，抓住考官的提问要点，考官未说完绝不打断考官。如果考官对你的回答提出意见，要虚心倾听，真诚请教，尊重考官的意见。

在面试过程中，不仅要会说，还要会听。学会倾听，是对言谈者的一种尊重，也是自身修养的一种表现。在与面试负责人交谈的过程中，考生最好能集中精神，专心听对方说话，记住说话人的内容重点，保持微笑，自然流露出敬意，并用目光注视说话人，不要轻易打断对方的讲话或乱插话，尽量做到“多听少说”，当然，该说的时候，还是要说清楚。在与面试负责人交谈的过程中，面试者还可以适当地配以手势、眼神和面部表情，以增强交谈的效果。

③答题完毕后，考官一般会问：“考生是否需要补充？”这时，考生如果没有重大遗漏，一般回答“没有补充，谢谢考官”，不要在补充上“出卖”自己。当然，如果有关键点的遗漏，考生还是要进行必要的补充，以免导致大量失分。

3. 恰当的解释

解释是向有关方面或对象说明某事的含义、原因或理由等。一般来说，解释不是交际的初始行为，也不是某种反应行为，而是对对方反应所做出的反应。也就是说，解释是有前提的，解释往往是在对方产生疑惑、怀疑或不满甚至责怪之后进行的。在面试中，也就是与考官的交流，这一前提特征使解释必然要具有解答、澄清等多种功能。

（1）解释的针对性

正确理解考官的疑问，有针对性地对考官的问题进行有效的解释，切忌答非所问。必要的时候也可以适当使用间接解释，即以第三者的角度去解释，引用第三者的身份进行解释将会增强自己解释的客观性和说服力。

（2）解释的恰当性

面对考官的质疑，考生的解释用词要恰当。想要做到用词恰当，首先要做到的是态度端正。考生在做解释时，不能显得不耐烦或自傲。很多时候，考官并不是真的没听懂或没听清，考官要求考生解释某一问题，往往就是要看看考生会不会解释，考生也不能因为自己被误解或自己的回答被质疑而感到不自信，考生仍然要用富有情感的语言来解释和说明问题。

（3）解释的真实性和丰富性

解释时若真实情况难以直言，请考生不要寻找借口、强词夺理，更不能胡编乱造。考生应该实事求是，讲明客观原因，表明自己的态度，并做到有理有据，勇于承担责任，但也不要随意扩大责任，要就事论事，将责任严格限定在所解释的事情上。同时，用丰富的语言把自己的观点表达出来，包括使用丰富的词汇、多变的句式、和谐的节奏等。

4. 提升语言的逻辑性

逻辑性指结构严谨，层次分明，前提完备，概念确切，推理严密，分析透彻，判断准确。语言的逻辑性是信息有效传递的根本保证，这就要求考生在作答时语言要简洁、精练、流利、清晰。

在面试过程中，考生要根据考题内容需要，交错运用长短句，适当使用时间词或序数词。表达观点时，适当地使用时间词，比如首先、其次、再次、最后；序数词，比如第一、第二、第三；还有表示空间方位的词，可以增强语言的逻辑性，使表达内容更加清晰明确。在回答结束时，可以做一个小结，总结一下论述的观点。

5. 增强语言的说服力

考生在面试时，就是一个说服考官录取你的过程，同时也是让考官信服你的过程。在这个过程中，考生需要通过肢体语言、口语等各种方式向考官展示你的个人信息，

首先，考生要真正做到尊重考官。考官觉得你是尊重他的，才会愿意接受你的观点和看法。尊重考官要表现在实际行动中，比如与考官的眼神交流，不要打断考官的问话，记得随时和考官说“谢谢”等。

其次，在接受考官观点的基础上，委婉地提出自己的观点。不要固执己见，应该允许考官提出相反意见，并虚心倾听，真诚请教。

最后，逻辑性要贯穿表述过程，观点表达清晰，让考官正确理解你的思想，这是使语言具有说服力的根本保证。

6. 面试用语的禁忌

①语言重复啰唆，口头语较多。这不仅降低了语言的流畅性，也影响了语言的逻辑性，会令考官觉得厌烦。

②不要过度谦虚，也不要过于自信。过度谦虚的用语，比如“这是我粗浅的看法”，会把消极和否定的信息传递给考官。而过于自信，又会让考官觉得你过于以自我为中心。

③注意语言的真实性，切忌太假太空的话。

④保证语言的完整性，不要自己和自己抢话。一句话要说完整，从容地说出下一句话。如果说到一半就急忙说出了下一句，会使语言缺乏完整性。同时，会使自己显得很紧张，也会使作答时间显得不足。

⑤语言不可以过于极端。有些考生形成一种语言习惯，经常使用绝对肯定或不确定的词，比如，肯定、绝对、可能、大概等。这显得考生做事过于死板，缺少辩证思维。

⑥不要让你的小动作出卖了你。在你与考官交流的同时，身体语言同样向考官不断传递着你的信息。比如手的小动作，可能会让考官认为你非常紧张；抖动腿和身体，可能会让考官觉得你不是很稳重；回答时眼神没有正视考官，可能会让考官觉得你没有尊重他，如此等等。

学练结合

1. 案例：

某公司招聘销售人员，某高校毕业生沈红艳同学前往面试。只见她挽着同班同学李志强

的胳膊袅袅婷婷地步入应聘公司的面试地点。在即将轮到自己进去面试时，她又掏出化妆盒补了一下妆。进入面试所在的办公室后，主考官问她有什么特长，她说她在学校是公关部长，有能力举办各种文艺活动，说着便想将相关资料展示给主考官看，结果在包里翻了半天才找出来。主考官们面面相觑。

思考讨论：

(1) 请指出沈红艳同学的失礼之处。

(2) 请帮助沈红艳同学做好面试前的准备工作。

2. 案例：

今年即将毕业的大学生付明明经学校推荐，去参加一家保险公司的招聘。在最初的笔试中，付明明凭借自己扎实的基本功、丰富的专业知识，遥遥领先于其他竞争者。大家都以为这份工作非他莫属，结果却出人意料。原来，在面试的过程中，付明明表现得过于谦虚：当主考官问“你觉得你的英文水平怎么样”时，他回答“还行”；问“你能胜任这份工作吗”时，他回答“应该可以吧”。几个回合的问答，付明明都是如此的谦虚、谨慎，结果便失去了这次工作机会。

思考讨论：

(1) 你认为付明明犯了什么错误？

(2) 你认为付明明该如何恰当地回答面试官的问题？

学习单元三　师幼之礼

【知识学习】

幼儿教育是基础教育、启蒙教育，幼儿园是人生步入社会的第一站，也是一个人道德观念、行为习惯形成的关键时期。幼儿教师是对孩子一生成长产生巨大影响的关键人物，他们的言行举止、待人接物等都会对孩子起着潜移默化的作用。

幼儿教师的“第一印象”是教师在幼儿教育教学活动中首次留给幼儿的印象。在社会心理学中，第一印象是在总体印象形成上比后来获得信息影响更大的现象，称为首因效应，也叫最初效应。良好的第一印象不仅影响着幼儿教师威信的建立，还决定着幼儿教师和幼儿能否成功交往。怎么表现才能给幼儿留下良好而深刻的第一印象呢？

一、师幼交往之礼

(一) 关键的“第一印象”

1. 舒适、温馨的活动环境

幼儿教师力求给幼儿创造整洁、舒适、温馨的教育环境。幼儿喜欢色彩鲜艳、线条明快的图案。教师在幼儿入园前，将活动室按照材料、色彩及图案的选择和搭配布置好，让幼儿一进园，就喜欢上活动室，给幼儿在视觉上留下美好印象。幼儿教师还可以通过精心布置环境，让幼儿感觉到家庭的温馨，比如“娃娃家”里可以设置厨房、客厅、卧室、书房等。

2. 较强的亲和力

古人云：亲其师，则信其道。教师的亲和力，可以赢得学生的尊敬和信任，可以获得学生的宽容和理解。首先教师要对幼儿微笑，因为人类的笑脸散发着温暖、自信、幸福、宽容、慷慨、吉祥，等等。心理学家分析，当我们看到一张笑脸时，我们的大脑神经就受到指令，指挥面部肌肉展示微笑，因而，会以微笑来回馈对方。其次幼儿教师要以博爱的精神来对待每一个孩子，每个孩子都是父母的宝贝，对待他们要像对待自己的儿女一样，情系幼儿，像母亲一般热忱地爱每个孩子，给幼儿留下深刻的第一印象。

教师亲切、柔和的语言能让孩子感受到母爱的气息，产生亲切感。轻柔的话语、和蔼的笑容能平复幼儿的焦虑情绪，消除孩子的紧张感，让幼儿更快地接受老师，产生新的依恋，能让幼儿更快融入集体生活。教师要注意不断激发自己的亲和动机，努力提高自己的亲和力，使自己真正成为幼儿信赖、敬佩、爱戴的良师益友。

3. 注重仪容仪表

仪表即一个人的外表，包括仪容、表情、穿着等，是给他人外在的、感官上的第一印象。幼儿教师的仪表应该是举止端庄、态度诚恳、言谈文明、落落大方。幼儿教师应保持自然本色，不宜浓妆艳抹。如一位教师第一天去幼儿园上班，她为了给小朋友留下一个好的印象，特意精心打扮了一下，涂了绿色的眼影，抹了鲜红的口红。来到幼儿园小班，一个小朋友一见老师立马就哭了："妖怪，不要吃我。"这位教师的浓妆艳抹，非但没有给小朋友留下好的第一印象，反而让小朋友害怕。仪表高雅、不落俗套是一个人良好形象的重要组成部分。在与人会见的最初 30 秒内，我们就能建立关于对方的最初印象，其中 55%来自外貌（服装、妆容、发型），38%来自举止（礼仪、姿态、眼神、表情）。幼儿教师要做到穿着得体，不奇装异服；打扮适宜，不矫揉造作；外观整洁，不蓬头垢面；语言文雅，不粗野庸俗；行为端庄，不轻浮放纵；举止有风度，不徒有其表；表情丰富，不横眉冷对；教态自然，不故弄玄虚。一身整齐、合体、漂亮的服装，一种大方、美丽的发型，以及其他一些必要的修饰，不仅能使自己产生愉悦感，成为同事、幼儿的审美对象，同时还为美化校园、优化育人环境做了一份贡献。

（二）尊重幼儿，平等相待

新《幼儿园教育指导纲要》（以下简称《纲要》）指出：幼儿园教育应尊重幼儿的人格和权利，尊重幼儿身心发展的规律和学习特点，以游戏为基本活动，保教并重，关注个别差异，促进每个幼儿富有个性的发展。尊重是对幼儿的信任，是对幼儿的鼓励。尊重和平等地对待幼儿，是幼儿教师促进师幼关系发展的重要前提。

1. 尊重幼儿的人格

幼儿是一个独立的、发展的人，有着独立的人格。所谓人格是人作为权利、义务主体的资格。幼儿教师应尊重幼儿的人格和尊严，不能羞辱、体罚或变相体罚他们。尊重幼儿，就要努力做到不武断地批评或否定他们的想法和做法，不能讽刺和挖苦幼儿，而是要先了解幼儿的想法，再给予必要的指导和帮助；尊重幼儿，就要放下架子，蹲下身子，耐心倾听他们讲话，在言语行为上尊重他们的情绪情感；尊重幼儿，就要尊重他们的权利，包括话语权、被保护权、一定范围内过失不受责备权等；坚决杜绝精神上的虐待。有些幼儿园老师从表面看虽然没有直接体罚幼儿，但在言语上伤害幼儿，让他们在家长和同伴面前难堪，丧失做人的尊严。比如：当幼儿犯错误的时候，当着全体同伴的面，大声斥骂，甚至动手拍打，经常用冷淡、鄙视的表情看幼儿，等等。

2. 尊重幼儿的个性差异

《纲要》指出：幼儿园教育应“关注个别差异，促进每个幼儿富有个性地发展”“尊重幼儿在发展水平、能力、经验、学习方式等方面的个体差异，因人施教，努力使每一个幼儿都能获得满足和成功”“要为每一个儿童，包括有特殊需要的儿童提供积极的需要和帮助”。就像世界上没有完全相同的两片树叶一样，世界上同样没有完全相同的人。由于受遗传、环境、后天教育等因素的影响，幼儿在能力、经验、发展水平等方面存在个体差异。比如，性格上有的活泼开朗，有的内向文静，有的善于表达，有的沉默寡言……因此，幼儿教师要尊重孩子的个体差异，有目的、有计划地认识幼儿，进行全面系统的观察，在教育过程中做个有心人，设身处地为幼儿着想，帮助每一个幼儿健康成长。

3. 尊重幼儿的选择

先来看这样一个案例：活动时间，李老师问：“小朋友，你们想玩什么游戏啊？”有的说玩积木，有的说玩拼图，等等。东东兴奋地跳起来：“我要玩奥特曼，打怪兽！”李老师瞪着东东说：“就只知道玩打打杀杀的游戏。”并随手拿了本图书递给他：“拿着书，去好好看，比你玩那些游戏好多了。”东东失望地走到图书室，把书翻得很响，以示不满，却没有认真看书。

像这种情景，在幼儿园经常出现，教师表面上给予了幼儿自由，但实际上很多幼儿不得不遵循教师的意愿去干自己不愿意干的事。幼儿教师是幼儿的支持者、合作者和引导者，应该尊重幼儿，把自由和独立还给幼儿，让幼儿自主选择和自由探索。尊重幼儿的选择，用赞许的目光和热情的话语鼓励他们，如“这样行吗？”“你喜欢吗？”“我相信你！”“去试试吧！”增强幼儿的自信心，促进幼儿在活动中发展，在发展中提高，在提高中成长。

（三）以身示范，培养礼仪

苏联教育家马卡连柯曾对老师说：“不要以为只有你们在同儿童谈话、教训他、命令他时才是教育，他们生活的每时每刻，甚至连你们不在场的时候，也是在教育儿童。”教师不仅是知识的传授者，而且是学生的模范。教育学生不能只依靠灌输、说教，还应当靠教师身教，潜移默化。传播文明、塑造人格，是教师的神圣职责。幼儿时期的思维具有直觉行动性和具体形象性，模仿性和可塑性很强，是培养良好道德品质的关键时期。幼儿教师应该言传身教、为人师表，培养幼儿良好的道德素养，加强幼儿文明礼仪的教育培养。

1. 多种途径教育幼儿知礼仪

当今很多幼儿都以自我为中心，不懂得尊重长辈，缺乏良好的行为习惯。很多时候，由于幼儿的年龄和知识经验欠缺，他们根本不知道什么是对的，什么是错的。所以，幼儿教师首先应通过多种途径让幼儿知道什么是礼仪，教师可以讲礼仪故事，比如《孔融让梨》《李小多分果果》《玩具大家玩》等，收集“宝宝学礼仪”的儿歌，通过活动让幼儿判断好坏、是非、美丑等道德行为规则，不断提高道德礼仪认知水平。幼儿教师也可以把礼仪内容细化到各个环节中，比如，入园时老师带领幼儿主动与同伴问好、和家长说再见、饭前主动洗手，等等，让幼儿知道生活中要注意的各种礼仪。

2. 树立榜样教幼儿学礼仪

俗话说："言传不如身教。"这说明榜样对幼儿有着潜移默化的作用。幼儿教师是幼儿的主要教育者和交往者，幼儿善于模仿，愿意接受好的影响，常常模仿他们心目中有威信的人的一言一行，所以，幼儿教师是学生最喜欢模仿的人。幼儿教师的日常行为、言行举止和价值选择，无时无刻都对幼儿的发展产生潜移默化的影响。

幼儿教师的榜样应该是具体的、生动的、崇高的。有人说，教师的形象好比一面镜子，能折射给学生许多闪光的东西。有这样一个案例：一次体育活动上，大班的一位小朋友不小心把裤子扯破了，其他的同伴都嘲笑他："这么大了，还穿开裆裤，真不害臊！"老师却说："没关系，这是不小心弄破的，我们不要嘲笑他。"在老师的感染下，小朋友们都改变了态度，纷纷安慰他。在日常生活中，幼儿教师要善于抓住一切有利时机，为幼儿做好行为示范。例如，在课堂上不随便喊同事的名字，遇到同事和小朋友、家长要礼貌问好等。同样，幼儿教师的一些不良习惯也会影响到孩子，比如，幼儿会模仿老师讽刺犯错误的同伴，幼儿会模仿老师跷二郎腿……一个教师应该时刻注意自己的言行举止，加强"身教"意识，不以自己的言行败坏自己的形象。这样，教师的"榜样"就可以在幼儿心目中得到认同和树立，并使他们如痴如醉地效仿、学习，最终达到示范、教育的目的。

3. 以身作则教幼儿讲礼仪

孔子云："其身正，不令而行；其身不正，虽令不从。"这说明身教重于言传。幼儿教师在礼仪方面应该做到以身作则，言行一致，表里如一。作为幼儿教师，要求幼儿做到的，自己必须首先做到；要求幼儿不做的，自己必须坚决不做。不能当语言的巨人、行动的矮子，一边要求幼儿诚实守信，一边自己又不兑守承诺。例如，老师带领幼儿布置室内环境时，看到孩子们很积极，老师高兴地说："下一节我们搞评小红花活动，看哪些小朋友最能干！"可是，老师只是一时高兴说说而已，下一节课却在室外组织起了游戏活动。这使很多孩子认为老师在"骗人"。老师的行为是无意的，但的确又是在"骗人"，这不能不影响到孩子。在日常生活中，有的教师要求幼儿要遵守很多规则，但自却带头违反。例如，午饭期间，老师对小朋友们说，吃饭的时候不能讲小话，可自己却和几个同事聚在一起，边吃饭边讲话。这时，有小朋友开始讲话了，老师生气地说："刚才老师才强调，吃饭的时候不能讲话，你们怎么不听话呢？"小朋友立马安静下来，老师说完，又和同事开始聊天了。幼儿教师应该处处以身作则，不管在生活中，还是学习中，教会幼儿讲礼仪。

（四）师幼互动，和谐交谈

师幼互动是指教师与幼儿基于生活活动、游戏活动、教学活动中的活动内容、操作材料、人际交往而引起的认知、情感以及行为上的相互作用。《纲要》指出："关注幼儿在活动中的表现与反应，敏感地观察他们的需要，及时以适当的方式应答，形成合作探究式的师幼互动。"如何建构积极、有效的师幼互动是幼儿教师当前的重要任务。

1. 创设宽松、愉快的环境，营造良好的互动氛围

在为幼儿创设愉快、宽松的整体氛围基础上，和幼儿共同创设一个丰富、能动的物质环境，并引导、鼓励他们与环境互动，促使他们在与环境的相互作用中不断发展。《纲要》指

出："创造一个自由、宽松的语言交往环境，支持、鼓励、吸引幼儿与教师、同伴或其他人交谈……""建立良好的师生、同伴关系，让幼儿在集体生活中感到温暖，心情愉快，形成安全感、信赖感"。这说明形成安全、愉快、宽松的外部氛围是很重要的，这也是建构积极、有效的师幼互动所必需的基本前提。

2. 树立科学的儿童观，建立平等和谐的师幼互动

摆正教育工作的态度，有利于教师认识和树立科学的儿童观，把建立平等、和谐的师幼关系作为开展工作的基点，更有效地启动师幼互动行为。幼儿是学习的主体，幼儿的能动的主体作用是教育取得成功的决定性因素，因此，要让孩子从心里喜欢教师，愿意同教师说心里话。在活动过程中，教师要不断地观察自己的行为与幼儿的反应之间的动态关系，借助于幼儿的表现不断地调整自己的行为，并通过幼儿的反应进一步验证自己的行为，构建教师与孩子之间信任、互动的关系。教师应把幼儿当作具有独立人格的人，爱护他们的自尊心，尊重他们的人格，这样才能建立和谐、平等、相互信赖的师幼关系，进而帮助幼儿建立安全感、归属感，促进他们与教师和同伴正常交往，从而启动更多更有效和谐的师幼互动，更有效地实现保教目标。

3. 注重与幼儿情感交流，建构积极有效的师幼互动

越来越多的研究表明，师生间的情感交流以及由此产生的心理氛围是促进师生积极互动的必要条件。现实中，师幼互动中消极情感交流占很大的比例，幼儿阶段，他们行为的自制力较差，容易受到情绪情感的影响，幼儿教师应该重视与幼儿之间积极、充分的情感交流。首先，幼儿教师要理解和尊重幼儿。例如，在生活中，经常会听到幼儿告状，"老师，××打人了。""老师，××没有洗手。"这些在成人眼里看起来有点令人烦躁的告状，事实上是幼儿在找机会和老师接触。在师幼互动中，教师应该站在幼儿的角度，充分理解幼儿，劝导幼儿。其次，幼儿教师要鼓励和帮助幼儿，鼓励的内容极为广泛，对幼儿行为的肯定与赞赏就是鼓励。同时，要对幼儿在活动中遇到的挫折或造成的过失能够表示理解、支持和帮助。例如，对幼儿的每一次微小的进步，老师应对幼儿说："你真棒！""真是个乖孩子！"，等等。当幼儿遇到挫折时，老师要对幼儿说："相信自己！""加油哦！"，等等。

二、幼儿教师保育礼仪

《幼儿园工作规程》指出："幼儿园是对三周岁以上学龄前幼儿实施保育和教育的机构。""幼儿园的任务是实行保育与教育相结合的原则，对幼儿实施体、智、德、美诸方面全面发展的教育，促进其身心和谐发展。"幼儿园工作在实施教育的同时既要保证幼儿的身体健康，又要保证其心理健康，将保健和教育真正有机结合起来，充分发挥两者合二为一的作用。

（一）勤观察，做好幼儿身心保健

当今时代是一个催人奋进的时代，希望、困惑、挑战，随时随地都可能出现在每一个社会成员的面前。因此在关注幼儿智力发展的同时，对幼儿的身心健康也应引起极大的重视，幼儿教师必须把幼儿的身心健康放到首要位置。

1. 转变观念，树立科学的保育观

长期以来，人们总是以一种固有的眼光去看待幼儿园教师的工作，认为幼儿园教师的工作就是管孩子的吃喝拉撒睡，其他工作都具有附带的性质。但随着社会的发展，保育的观念都开始发生变化，从传统的“保护身体发育”扩展到“促进幼儿个性发展和社会适应能力的提高”，从“安全保护与卫生”延伸到“实施教育过程中生理、心理和社会保健”。因此，幼儿教师也要彻底改变传统的固有观念，与时俱进，不断提高自身的素质，做到保教并重，不仅为幼儿提供安全、健康、舒适的生活环境，更要帮助幼儿形成健康的生活习惯，养成积极的生活态度和生活方式，促进幼儿身心的和谐发展。

2. 创造良好的心理环境

幼儿教师要发挥其在幼儿心理健康教育中的作用，必须为幼儿创设一个良好的心理环境。因此，幼儿教师在保育过程中要重视物质环境的美观、大方、卫生和安全。如幼儿园的园舍建设应有足够的空间，满足幼儿正常的活动及起居的需要；应尽量保证幼儿园内及周围的空气清新，光线充足，无噪声污染；园内应有足够的绿化面积，以种植花草为主，乔灌木为辅，还可结合科学常识，种植一些常见的树木和蔬菜；室内外花草树木的栽种，盆景、雕塑和画像的配置应安全合理。此外，更要加强心理环境的建设。无论是幼儿园生活环境设施的布置还是保育行为的操作都要照顾幼儿的身心特点，为幼儿创设一个轻松、和谐、平等的心理环境。幼儿教师应时刻意识到自身角色的特殊性，要不断改进自己的个性品质，以身作则，时刻以积极乐观的态度去关心幼儿，创设和谐的心理环境氛围。

3. 开展身心健康的教育活动

幼儿期是幼儿身体发展的关键时期，其身体各部位都是在此阶段得到快速发展和不断完善的。幼儿教师可以通过多种多样的健康活动促进幼儿身心健康发展，如体育游戏“小青蛙捉害虫”可使幼儿学会简单的跳跃技能，增强其腿部肌肉的力量及动作的协调性。体育活动会对幼儿身体健康发展带来非常积极的影响，同时它对幼儿的心理健康发展也具有很大作用。在幼儿日常生活中，要指导幼儿正确洗手、穿衣等；督促幼儿保持环境的卫生整洁，培养幼儿良好的生活习惯和卫生习惯；与家长紧密联系，让家长参与到健康教育活动中来，通过家园共育，促进幼儿的身心健康发展。

（二）勤动手，做好幼儿安全教育

《幼儿园教育纲要（试行）》指出：“幼儿园必须把保护幼儿的生命和促进幼儿的健康放在工作的首位。”“密切结合幼儿的生活进行安全、营养和保健教育，提高幼儿的自我保护意识和能力。”

1. 培养幼儿安全意识

幼儿园生活的环境虽然不能说非常复杂，但意外事故的发生却不可避免。幼儿的生活经验和社会阅历比较欠缺，但好奇心和模仿力又非常强，致使危险也常常相伴。因此，幼儿教师有必要教给幼儿一些必要的安全防范知识，培养他们的安全意识，变消极躲避为积极预防，将各种隐患发生的可能性降到最低程度。如在教育教学活动中把安全教育当作常规来抓，随时随地抓住各种机会进行教育，使幼儿具有安全第一的意识。

2. 培养幼儿自我保护的方法

授之以鱼不如授之以渔。对幼儿进行一些空洞说教产生的效果微乎其微，只有当这种意识内化为一种习惯时才能真正地影响他们的行为。因此，在平常的生活中，幼儿教师就要教育幼儿养成良好的生活习惯和行为习惯，不断学习和巩固自我保护的技能，在实践中强化安全意识和行为。如晨检时检查幼儿所带物品的安全性，发现危险物品要及时进行教育并没收；户外活动时要排除一切安全隐患，观察幼儿的一言一行，教给幼儿玩游戏的正确方法；如厕时监督幼儿按顺序排便、洗手，确保幼儿的安全等。

3. 进行相关的安全教育

①上街安全教育。教育幼儿遵守交通规则，不在马路上停留和玩耍，要在便道上走，过马路要走人行横道。和大人一起上街父母要带好孩子，指点孩子什么是安全地方，什么是不安全地方。要让孩子记住自己的姓名、家庭住址。

②防止异物入体。教育孩子不随便把东西如小石头、花生粒、瓜子、小纸团等放入口腔、鼻、耳，以免发生意外。

③教育大一点的孩子，使他们懂得登高的危险。教育孩子不可从高处随便跳下。教育孩子不拿力所不及的东西。

④要告诫孩子，不要把铅笔、筷子、冰棍、玻璃瓶或尖锐的东西拿在手里或含在嘴里到处跑，因为这样容易扎伤自己。

⑤教育孩子不要把塑料袋当作面具往头上套，以免引起窒息而死亡。教师也尽量避免将塑料袋乱放。

⑥在野外旅行散步时，教育孩子不得随便采摘花果、抓捕昆虫，更不应放入口内，预防中毒等意外事故发生。

⑦教育孩子单独在家时，听到敲门声不要开门，可说：“我父母不在家，请你以后再来。”以防窃贼趁大人不在时闯入盗窃。

三、幼儿教师教育教学礼仪

教学是一门艺术，交往也是一门艺术，一位优秀的幼儿教师必然要娴熟地掌握这两门艺术。提高自身素质，培养良好修养，具备文明礼仪，是新时代赋予幼儿教师的任务。

（一）良好的心理素质

幼儿教育是基础教育的第一阶段，幼儿教师是幼儿身心发展中的“重要人物”，是幼儿情感发展和心理健康的重要促进者，幼儿教师的心理健康水平直接或间接地影响幼儿的心理发展和行为。随着改革开放的进一步推进，社会竞争不断加剧，生活节奏越来越快，人际关系也更为复杂。幼儿教师在多种挑战中的心理压力不断增大，心理问题日渐增多。一些研究发现教师的主要心理问题是强迫症，存在人际关系敏感、抑郁、焦虑、恐怖等精神障碍。幼儿教师必须不断提高自身的心理素质，才能适应教育发展的需要。

1. 健全的人格

乌申斯基说过：“在教育工作中，一切都应以教师的人格为依据，因为，教育力量只能从人格的活的源泉中产生出来。任何规章制度，任何人为的机关，无论设想得如何巧妙，都不能代替教育事业中教师人格的作用。”在幼儿教育过程中，教师的人格以其真实内在的自我品质和精神面貌呈现在幼儿面前，始终潜移默化地影响、吸引和塑造着幼儿，发挥着至关重要的教育影响力。幼儿教师的人格将影响幼儿的心理发展，在幼儿人格萌芽、形成和逐步发展的整个过程中，教师人格始终是一种“无言之教”。幼儿教师要始终做到以德为本，注重个人修养，做到遵守时间，信守诺言，不迟到、不早退，准时组织活动，不随便找借口毁约、违约；尊重为先，交往有度，善于合作，彼此双赢；多体谅他人、容忍他人、理解他人，学会为他人着想、善解人意，择善而从，多赞美、少嫉妒，注重沟通交流，不随便产生误会。

2. 具有事业心和爱心

夸美纽斯说：“教师是太阳底下最光荣的职业。”首先，幼儿教师要有高度的事业心，无论工作顺利或挫折，都能矢志不渝地坚守岗位，站在非功利的角度，以对教育事业和学生的热爱来对待自己的职业，献身于幼教事业。其次，幼儿教师要有爱心。江苏徐州天马幼儿园发生的虐童事件引人深思：两岁半的女孩小莹（化名）和同班小朋友小梦（化名）因为抢板凳发生争执，两个小朋友互相抓了对方一下，小梦胳膊上留下一道伤痕。之后，小梦的妈妈——幼儿园大班的陈老师当着全班小朋友的面，打了小莹。当时在场的另外一位老师也一起参与了打人事件。幼儿年龄小，他们有特定年龄阶段的生理和心理特点，犯点小错在所难免。作为老师本应该亲近他们、爱护他们、引导他们、耐心培养他们的行为习惯，而不应该态度粗暴、生硬。以平常心、宽容心对待幼儿，不能给幼儿身心发展造成伤害。幼儿教师要爱幼儿，因为爱是一切善良、崇高、力量、温暖、快乐的创造者。教师的爱心，对幼儿良好个性的形成，体、智、德、美各方面的发展都起着重要的作用。

3. 适当调节压力矛盾

幼儿教师面临很多方面的压力，上级部门的检查、同行之间的竞争，幼儿保教新课题挑战、家长的抱怨、幼儿的安全问题，还有教师自身以及家庭问题的困扰……面对诸多压力，幼儿教师要适当调节压力矛盾，通过一系列方法来排解压力。常言道：“怒伤肝。”愤怒的情绪需要适当宣泄。幼儿教师适当宣泄愤怒情绪的途径与方式有很多，比如转移、升华、舞蹈健身、歌咏竞赛、休闲郊游，也可以和孩子们一起快乐游戏等。只要愤怒的情绪宣泄出去，人的理智就会重新“回家”。当然，将愤怒的情绪迁移到孩子或家人，或是转化成躯体症状，“破罐子破摔”，伤人毁物，就不可取。仅仅宣泄压力是不够的，还要成功地应对压力。应对压力的才能不是一蹴而就的，需要反复训练与实践。幼儿教师应当把寻求成功感作为应对压力的关键点来实践，要培养自己对幼教工作的兴趣与热爱，通过学习，系统掌握幼教技能与技巧，要树立成功的“必胜”心态，而不是“避败”心态。一个现代的幼儿教师，应善于把握他人和自己，富有同情心，具备温暖、尊重他人的优秀品格，面对压力与挫折，适时调整自己。

4. 保持乐观的心态

美国著名学者拿破仑·希尔在《成功学》一书中讲了这样一个故事：两个欧洲商人到

非洲去推销皮鞋，甲商人到非洲后，看到由于天气炎热，非洲人都习惯打赤脚，非常失望，长叹一声："非洲人都打赤脚，怎么会买皮鞋穿呢？"于是，放弃了推销计划，沮丧而归。乙商人到非洲后，看到非洲人都打着赤脚，高兴万分，惊呼："非洲人都没有穿鞋，这市场好大啊！"于是，乙商人在非洲安营扎寨，大做皮鞋广告宣传，引导非洲人买皮鞋，穿皮鞋，最后发大财而归。同样是非洲市场，同样面对习惯于打赤脚的非洲人，为什么甲商人失败，乙商人成功呢？从表面上看，他们只是一念之差，但实质上，是这两个商人有着消极心态和积极心态的本质差别，从而导致经商的成败。有人说，成功始于意念，心态决定命运。保持乐观、积极的心态，做事就会信心百倍、乐在其中，即使失败也会笑对人生。反之，带着消极悲观的情绪做事，时时处处都会感觉不顺心，即使没被困难击垮，自己也早已把自己给击垮了。作为幼儿教师要保持积极乐观的心态，才有可能在生活与工作中笑口常开，在实践礼仪时给他人带来发自内心的愉悦，在相互交往中感受生命的价值。

（二）教师的语言

语言是教师传道、授业、解惑以及与学生交流、联络感情的重要工具。幼儿教师的语言魅力就在于，它是与幼儿相互沟通的桥梁，也是幼儿进入知识海洋的一把钥匙。教师无论是在教育教学活动中，还是社交场合，均须讲究礼仪，做文明交往的使者，要时时刻刻注意表达语言时的礼仪规范。

1. 幼儿教师语言应规范，发音纯正、语句清晰

《中华人民共和国宪法》规定，国家推广普通话。不仅汉字、民族语言文字的书写要标准、规范，同时，口头语言也要规范，发音要标准，要让别人听得懂。幼儿模仿能力强，在幼儿园，教师是幼儿的主要模仿对象，教师语气、语调都是传递信息的有效手段，因此，幼儿教师要使用普通话，做到发音清楚、吐字准确，语言要清晰有力，发音纯正饱满语调婉转、平稳，抑扬顿挫，语速适中。

2. 幼儿教师的语言应形象、生动、活泼

古人云："感人心者，莫先乎情，莫始乎言。"就是说要避免空洞无物、枯燥无味、呆板无力的语言。幼儿的年龄特点决定了他们喜欢生动的、有趣的、形象的、活泼的语言，特别是加上幼儿教师丰富的表情和适当的动作，更容易为幼儿所接受和模仿。教师要抓住幼儿的特点，使用生动、形象、富有感情、具有感染力、贴近幼儿生活的语言，有效地激发幼儿活动的兴趣。上课时语言应生动活泼，情意一致，精神饱满，目光明亮，说话时不可过分夸张，不做作，不喜形于色，也不怒形于色。

3. 幼儿教师语言应用词准确，力求纯洁简明

幼儿教师的语言不能单纯追求词汇丰富，要避免以词害意。教师的语言，关键不在多而在于精，应当练就一种言简意赅的本领。口若悬河和侃侃而谈都不应是幼儿教师所追求的。日常与幼儿交谈，一忌简单粗暴，二忌截住话头，三忌强制命令，要尽量使用醇美的语言去触动幼儿，使其形成纯洁、文明、健康的心灵世界。幼儿教师不讲粗话，脏话；忌训斥幼儿；忌大呼小叫，不要离听者太近；应时刻面带微笑，保持和蔼可亲的目光。

素养提升

教师的语言文明

（1）教师对幼儿

培养自信：你回答得真好！

培养自信：你爱动脑筋，老师真为你高兴！

培养自主：请你来回答这个问题，请坐下。

培养自信：没关系，再仔细想想。

沟通交流：愿意和老师交朋友吗？

培养自信：老师相信你一定行！

沟通交流：我来帮你，好吗？

培养自信：不着急，咱们一起试试！

培养自律：你想一想，这样做对不对？

培养自理：自己试着做一做。

（2）教师对家长

支持帮助：您好，有什么需要帮忙的吗？

沟通交流：请您放心，我们会照顾好您的孩子。

感谢支持：谢谢您对我们工作的支持。

沟通交流：您看，我们这样做好吗？

沟通交流：耽误您一点时间，我想和您交流一下孩子的情况。

沟通交流：对不起，让您久等了。

支持帮助：您有什么困难，我可以帮助您吗？

沟通交流：您的孩子一直有进步，只是……还需要继续努力。

（3）教师对同事

协商解决：对不起，我认为，这事的解决办法是……

乐于助人：需要我帮助吗？

互相学习：你的方法很值得我学习。

鼓励支持：别着急，再想一想，肯定有办法的。

协商解决：我能说说我的想法吗？

协商解决：看来在这个问题上我们有不同看法，还需进一步商讨。

互相学习：有不懂的地方你尽管问。

鼓励支持：我会尽量帮助你的。

拓展延伸

教师的禁忌语言

1. 忌人身攻击。某教师看见某个顽皮的幼儿在吵闹，就对孩子说：“你是不是有多动症？整天跑来跑去，或者要你妈妈带你去精神病院看看。”“你真笨！”“从来没有见过你这么丑的！”这类话，会极大地伤害孩子的自尊心，年幼的孩子可能会信以为真而自暴自弃，最后丧失自信。

2. 忌孤傲清高。老师对幼儿说："你给我听着，不许……不许……""这么容易的动作都学不好，老师一分钟就会了。"教师与幼儿交谈时，不要孤傲清高，使幼儿不愿意接近你，也不要居高临下，应谦虚、求实，做到与幼儿平等交谈。

3. 忌威胁恐吓。在幼儿园里，有些孩子不乖，老师就会对他们说："你们谁不乖就把谁关到黑屋子里去。""谁不听话，就让大灰狼来吃了他。"这类虚张声势的威吓和言过其实的表扬一样，同样让孩子丧失对老师的信任。

4. 幼儿教师语言忌语。

你怎么老犯错误啊？

老师还会说（做）错吗？

别人都能做好，你为什么做不好？

烦死了，就你的问题多。

你为什么总是管不好自己？

这么有营养的菜你都不吃，尽挑食。

再不睡觉，下午就不要起床了。

怎么又把大（小）便弄到裤上了。

你总是丢三落四的，没头脑。

你的孩子今天又犯错误了，回去好好管管。

四、幼儿教师在幼儿一日活动中的礼仪

（一）入园礼仪

入园是幼儿园一日集体活动的开始，是保证幼儿愉快入园、家长能安心工作的首要环节。

1. 教师的工作任务

在入园环节中，教师的工作任务包括：搞好室内外清洁卫生；热情接待幼儿和家长；对幼儿进行晨检；与家长交流、沟通幼儿情况，做好交接工作；妥善保管幼儿衣物；有计划地安排幼儿（中、大班）轮流做好值日生工作；安排幼儿参加安静的游戏和自选活动；培养幼儿保持仪容整洁入园的习惯，能有礼貌地向教师问好和向家长道别，遵守常规；等等。

2. 幼儿入园礼仪

幼儿在入园环境中，应习得的入园礼仪可以总结为下述口诀："早入园，不迟到；见教师，要问好；小朋友，也问到；别父母，勿忘掉。"

素养提升

如何施早安礼？

微笑三部曲：嘴巴翘起来，笑肌提起来，眉毛扬起来。

表情：微笑。

内心：热情，真诚。

动作：欠身致意、鞠躬或拥抱。

语言：您好！早上好！

3. 幼儿教师入园环节礼仪

（1）面带微笑，热情接待

教师要以热情、亲切的态度接待幼儿、家长，主动问好，把快乐和关爱送给每位孩子，使幼儿能愉快入园；教育幼儿使用礼貌用语，指导幼儿将衣物放整齐；观察幼儿的精神面貌，与幼儿亲切交谈，做好个别幼儿的安抚工作。

（2）认真晨检，耐心交接

幼儿教师对幼儿进行晨检，应该做到“一摸、二看、三问、四查”；与家长做好交接工作，特别是对生病的幼儿要给予特殊照顾，并记录病因、病症、吃药等情况。

（3）尊重家长，一视同仁

家庭有贫富，家长无贵贱。教师要平等地对待每一位幼儿的家长，不能对地位显赫、家庭富裕的家长趋炎附势、眉开眼笑，而对家境一般、无权无势的家长不理不睬、敷衍了事。特别是对年龄较大或身有残疾的幼儿家长，教师更应关照有加。

（二）离园礼仪

离园是幼儿园一日集体活动的结束，是对幼儿进行礼貌教育和开展家长工作的好时机。教师要亲手把幼儿交给家长，力求家长满意、幼儿愉快离园。

1. 教师的工作任务

组织幼儿整理活动室环境和个人用品；接待家长并与家长交接幼儿；打扫室内外卫生并消毒；认真检查本班的门、窗、水、电是否关闭。培养幼儿清洁环境、物归原处的习惯；教幼儿学会收拾个人用品和检查自己的仪容是否整洁；使幼儿能主动向家长问好，与教师同学礼貌道别。

2. 幼儿离园礼仪

离园时，互道别，先教师，后同学。见爸妈，问声好，抱一抱，更乖巧。

3. 幼儿教师离园环节礼仪

（1）鼓励欣赏，真诚沟通

与幼儿进行总结性谈话，表扬和鼓励幼儿在一日各项活动中的突出表现，使幼儿愉快离园；与家长进行简单交谈，介绍幼儿在园情况，以取得家长的配合，共同教育好幼儿。

（2）亲切关爱，认真负责

帮助幼儿穿衣整理仪表，提醒幼儿带好回家物品；对没有被按时接走的幼儿，要做好必要的组织工作，保持幼儿愉快的情绪，如自己需要离开，一定亲手交给值班的教师。

（3）主动热情，耐心接待

热情接待每位家长，即使家长因故来晚了，也不能态度冷漠，横加指责，要耐心听家长解释并宽容地加以理解。

素养提升

如何面对孩子？

不要批评孩子，不要随便发小贴画，整理好衣物，轻轻拥抱说再见。

如何面对家长？

及时沟通，好话放在前，意见后提及，给出好建议，最后表期望。

（三）进餐礼仪

1. 教师的工作任务

在幼儿进餐环节，幼儿教师的工作任务主要包括：创设安静整洁、轻松愉快的进餐环境；做好餐前准备工作；做好三餐的保温保洁工作；掌握并根据幼儿个体差异、饮食习惯分发添加饭菜；教会幼儿正确使用餐具，有良好的进餐习惯，懂得初步的进餐礼仪；培养幼儿爱劳动的品德和良好的生活卫生习惯。

2. 幼儿进餐礼仪

幼儿进餐礼仪可以总结为下述口诀：进餐前，洗净手；打喷嚏，遮住口；轻轻嚼，慢慢咽；不挑食，不剩饭。

素养提升

进餐三部曲：餐前教师要做好哪些准备工作?

组织幼儿进行餐前准备活动；组织幼儿洗手、入座；讲解食谱及营养，帮助幼儿增强食欲。

进餐三部曲：餐中教师应该怎么做?

巡视指导幼儿正确使用餐具；观察进食量；纠正不良进餐习惯；对特殊幼儿给予个别照顾；及时处理异常情况。

进餐三部曲：餐后教师应该怎么做?

组织幼儿盥洗；组织幼儿饭后散步；引导幼儿见人要打招呼。

3. 幼儿教师进餐环节礼仪

（1）耐心指导，体贴入微

幼儿教师应指导大班幼儿做好餐前值日生准备工作（餐桌的清洁、分发餐具等）；教会幼儿自取食物、进餐的正确方法（坐姿、用勺、用筷子、咀嚼食物等）；在分发食品和水果时，使幼儿懂得先人后己，互相谦让；鼓励幼儿独立进餐，不催促幼儿用餐；提醒幼儿在用餐时间内进餐完毕（中大班不少于 30 分钟，小班不少于 40 分钟）。

（2）稳定情绪，悉心照顾

幼儿用餐前，教师要稳定幼儿的情绪，防止幼儿因过度兴奋而影响食欲，培养幼儿安静进餐的习惯；盛饭菜的容器应放到幼儿不易碰触到的地方，避免烫伤幼儿；及时为幼儿添加饭菜，少盛勤添；不催促或强迫幼儿吃饭。

（3）正面强化，文明进餐

在幼儿进餐时，教师切勿闲聊，发现问题，以表扬鼓励为主，及时纠正幼儿不良饮食习惯。幼儿教师应教育幼儿不挑食，不抢食；不浪费粮食；保持碗内、桌面、地面、衣服的整洁；细嚼慢咽，吃东西不发出声音；进餐不说话，咽完最后一口饭再离开座位；打喷嚏、咳嗽时，应背向餐桌，并用手帕或餐巾纸遮住口鼻；养成饭前洗手，饭后擦嘴漱口等良好生活习惯。

（四）盥洗礼仪

盥洗是培养幼儿自我服务能力的有效途径，要求幼儿在掌握盥洗技能的基础上养成科学卫生而又便捷合理的盥洗习惯。幼儿园盥洗的内容包括洗手、洗脸、漱口、如厕、梳头等。

1. 教师的工作任务

在盥洗礼仪中，幼儿教师的工作任务主要包括：组织幼儿有序盥洗；指导幼儿正确洗手、洗脸、漱口，盥洗后用自己的毛巾擦干；遵守如厕礼仪；培养讲卫生、主动清洗的习惯；教育幼儿自己的事情自己做，培养其生活自理的能力。

2. 幼儿盥洗礼仪

（1）洗手

幼儿洗手礼仪的口诀：洗小手，不拥挤；排好队，袖卷起；洗手时，擦香皂；洗完后，水关掉。

素养提升

七步洗手法

首先挽起袖口（大约 10 厘米），把手淋湿，滴上洗手液。

第一步：洗手掌。

第二步：洗手背，左右手背都洗。

第三步：洗指缝，五指交叉洗。

第四步：洗指关节，两手互握，用一只手洗另一只手的指关节。

第五步：洗拇指，用一只手握住另一只手的拇指转动洗。

第六步：洗五指指尖，将一只手的五指放在另一只手的手心转动。

第七步：洗手腕。

最后用流水冲洗干净，关好水龙头，擦干手，以上每个部位洗 5 次，持续 30～35 秒。

（2）如厕

幼儿如厕礼仪的口诀：如厕前，先敲门；有人在，要等待；如厕后，要冲水；整好衣，把手洗。

幼儿如厕注意事项：

敲门时，声音不宜过大；等待时，不要催促里面没有上完厕所的人；使用完厕所要及时冲厕所；出厕所前，要将衣服整理好；合理使用卫生纸，注意节约。

3. 幼儿教师盥洗环节礼仪

（1）精心布置，创设氛围

幼儿园在盥洗室墙壁上以图片形式展示洗手的流程，幼儿园以图片的形式展示提裤子的方法。此外，还可以在地面画上小脚印、等候线；将冲水按钮设计成小动物的鼻子等，温馨提示幼儿守礼仪。教师还须保持地面清洁干爽，防止幼儿滑倒；保证毛巾清洁。

（2）认真观察，及时指导

教师应示范、指导幼儿用正确的方法洗手洗脸，教育幼儿洗手要认真，不玩水，不敷衍，教育幼儿节约用水，培养幼儿勤洗手的好习惯；前额、眼角、鼻孔、口周、下巴是幼儿洗脸时经常被遗忘的地方，要及时提醒幼儿，逐步培养其生活自理的能力。

(3) 亲切关爱，体贴入微

幼儿教师对低龄幼儿要注意培养其良好的自主大小便的习惯，细心观察、及时提醒幼儿如厕，防止幼儿便脏裤子。教师对能力较差和便脏裤子的幼儿应给予热心的关怀和帮助，不要大呼小叫，训斥幼儿，加重幼儿心理负担，力求体现关爱。

(五) 教育活动礼仪

幼儿教育的任务是通过具体的教育活动来完成的。因此，科学组织教育活动，提高一日活动质量，是促进幼儿全面发展的重要手段和途径。

1. 教师工作任务

在幼儿的学习活动中，教师的工作任务主要包括：制订切实可行的活动计划；创设与教育相适应的学具、教具和环境，注重让幼儿在操作中学习；引导幼儿运用各种感官积极参与活动过程，促进每个幼儿在原有水平上发展；教师情绪饱满，语言简练、形象生动，态度亲切自然，教具运用恰当，课堂气氛活跃；教育活动体现游戏性、趣味性、综合性；要将科学知识和品德教育有机结合起来，培养幼儿诚实勇敢、好问友爱、不怕困难、讲礼貌、守纪律的良好品德习惯以及活泼开朗的性格。

2. 幼儿学习活动礼仪

幼儿学习活动礼仪可以总结为下述口诀：学习时，要坐好；认真听，勤思考；要提问，手举起；回答时，字清晰。

①坐立姿势正确。

②专心倾听，不要随便打断老师的说话和同伴的发言。

③有事举手，经允许后再发言。

④回答问题需声音响亮，速度适中。

⑤遵守活动的规则，学会商量，能尊重别人的意见。

⑥观看同伴的表演时，能保持安静、守秩序。

⑦教学活动结束后，会向老师道谢："谢谢老师！您辛苦了！"

3. 幼儿教师教育活动礼仪

(1) 精心准备，激发兴趣

幼儿教师要创设与教育相适应的学具、教具和环境，引导幼儿运用各种感官积极参与活动过程。

(2) 仪表端庄，仪态优雅

幼儿教师要根据教学主题选择合适的服装；坐、立、行、蹲要符合礼仪规范，努力做到仪表端庄，仪态优雅；科学指导幼儿养成正确的礼仪规范；培养幼儿诚实勇敢、好问友爱、不怕困难、活泼开朗的品性，以及讲礼貌、守纪律的良好习惯。

(3) 情绪饱满，教态亲切自然

幼儿教师的表情要亲切，动作要轻柔，目光要有神而充满爱；要展现出青春的活力，活跃课堂气氛，引领幼儿积极参与教学活动；要恰当运用情态语言、手势语言、空间语言等各种体态语，做好教学活动的组织与安排，对个别捣乱的孩子切勿大呼小叫，可以使用目光语言个别提醒；要借助体态语言直观形象地讲解内容，表达丰富的教学情感，把科学知识和品德教育有机地结合在一起。

(4) 语言简练，生动形象

幼儿教师要讲标准普通话，尽量用浅显易懂、直观形象的语言向幼儿讲述知识、说明道理；要认真倾听幼儿的发言，目光注视幼儿并及时给予肯定；对幼儿的感谢要及时表达，如“谢谢小朋友!”；对幼儿的点滴进步都要充满爱心地给予充分赞扬，如“你们表现得真棒!”；切勿直呼幼儿的乳名，随意贬低幼儿，如“你怎么这么笨！别人都会就你不会”。

(六) 户外活动礼仪

幼儿的户外活动种类很多，主要包括早操、散步、体育游戏、体育教学等。教师应利用日光、新鲜空气和水等自然因素锻炼幼儿身体，增强幼儿适应环境的能力和对疾病的抵抗力，提高幼儿参加体育活动的兴趣。

1. 教师工作任务

在户外活动环节，幼儿教师的工作任务主要包括：根据不同年龄段幼儿的特点选择合适的活动内容；根据幼儿活动需要保证足够的活动材料、安全的活动空间；提醒并检查幼儿做好活动前准备；精神饱满地组织活动，随时观察幼儿活动情况，早操做到“三看”(情绪、动作力度、准确度)、“三提示”(动作、增减衣物、运动卫生及安全)；教育幼儿积极参加游戏和体育活动，培养幼儿勇敢、自信的意志品质和活泼开朗的性格。

2. 幼儿户外活动礼仪

幼儿户外活动礼仪可以总结为下述口诀：在户外，做游戏；与教师，不远离；集合时，收玩具；守规则，讲秩序。

素养提升

1. 进行活动前，教师与幼儿应做好哪些准备工作?

①教师：布置活动场地，准备活动材料；检查幼儿服饰和鞋带；激发幼儿活动兴趣。

②幼儿：自己准备好活动必需品。

2. 活动中，教师与幼儿应怎样做?

①教师：热情饱满，讲清楚活动要求；注意观察，发现问题及时解决；动静交替，及时调整活动量；活动的观察者、组织者参与者。

②幼儿：精神愉快；遵守活动规则讲秩序，学会谦让，在规定范围内活动；知道身体发热时脱衣服或身体不适时会主动告诉老师。

3. 活动后，教师与幼儿应怎样做?

指导幼儿进行场地清理；用温度适宜的干净毛巾给幼儿擦脸，增加衣物，督促幼儿洗手、饮水等。

3. 幼儿教师户外活动环节礼仪

(1) 服饰整洁，舒适自然

在幼儿户外活动中，教师的服饰应符合活动要求。女教师不应穿高跟鞋、裙子；衣服长短要适中，以休闲运动装为宜；不披发。

（2）精心准备，激发兴趣

幼儿教师应按时组织幼儿参加户外体育活动，保证幼儿活动的时间、空间，创设适宜的游戏环境，激发幼儿参与游戏的兴趣。

（3）仔细观察，悉心照顾

教师应关注幼儿的活动，让幼儿在自己视野范围内活动；提醒并帮助幼儿增减衣物，及时为出汗多的幼儿擦拭，检查幼儿服饰、鞋带等是否安全，加强安全教育；幼儿间发生矛盾时要冷静，不粗鲁责备孩子，让幼儿在矛盾中学会解决问题。

活动结束时，教师应指导并与幼儿一道收拾用具；做好幼儿活动后的护理工作，用温度适宜的干净毛巾给幼儿擦面，督促幼儿洗手，增减衣物、饮水等。

（4）情绪饱满，科学组织

在幼儿活动中，教师是参与者而不是旁观者，要保持情绪饱满，做幼儿的表率；对幼儿的要求要明确；控制好幼儿的运动量，注意“动静交替”，逐渐增加幼儿的活动量和活动强度，防止因突然运动或剧到运动造成幼儿身体拉伤、扭伤或身体不适等。

拓展延伸

教师应根据幼儿的年龄特征和个体差异，注意自由活动与集体活动的搭配，掌握活动密度和强度，不能让幼儿长时间连续从事大强度的运动。例如，在追逐、躲闪跑、连续立定跳远、攀登、下蹲走、仰卧起坐、传接球寺大强度练习时，其练习密度可适当减小，练习中应增加休息的次数，一般幼儿练习 1~2 分钟后应做适当的休息，而后再继续练习，如果幼儿面色十分红或苍白，大量出汗，呼吸急促，节律紊乱，精神疲乏，食欲降低，很难入睡或睡眠不安，表明活动量过大，教师要及时调整，采用减少练习次数，增加休息的方法来调节运动负荷量，防止幼儿运动过度。

（七）睡眠礼仪

睡眠不但能缓解活动带来的疲劳，使身体的各个部位得到充分的休息，而且能促进生长激素的大量分泌，有助于幼儿身高的增长和大脑皮层的发育。教师要抓住睡眠这一环节，对幼儿进行教育，培养幼儿良好的生活习惯，保证睡眠质量。

1. 教师工作任务

做好入寝前的准备工作，为幼儿创设安静、舒适的睡眠环境；指导幼儿正确穿脱衣服和整理床铺；观察幼儿睡眠情况，发现异常及时处理；培养幼儿正确的睡眠姿势（右侧卧或仰卧），逐步形成良好的生活卫生习惯，保证幼儿按时睡，睡得好，按时醒，醒后精神饱满愉快。

2. 幼儿睡眠礼仪

（1）穿脱衣服

幼儿穿脱衣服的礼仪口诀：睡觉前，先问安；按顺序，脱衣衫；叠整齐，放身边；起床后，依次穿。培养幼儿乐行午安礼，掌握脱衣技巧，学会叠衣服，掌握穿衣技巧。

（2）睡觉

幼儿睡觉的礼仪口诀：不蒙头、不趴睡；枕放正，盖好被；小手空，右卧眠；早入睡，梦香甜。

(3) 起床

幼儿起床的礼仪口诀：起床时，要安静；去方便，步要轻；衣穿好，被叠齐；先梳洗，后游戏。

3. 幼儿教师睡眠环节礼仪

(1) 精心布置，尽职尽责

教师应保持幼儿睡眠室内空气新鲜；夏天要开窗睡觉，但要避免风直吹幼儿的头部；冬季在幼儿入睡前要开窗通风换气；保持幼儿床上用品清洁，被褥要固定、厚薄要适宜；提醒和检查幼儿不把玩具和其他东西带到睡眠室；提醒幼儿进入睡眠室要保持安静，立即上床睡觉，不在室内随便走动或说话。

(2) 认真观察，耐心看护

教师应注意为幼儿盖好被子；对睡眠不安稳的幼儿要仔细观察，发现不适及时就医；对入睡较晚的幼儿耐心看护，避免影响其他幼儿；对个别尿床幼儿不要歧视讥笑，要细心更换衣物。

(3) 悉心指导，亲切关爱

幼儿睡眠前，教师要组织幼儿盥洗；指导幼儿正确穿脱衣服、整理床铺；发现幼儿不良睡姿及时纠正；创设温馨愉快的氛围，主动与幼儿行午安礼。

拓展延伸

幼儿园教师日常礼仪规范

幼儿教师要把“五声十字”礼貌用语习惯性用于日常口语中，注意不同环境下的音量与语气，对家长体现尊重，对同事体现友爱，对幼儿体现母爱。

(1) 当家长提出要求或意见时

用语：我们一定认真考虑您的意见；您的要求我们明白，请您放心；我们会转达你的建议，谢谢您的帮助。

忌语：那怎么可能；您想得太多了；这是不允许的。

(2) 当幼儿生病需要服药和照顾时

用语：您放心，我们会按时给孩子服药，有特殊情况及时与您联系；药我们已经按时给孩子吃了，据观察孩子病情有所好转，请回家再接着服药。

忌语：知道了；他的药真多；他怎么老是吃药啊。

(3) 当家长打电话或亲自来为生病幼儿请假时

用语：谢谢您通知我们；病情怎么样；您别着急；孩子病情稍好些，可把药带到幼儿园，我们会帮您照顾的。

忌语：知道啦；好的；没事的。

(4) 当幼儿遇到困难时

用语：别着急，我来帮助你；你能行，再试试；有不会的，请老师或同学帮忙；不错，有进步了；挺好的；加油。

忌语：人家都会，就你不会；你做不完就别……；你就吃行，其他什么都不行。

(5) 当幼儿无意出现过失时

用语：伤着没有？下次要注意；不要紧，老师帮你；勇敢点，自己站起来；有大小便要跟老师说。

忌语：你怎么那么傻；你自己给擦了；真讨厌；你怎么回事。

（6）当幼儿出现打闹等不良行为时

用语：怎么回事？有事好好说，不能动手；自己解决不了的可以找老师；别人打你，你高兴吗？这样影响多不好；相信你们是知错认错的好孩子，以后不会再做这种事。

忌语：你们两个到外面去吵；看你们吵到什么时候；现在你们打吧，让大家来看看谁会赢。

（7）幼儿在园发生意外事故，主动向家长报告

用语：真对不起，今天……；你别着急，是……；麻烦你观察孩子，有什么不舒服时，需要我们做什么，您尽管与我们联系。（次日未来园，主动打电话询问）

忌语：是孩子自己不小心，我已经叮嘱过他的。

（8）放学时家长晚接孩子

用语：没关系，不着急；请商量好谁接，免得孩子着急；准时来接孩子，孩子更会感受到家庭的温暖；帮助家长是我们应该做的；孩子玩得很自在，晚点接没关系。

忌语：明天早点来接；你怎么老是那么晚；我终于可以下班了。

（9）找个别家长谈话

用语：对不起，耽误您一会儿时间，反映一下××小朋友近期情况；在……方面要……希望您给予配合（态度平和，说话和气；委婉）。

忌语：××一点不聪明；太吵了；在班上属于中下等；真让人心烦，小朋友也讨厌他。

（10）家长送孩子随意走进教室

用语：家长请留步，让孩子学做自己的事情；孩子能做好自己的事情，请您放心；孩子们正在用餐，请您留步。

忌语：家长不要进来；走来走去不卫生；让他自己放书包得了。

（11）家长送幼儿来园上交家庭作业

用语：做得真棒；宝宝的作业真有创意；做得很认真；你的手真巧；谢谢家长的配合；你的××真是个好老师；又有进步啦；真漂亮；老师知道你做得很认真；老师知道你尽力了；相信你下次做得更好；下次听清要求会做得更好。

忌语：这是你自己做的吗；怎么做成这样啊；哎呀，做错了；实在难看；老师不是说了吗。

（12）当幼儿出现情绪不佳或不舒服时

用语：别哭，告诉老师怎么了；让老师来帮助你；宝宝怎么了；哪里不舒服；让老师看看，跟老师说说悄悄话（蹲下；抚摸；拥抱）；你是个听话的宝宝；老师看到你比昨天进步了；老师知道你是个……的孩子。

忌语：你怎么回事啊；你怎么又这样啦；你烦不烦啊；讨厌的家伙。

学练结合

1. 入园环节教师应完成哪些工作任务？

2. 入园环节教师应注意哪些礼节？

3. 到幼儿园见习，注意观察学习在入园环节教师良好的礼仪表现，养成规范的职业礼仪。

学习单元四 交往之礼

【知识学习】

一、与领导交往的礼仪

幼师生参加工作初期，往往惧于同领导交往。他们既想尽快取得领导的认可和信任，又不知该如何去做。与领导交往应该注意以下几方面的礼节：

（一）以诚相待，不卑不亢

《易·系辞传》中说：“上交不谄，下交不渎。”与领导交往，既不要献媚讨好，也不要避而远之，更不要傲慢蛮横。上下级相处的方法是：不卑不亢，平等相处。教师对领导要尊重，工作上要积极、主动，以踏实认真的工作作风去赢得领导的认可，切忌以逢迎巴结的方式去接近领导。同时对待各级领导要一视同仁，不能对较高级别的领导毕恭毕敬，点头哈腰，而对一般管理人员却不放在眼里，低看一等。一个有修养、综合素质高的人，对任何人都应该平等看待。

（二）服从领导，听从指挥

处于领导地位的人员是通过长期考核，经层层选拔、竞选、任命等程序而担任领导职务的。他有指挥下属的权力，也承担对组织负责的义务。所以下级应该恪守本分，服从命令。切不可目无领导，当众顶撞，背后议论。不管自己和领导的个人关系怎样，或者对他的看法怎样，工作场合领导就是领导，特别是在外人面前，对领导一定要以礼相待，不能嚣张放肆。要以实际行动维护领导的威信，那种对领导的安排阳奉阴违，甚至有意抵制的做法，是任何学校所不容的。

（三）尊重领导，以礼相敬

尊敬领导，往往表现在平常的工作、生活细节上。首先，下级对上级的称呼要得当。不管自己与上级私下关系多么密切，工作场合，不要和领导过于随便、亲近，不可直呼其名或绰号、小名等，而应以其职务或职务加姓氏相称，也可使用“名字+同志”的称呼方法。

其次，到领导办公室，要先轻轻敲门，得到允许后方可进入，如遇领导与他人正在交谈，应在一旁耐心等候或过后再来，除非有紧急事，方可打断谈话；进入办公室后未经允许不要乱翻桌上的文件资料或其他物品；碰上领导批阅文件，不能探头探脑加以窥视。

再次，与领导交谈，尽量简明扼要地说明问题和要求，不要过多耽误领导时间；假若领导有更重要的事要处理，不便在场时要主动退出，待领导处理完毕再进入。最后，当领导主动找下级谈话时，若此时下级坐着，应站起来接待，待领导就座后再坐下。领导交代工作，要认真倾听，做好记录。当领导离开时，应主动开门相送，并说“再见”。

（四）指正领导，讲究技巧

领导也是普通人，在平时的工作中难免有失误发生，作为下级，指正领导的错误需要有一定的方法和技巧。

首先，要注意选择适当的时机和地点。在领导的方案或指示刚一出口时就立即表示反对，会使领导产生逆反心理；不要当众指出领导的错误，也不要当场迫使领导表态，可以在与领导单独相处的时候提出不同意见。

其次，要注意指正的方法。如果对于领导的意见你有更好的建议，就要先引述、认同领导的某些观点，然后再发表自己的看法。如："王园长，你刚才讲的意见有一定的道理，我表示理解，但我认为是不是这样更好……"有些人指正领导的错误，往往一下子跳出来，对领导的意思全盘否定。这种过激的做法往往会引起领导的不满和反感。

再次，要注意指正的态度。遇有不接受批评或对自己不理解的领导时应耐心解释，不可消极怠工，散布不满情绪，甚至肆意谩骂，大打出手。遇到比较固执的领导时，还可向有关部门反映，请上级主管部门给予妥善解决。

二、与同事交往的礼仪

人际关系的亲疏好坏，会产生不同的效益，或为阻力，或为助力。而同事关系是人际关系中最重要的一种。教育是一项群体性、协作性都非常强的特殊工作，更需要一种和谐、团结、协作的同事关系，那么，怎样处理好同事关系呢？

（一）尊重同事，谦恭有礼

初次参加工作的幼师生一般都精力充沛，干劲十足，但往往经验不足。因此，在实际工作中一定要虚怀若谷，向有经验的教师学习，尊重他们，虚心向他们请教，千万不要因自己是科班出身而恃才傲物，目中无人。应对每一个同事彬彬有礼。教师之间相遇，应主动热情地打招呼。在办公室，不高声谈话、说笑，以免影响其他老师工作；不随便翻动别人的东西；不打听别人的隐私；不背后议论其他老师；当别的教师找学生谈话时，不随便插嘴进行干扰等。

（二）坦诚相待，公平竞争

在学校工作中，同事之间免不了要有一些矛盾和摩擦，这时应求大同存小异，彼此之间坦诚相见，力戒说长论短，卷入是非。切莫在诸如评课、职称评聘、竞争上岗等事情上搞不公平竞争，参与小集团小圈子，拉帮结伙，背后搞小动作，甚至造谣中伤，在他人特别是在学生面前揭其他老师的短，损害其威信，挫伤其自尊心，这些不但有损教师的形象，而且会严重破坏同事之间的关系。在竞争中，要以自己的实力说明一切，而对那些细小的，不大影响自己前程的好处，多一些谦让，少一些计较，比如单位里分东西不够时少分些，一些荣誉称号多让给即将退休的老同事，等等；再比如与其他人共同分享一笔奖金或是一项殊荣等。这种豁达的处世态度无疑会赢得人们的好感，也会增添你的人格魅力。

（三）互相关心，互相支持

学校就是一个大家庭，时时抱着善意和助人的心态，把每一个同事都当作亲人、朋友般地去关心，特别是在同事有困难时更应热情帮助。这会让他们感受到你的温暖。例如，去收发室取报纸时，顺便把楼上办公室同事的信和报刊都带上来送给他们；同事第四节有课，你就主动提出帮他买份午餐；同事病了，主动去探望问候；同班教师有急事请假，你主动提出帮助代课守班；若有客来访，而被访者正好不在，一定要热情接待，并帮助寻找被访的老师；等等。这些都会赢得别人的感激，不要事不关己，高高挂起，冷漠孤僻，与同事老死不相往来，这样会使自己陷于孤立的境地。

（四）积极参与，勤快主动

个人与同事都是身处一个集体之中，为着一个共同目标而工作。因此，应该将自己很快融入集体中，不要与集体格格不入。新教师到一个学校后，除做好自己分内的事情之外，还应主动积极地承担一些公共事务，如积极参加办公室的清洁工作，早晨第一个到办公室时，应主动打扫卫生，打好开水；若下午或晚上最后一个离开办公室，应该把门、窗、灯都关好再走；如办公室使用公用电话，来电响起时，应该主动接听，不可因为确定不是自己的就不闻不问等。

三、与幼儿家长交往的礼仪

（一）接园、离园时应注意的礼节

接园、离园是幼儿园一天工作中的重要部分，也是教师同家长接触最多的时候，因此，老师在接园、离园时与家长交往应注意以下礼节：

1. 面带微笑，亲切热情

早晨接园或晚上孩子离园时，应始终面带微笑，主动迎上前去与家长打招呼，如“你好”“早上好”“再见”等。即使家长因故来晚了，也不应态度冷漠，横加指责，要耐心听家长解释并宽容地加以理解。

2. 尊重家长，一视同仁

教师在接孩子入园，送孩子离园时应平等地对待每一位家长。家庭有贫富，家长无贵贱。不能对地位显赫、家庭富裕的家长趋炎附势、眉开眼笑；对家庭一般、无权无势的家长则不理不睬，敷衍了事。特别是对年龄较大或身有残疾的家长，教师更应关照有加。

3. 熟悉情况，真诚沟通

每次接园时，教师应向家长详细询问孩子的在家情况，特别是有特殊情况的孩子，如生病时在家的严重程度、用药情况等；每次离园时，也应向家长介绍孩子一天的学习生活情况。这就要求教师要对每一个孩子做到心中有数，让每一位家长都觉得自己的孩子是受老师重视的。沟通时，要注意态度真诚，语气和蔼，不可一问三不知，或对家长的询问不耐烦。

（二）开家长会的礼节

家长会的目的主要有三：一是与家长沟通，加深双方对孩子的了解；二是向家长宣传，帮助家长正确地教育子女；三是向家长展示，让家长认识老师、理解老师从而支持老师的工作。因此家长会的重要性不言自明，学校召开家长会时，在礼仪方面，要求老师应该做到以下三点。

1. 服饰庄重　举止文雅

在开家长会时，得体的穿着打扮、文雅的举止，容易赢得家长的信任，家长也会觉得把孩子交到这样的老师手里放心；但如果老师穿着新潮前卫，举止粗鲁野蛮，在讲台上坐没坐相，站没站相，则会引起家长的反感。

2. 精心准备

首先，学校环境要准备好，欢迎家长的标语、班级指示牌、供家长翻阅的资料、饮水机以及环境卫生等都要准备妥当，要让家长感觉到老师是精心地准备迎接他们。

其次，班主任及配班老师要做好充分的准备。家长会要达到什么目的？会出现什么问题？要先与配班老师商量明白，然后准备发言稿，打好腹稿甚至文字稿，目的要明确，中心要突出，内容要丰富，千万不可在家长面前信马由缰、海阔天空地东扯西说。

再次，提前让家长做好准备。要提前通知家长并告知开家长会的主要目的，使他们有备而来。家长会的时间要选择多数家长有空的时候，不可勉强家长，那种“告诉你爸，明天必须来开家长会”“叫你妈明天来学校”等师霸作风是教师礼仪中的大忌。

3. 与家长平等交流，友好协商

家长与教师的关系，是一种平等的教育伙伴之间的关系。开家长会时，教师在家长面前要亲切自然，温文尔雅，介绍孩子的情况应多一些表扬、鼓励，少一些批评、指责；对家长应多一些商量的口吻，少一些命令的口气。不能以一种居高临下的态度对家长讲话甚至训话，例如，“你得抽出时间管一管你的孩子了！”“你们怎么搞的……”“你们必须……”等。

（三）家访时的礼节

为了使学校教育得到家庭的配合，使学生健康成长，定期家访是教师必不可少的工作。在进行家访时，除了谈话内容外，如果不懂礼仪或是处置不当，就会适得其反。家访中的礼仪主要有以下几个方面：

1. 选好时机，预约前往

家访应选择恰当的时间，最好是利用对方比较空闲的时间如学生放学后或双休日。太早或太晚都不合适，更要避免在午休、用餐时间前往；家访之前应写便条、打电话或捎口信预约，并把家访的主要目的告诉家长。这样既可避免吃闭门羹，又可以让家长有思想准备。另外，预约的口气应是请求商量式，而不能是强求命令式。如应说：“请问您明天有空吗？如果可以的话，我想明天下午放学后去贵府家访。”而不应说：“明天务必在家等着，我要去家访！”同时要守时践约，如因故不能及时到达，应尽早通知家长并说明原因，无故迟到或失约都是不礼貌的。家访时间不宜过长，达到预期目的即告辞。

2. 衣帽整洁，举止稳重

家访前应适当修饰一下自己，蓬头垢面、衣衫不整的样子不仅有损教师的形象，也是不

尊重别人的表现。到学生家时，应礼貌询问主人是否换鞋。夏天再热也不能在别人家脱衣服；冬天再冷进屋也应脱下帽子，有时还应脱下大衣和围巾。不要在别人家里说冷，好像批评主人环境不好似的。尽可能不在学生家使用卫生间。

进屋前，应轻声敲门或按门铃，切忌长驱直入；进屋后，应主动向屋内所有的人打招呼、问好；主人敬茶时应欠身双手接过并致谢；尽量不要在别人家里吸烟；除非家长主动请你参观，不要在学生家里东转西瞧，乱翻乱动，但可以要求看看孩子的房间以示关心并对学生做些了解。

3. 用语合理，避免责难

家访时，进门可简要说些寒暄性的话语，夸夸主人的房间布置、养的花草，等等。无论学生家境贫富，教师要表现得不卑不亢，平和自然。不要说“哎呀，你们家真豪华”或“真想不到你们这么困难”。教师要让学生及家长知道，孩子无论聪明还是笨拙，在教师眼中都是可爱的孩子；父母无论显赫还是平庸，在教师面前都是普通的家长。

如果与家长意见不一致，甚至家长态度不好，教师要始终用礼貌用语，不宜在学生家中僵持，要另找机会沟通，如“今天我们就谈到这里，大家都再想一想，下次再交流好吗？”“这个问题我们有不同见解，我们可以放一段时间再解决。”“无论怎样，我会对孩子负责，请你们再冷静思考一段时间。”千万不可与家长斗气，更不可在心里负气日后对学生报复。

学练结合

1. 与领导交往应该注意哪些礼节？
2. 与同事交往应该注意哪些礼节？

实践训练项目

1. 训练情境

（1）幼儿佳佳活泼、淘气，由奶奶送来入园。

（2）幼儿豆豆性格内向，来园时情绪不佳。

（3）幼儿凡凡感冒了，带药入园。

训练要求：针对不同的情境，分 3 个小组练习入园礼仪。

（1）按入园真实情境分配角色（教师、保育员、家长、幼儿），模拟练习入园礼仪，每个角色配置 2 名观察员，进行观摩评价。

（2）通过角色扮演法练习入园礼仪，养成规范的职业礼仪。

2. 训练情境

假设某幼儿园拟招聘一名教师，面试官为幼儿园园长及两位资深教师。

（1）训练目标：学生能够综合运用所学知识，进行求职面试各个环节的准备工作，并能顺利完成求职面试。

（2）训练形式：请同学们分组扮演面试官和求职者。

综合测评

某公司的面试成绩评定表

应聘者姓名		性别		年龄	
毕业院校		专业		学历	
应聘职位		应聘时间			
评价项目	评定等级				
	A（优秀）	B（良好）	C（一般）	D（差）	
仪表仪态					
资料准备					
专业知识技能掌握程度					
工作经验与应聘职位关联度					
语言表达能力					
分析判断能力					
应变能力					
情绪控制能力					
综合评价	人力资源部	评价签字			
		录用决策	予以录用	储备	不予考虑
	用人部门	评价签字			
		录用决策	予以录用	储备	不予考虑
	总经理	评价签字			
		录用决策	予以录用	储备	不予考虑

模块五

幼儿之礼

【目标导航】

[**素质目标**] 强化尊重幼儿、理解幼儿、热爱幼儿的教育情怀，尝试在实践与幼儿的交往中将中华民族优秀的传统礼仪文化延续到新一代的责任感与使命感中。

[**知识目标**] 熟知幼儿应具备的基本礼仪、家庭礼仪和在幼儿园应遵守的礼仪规范。

[**能力目标**] 掌握培养幼儿具备的基本礼仪、家庭礼仪和在幼儿园应遵守相关礼仪的方法和技能。

【情境案例导入】

1978 年，75 位诺贝尔奖获得者在巴黎聚会。人们对于诺贝尔奖获得者非常崇敬，有个记者问其中一位："在您的一生里，您认为最重要的东西是在哪所大学、哪所实验室里学到的呢？"

这位白发苍苍的诺贝尔奖获得者平静地回答："是在幼儿园。"记者感到非常惊奇，又问道："为什么是在幼儿园呢？您认为您在幼儿园里学到了什么呢？"

诺贝尔奖获得者微笑着回答："在幼儿园里，我学会了很多很多。比如，把自己的东西分一半给小伙伴们；不是自己的东西不要拿；东西要放整齐；饭前要洗手；午饭后要休息；做了错事要表示歉意；学习要多思考，要仔细观察大自然。我认为，我学到的全部东西就是这些。"

所有在场的人对这位诺贝尔奖获得者的回答报以热烈的掌声。这位学者的回答代表了与会科学家的普遍看法。从幼儿园学到的这些最基础的东西，使这些诺贝尔奖获得者从小养成了良好的行为习惯，正是这些幼年养成的良好的行为习惯，成就了他们一生的辉煌。

幼儿礼仪教育应是人之初的"必修课"，它对于弘扬我国优良的礼仪传统，建设和谐社会，构建幼儿完美人格，促进其文明素质的形成，有着十分重要的意义。

学习单元一 基本礼仪

【知识学习】

一、什么是幼儿礼仪

幼儿礼仪指幼儿在幼儿园、家庭、社会活动中所必须遵守的一些简单的行为规范。帮助幼儿了解礼仪知识、学习礼仪言行、增长礼仪经验，通过多种形式让幼儿与礼仪亲密接触，是帮助他们建立礼仪习惯的有效手段。幼儿期是进行礼仪教育的启蒙时期，幼儿的可塑性强，容易养成各种习惯，成人如注意从小培养幼儿文明礼仪，幼儿将终身受益。

“礼仪不用花钱购买，却能透露一个人的身份。”礼仪是什么？有人把礼仪理解为繁文缛节，觉得那都是虚伪的客套，这种想法显然是错误的。也有的人认为学习礼仪是成年人的事，比如社交方面的礼仪，幼小的孩子又不参加正式的社交活动，学习那些烦琐的礼仪很不现实。其实，这也是对幼儿礼仪的误解。幼儿礼仪指幼儿在幼儿园、家庭、社会活动中所必须遵守的一些简单的行为规范。长期以来的实践使我们认识到，在幼儿期进行礼仪启蒙教育是切实可行的，对幼儿良好行为习惯的养成，幼儿素质的全面提高都有积极的意义。值得注意的是，幼儿礼仪启蒙教育应考虑幼儿的身心特点和接受能力，起点要低，训练要实，方法要灵活多样；应充分发掘潜在的教育因素，重视家庭教育对幼儿礼仪行为习惯养成的重要影响，因为幼儿礼仪行为习惯的养成，不是一朝一夕的事，它是一项长期的反复性的工作，让孩子长期生活在讲究文明礼仪的环境中，使礼仪教育得以延续和进一步加强。幼儿时期正是养成文明礼貌习惯的最佳时机，所以应该重视对幼儿的文明礼貌习惯的培养。

二、为什么要学习礼仪

（一）懂礼仪的孩子更受欢迎

我们不能保证每一个孩子都很有天赋，学习成绩都非常优异，个个都是精英、栋梁，但是我们可以培养我们的孩子成为受欢迎的人。一个被众人接纳程度高的孩子更容易建立良好的人际关系，这不仅有利于他今后的学业、事业的发展，也会大大提高孩子的幸福感。

干净的、有礼貌的、有教养的、懂得尊重别人、理解他人，并具备良好的行为习惯的孩子，是受人欢迎的；而那些会去抢别人东西的，接到礼物会直接问多少钱的，看到不如自己的同伴就会嘲讽、挖苦人家的孩子，都是不受欢迎的。

在幼儿园里，总会有一些孩子被大家评为最受欢迎的人，他们见到老师会鞠躬，上台表演落落大方，平日里又不失天真和机灵，最重要的是他们会体恤那些比他们小的、需要帮助的幼儿。

（二）礼仪是一种从小养成的行为习惯

10 年前有一家世界 500 强公司招聘员工，来了一堆名牌大学的应届毕业生。面试结束后大家发现公司录用了一个看起来并不是十分出色的学生，问其原因，竟是在众多的学生里，只有这个学生是双手接名片的，并且在接待员给他递水杯时，他接过水杯说了声“谢谢”。

很多年轻人在应聘时并不清楚面试官要考察的是哪方面能力，所以会尽其所能地展示自己的才华，但有时不经意中表现出来的急功近利反而让他们失分不少，要知道在面试过程中，你良好的修养和因修养而展现出的彬彬有礼一定会给你加分的。但这种修养绝不是一蹴而就、可以突击的，它是从小培养的一种行为习惯。一个人有什么样的思想，才会有什么样的行为；有什么样的行为，才会有什么样的习惯；有什么样的习惯，才会有什么样的性格；有什么样的性格，才会有什么样的命运。礼仪是一种行为习惯，是一种家庭习得，所以要从小培养。有的家长很重视家庭教育，经常找孩子谈心，开家庭会议，向孩子灌输自己的教育理念。家庭教育最本质的东西是什么？是家庭生活、家庭习得，孩子会在家庭生活中学习到一切他可以学到的东西。

（三）礼仪传承民族传统美德

我国素来有“礼仪之邦”的美称，从古代“礼部”的设置可以看出，人们对于礼节的重视已经有几千年的历史了。在等级森严的封建社会，礼仪的主要内容表现为臣子对君主的遵从、子女对双亲的孝敬以及兄弟姊妹间的谦让。因此，在对幼儿实施礼仪教育时，可以采用理论教学与典故教学相结合的方式，通过对“恣蚊饱血”“扇枕温衾”“孔融让梨”等历史典故的讲解，让幼儿充分认识到什么是真善美，懂得为什么要在生活中做到真善美，怎样去尊老爱幼，怎样与小朋友和睦相处，从而使其从小就树立起正确的价值取向，为传承祖国的传统美德而积极努力。

（四）学习礼仪促进幼儿的身心健康发展

从现实中由于很多幼儿从小受到父母或祖父母的溺爱，养成了饭来张口、衣来伸手的坏习惯，无论做任何事都必须以自我为中心，当别人满足不了自己的内心需求时，便撒泼使性子，俨然是家中的“小公主”或“小皇帝”。如果幼儿无理取闹，必须让父母做到有求必应，但是父母却没有做好引导教育工作，总以为孩子目前还不够成熟，逐渐成长后就会明白事理的，就会导致孩子放任自流的性格和自私的行为。幼儿由于从小缺失礼仪教育，因而不懂纲常，不知感恩，不辨美丑，不明是非，可以说其心智是不健全的，如果随着年龄的增长，这种状态得不到改观，必将影响孩子树立正确的价值观和人生观，而其私欲的不断膨胀，必然导致其成为祸害社会的问题少年。而受过礼仪教育的幼儿，就会树立正确的价值观，就会常怀感恩之心，在成长的过程中，时刻以正确的价值理念来规范自己的行为，就能够得到健康成长。

三、幼儿礼仪教育的内容

幼儿礼仪教育的内容包括基本礼仪、家庭礼仪、幼儿园礼仪、公共场所礼仪。幼儿的基本礼仪包括基本动作礼仪、基本礼貌用语、个人礼仪、基本交往礼仪、基本餐桌礼仪。

四、幼儿基本动作礼仪

（一）幼儿基本动作目标

基本动作目标就是“站如松，行如风，坐如钟，卧如弓”，主要从站、坐、行以及神态、动作方面提出要求。

（二）幼儿基本动作要求

1. 幼儿站姿的礼仪要求

两手臂要垂直放，收小腹同时挺起胸膛，眼睛要平视看前方，脚要并拢，身体挺拔，抬头、头顶似有根线上悬，脖颈挺直。微收下颌，双目平视，头和下巴成直线，下巴和地平行。双肩放松，稍向下压，双臂自然垂于体侧。脊椎、后背挺直，胸向前上方挺起。两腿并拢立直，膝和脚跟靠紧，站立时应站稳，从整体上产生一种精神饱满的体态。男生站立时两腿可适当地分开或与肩同宽，女生站立时双腿双脚并拢，在一条直线上，双手并拢端放于体前。收腹、挺胸、立腰，面带微笑。

2. 幼儿走路姿势的礼仪要求

走路时，头要昂起，摆臂要均匀，上身要直，双肩要平，步伐要轻盈，不要冲撞，不要抢行。要端庄，脚步要轻，头正颈直，目光平视，挺胸收腹，不要弯腰驼背。起步稍前倾，脚尖略开向前伸出，脚跟先接触地面，依靠后腿将身体重心推送到前脚掌，使身体前移。手臂伸直放松，手指自然弯曲，摆动时，要以肩关节为轴，上臂带动前臂。向前摆时，手臂要摆直线，肘关节略屈，前臂不要向上晃动。停步、拐弯、上下楼梯时，不要着急，应从容不迫，控制自如，让人感到协调稳健、轻松敏捷。

3. 幼儿坐姿的礼仪要求

坐椅子时，头要抬起，眼睛要平视，后背要挺直，腿要靠拢，脚要并齐，两只小手要轻轻地自然放在膝盖上。双肩放松，落座时动作要协调，声音要轻，头要平衡自然，给人自然大方的美感。男生可张开腿部与肩同宽，手置膝上或放于大腿中前部，体现出男子的自信、豁达；女生则膝盖并拢体现庄重，落座时要坐在靠背椅子中间或 2/3 处，不要坐在椅子边上，或坐满椅子。

4. 幼儿蹲姿势的礼仪要求

下蹲时，上身要直，小屁股不撅起，一条腿要低，一条腿要高，起身时要缓慢。

（三）幼儿接递取放物品的要求

1. 幼儿递接普通物品时的礼仪要求

递物品时，要用双手呈上，待对方接稳物品后，双手再松开。在一般情况下，递接物品时要起立并用双手。取放物品要平稳、轻柔、准确、安全。取物品时，要准确地掌握拿取的部位，有些物品有规定的拿取部位，一定要按规定的部位拿取，不能随手乱取，如杯子上的手柄、提包上的拎带等。对没有规定拿取部位的物品，一般应拿取物品的中心部位，以免使物品倾斜或散落。放置物品要平稳，动作要轻柔。物品要放在合适的位置，如给长辈端水，应轻稳地把水杯放在长辈的右前侧，杯柄向着长辈右手的方向。

2. 递接危险物品时的礼仪要求

递剪刀时，一定要有方法，把剪刀把递给对方，如果是水果刀，要托起刀身，握住把柄，平稳递给对方。

（四）幼儿擤鼻涕、打喷嚏等礼仪要求

1. 擤鼻涕的礼仪要求

平时要爱护小鼻子，不要玩弄，也不要用手挖，如果流鼻涕了，用纸巾轻轻擦，注意保持清洁。

2. 咳嗽、打哈欠、打喷嚏的礼仪要求

咳嗽时，病毒和细菌特别多，要用纸巾把口遮住；打哈欠时，要扭转身体；打喷嚏时，要避开人，不要对着人。

（五）幼儿敲门、开关门的要求

1. 敲门的礼仪要求

进房间前要先敲门，敲门时，身体微微倾斜，用食指有节奏地轻轻敲击三声，在门口侧立，静静地等候门内的回应。

2. 开关门的礼仪要求

开关门时，动作要轻，慢推慢拉，要保持安静无声，先请他人出入，侧身让行，然后自己再进入或出来。

五、幼儿基本礼貌用语

关于幼儿问候的语言：当别人向幼儿问好时，幼儿要礼貌回应，并且也问候他们。您好、老师（园长、叔叔、阿姨、爷爷、奶奶、小朋友……）好。

关于幼儿告别的语言：老师（园长、小朋友、爸爸、妈 妈、爷爷、奶奶、叔叔、阿姨、小朋友……）再见；请慢走！请走好！欢迎再来。

关于幼儿致谢的语言：收到礼物后要表达感谢，要说谢谢、非常感谢！回敬语：不用谢！别客气！

关于幼儿致歉的语言：撞到人的时候要立刻说抱歉；对不起；请原谅；对不起，请等一下！回敬语：不要紧；没关系。

关于幼儿称呼的语言：老师、园长、爷爷、奶奶、叔叔、阿姨、哥哥、姐姐、小朋友……

关于幼儿询问（求助）的语言：我能为您做些什么吗？我能进来吗？请您让一让好吗？问别人话的时候，先说“请问”；请帮忙；请帮助我一下；请您排队好吗？请给我玩一下好吗？

关于幼儿应答的语言：行，请您等一下；好，马上就来；您找（叫）我有什么事？请您说吧。

关于幼儿接待的语言：请进；请坐；请喝茶；欢迎您。

关于幼儿提醒的语言：请您小心；请您注意；请您别急。

关于幼儿慰问的语言：您辛苦了。

关于幼儿赞美的语言：您做得很好；太棒了；您真了不起；你真能干；你真漂亮；这太美了。

素养提升

头次见面用久仰，很久不见说久违。
认人不清用眼拙，向人表歉用失敬。
请人批评说指教，求人原谅用包涵。
请人帮忙说劳驾，请给方便说借光。
求人解答用请问，请人指点用赐教。
赞人见解用高见，自身意见用拙见。
看望别人用拜访，宾客来到用光临。
陪伴朋友用奉陪，中途先走用失陪。
等待客人用恭候，迎接表歉用失迎。
别人离开用再见，婉谢远送用留步。
欢迎顾客称光顾，答人问候用托福。
问人年龄用贵庚，老人年龄用高寿。
读人文章用拜读，请人改文用斧正。
对方字画为墨宝，招待不周说怠慢。
请人收礼用笑纳，辞谢馈赠用心领。
问人姓氏用贵姓，回答姓氏用敝姓。
表演技能用献丑，别人赞扬说过奖。
向人祝贺道恭喜，答人道贺用同喜。
请人担职用屈就，暂时充任说承乏。

六、幼儿个人礼仪

（一）幼儿个人礼仪的重要性

父母在平时要有意识地向孩子强调注重个人礼仪的重要性，父母应该注意培养孩子注重个人礼仪。教育孩子保持仪容仪表的整洁，要把脸、脖子、手都洗得干干净净；勤剪指甲勤洗头；早晚刷牙，饭后漱口，注意口腔卫生；经常洗澡，保证身体没有异味；衣着要干净、整洁、合体。首先，这样可以预防疾病传染，因为人体会潜伏很多的细菌和病毒，很容易会在不小心的时候让病菌进入身体。良好的卫生习惯可以预防疾病的传染。其次，有助于养成正确的生活方式，孩子的生活习惯是要靠养成的，父母有责任要教导孩子正确的方活方式，协助孩子拥有良好的卫生习惯，保持身体的健康。最后，不会影响他人。宝宝有时候也可能是病菌的传播者，如果没有良好的卫生习惯，很容易就会将病菌传染给别人，造成别人的困扰，因此，务必要孩子凡事保持干净。

（二）幼儿个人卫生具体礼仪

1. 正确清洗双手

教导孩子吃饭前后以及如厕后清洗双手。你可以先将肥皂洗出泡沫，然后再让宝宝使用肥皂泡沫，他一定会喜欢这个有趣的洗手方式。

2. 良好口腔卫生

教导孩子正确地抓握牙刷，并且每天刷牙 2 次。勤刷牙可以防止有害的牙龈感染或蛀牙。除了正确刷牙之外，还要记得使用牙线清洁口腔牙缝中的食物颗粒。

3. 沐浴保持清洁

就像大人一样，小孩也要每天洗澡，保持身体清洁，没有细菌。教给孩子如何正确地清洗身体，并在孩子需要帮助的时候，提供援助。

4. 保持指甲清洁

保持孩子的指甲清洁，及时剪短，并要求孩子不要咬指甲。潜藏在指甲中的细菌有可能会借由口腔进入他的身体，影响他的健康。

5. 如何使用厕所

当孩子想要上厕所时，教导他如何正确地如厕，并且冲洗马桶。如厕后务必清洗双手，保持双手的干净整洁。

6. 定期清洗头发

很多传染性的病菌会潜藏在头发中，然后进入人体。正确地洗发可以帮助孩子保持头皮干净，防止感染。教导孩子如何梳理头发，保持整齐。

素养提升

仪容（头发）：男童发，短且齐，女童发，要得体，勤梳洗，定期理，既漂亮，又神气。

仪容（刷牙）：小牙刷，手中拿，早和晚，把牙刷，牙齿亮，口气清，除病菌，不得病。

仪容（洗手洗脸）：起床后，吃饭前，好宝贝，洗手脸，如厕后，洗净手，小病菌，都冲走。

仪容（洗澡）：先洗头，后洗脚，站稳身，防摔倒，淋完水，擦香皂，脏东西，全冲跑。

仪容（洗脚）：每天走，好辛苦，洗洗它，真舒服，小脚丫，天天洗，洗干净，再休息。

仪容（剪指甲）：手指甲，勤修剪，既卫生，又美观，剪完后，把手洗，脏指甲，要清理。

七、幼儿基本交往礼仪

礼仪作为人际交往过程不可或缺的元素，对于促进人际交流与彼此了解有着重要的意义。“以礼相待”着重要求在幼儿的礼仪行为习惯培养方面应加强交往礼仪的塑造。

（一）幼儿介绍的礼仪

1. 自我介绍

自我介绍一般在两种情况下发生：一种是聚会中，每个人都要做自我介绍；还有一种是去和不认识的人约会，见面需要自我介绍。自我介绍时，要大方，口齿要清晰，声音要响亮，先介绍名字，让对方了解自己知道情况。

2. 给他人介绍

在社交场合中，我们往往有为不相识的人互相引见的义务，这就是给他人介绍。给他人介绍通常要遵循以下的顺序：先将男士介绍给女士，先将晚辈介绍给长辈，先将下级介绍给上级，先将客人介绍给主人，先将迟到者介绍给先到者，先将未婚者介绍给已婚者，先将家人介绍给同事、朋友，先将熟悉的人介绍给不熟悉的人。

为他人做介绍时应该注意手势的运用，应该是手掌伸开向着被介绍的一方，切记不可用手指点来点去，或者用手拍被介绍一方的肩膀，这都是不正式不得体的行为。当介绍被介绍者时，要正面看着对方，表现出对对方的重视和礼貌，一般情况下除长辈和女士外，都应该站起身，介绍完毕后握手问好。

（二）幼儿电话礼仪

电话礼仪可以分为接听电话、拨打电话、挂断电话、代接电话四个方面。

关于接听电话的礼仪：电话响起后，主动接电话，先问好，语音要亲切，通话毕后，说再见，有礼貌。关于拨打电话的礼仪：打电话时要选择时间段；休息时段，不要打电话；拨打电话号时，手要轻轻按接；接通后语言要简练。关于挂断电话的礼仪：通话毕后，要说再见；挂电话时，请长者先挂电话。关于代接电话的礼仪：接电话后，要先问好；如果来电者是要找他人，请对方稍候；若有事需转告家长，认真听清内容，家长回来后，要表达清楚内容。

在电话礼仪教育时，首先教育孩子安全接听电话的重要性，并明确告诉孩子什么可以和来电话的人说，什么不可以说。比如：不能把个人的信息（名字、家庭地址）告诉来电者。父母还可以向孩子说明如果来电者坚决要求孩子告诉他们，那么就回答：请在“其他时间打电话来”，或者说声“再见”，就可挂断电话；如果来电者说话粗鲁，或者使用不雅的语言，那么就可以直接挂断电话，并马上把这个情况告诉父母或周边的成年人。

教育孩子有礼貌地接电话：先报自己的名字，比如：“你好，这是某某家的某人。”如果电话不是找孩子的，就让孩子问一下：“请问您找谁？”如果孩子打电话找朋友，让孩子先做自我介绍：“我是某某，我可以和某某讲话吗？”接电话的时候，自己不要一直说话或者不说话，也不要插嘴，等别人说完再说。打电话时不要心不在焉的，不要边打电话边做其他的事情，或一边打电话一边和身边的人说话，这样很不礼貌。接到打错的电话，要说明情况，不能乱发脾气说粗话。礼貌接打电话将永远是一个人的优良品质。

拓展延伸

孩子接听电话礼仪

（三）幼儿交往对话礼仪

在幼儿平常的教育教学之中，让幼儿学会一些常见的礼貌用语：遇到老师、同学要主动打招呼，问早、问好，离园时要主动跟老师说“再见”；当收到别人的礼物或是接受到别人的帮助时，要学会说“谢谢”；别人向自己表示感谢时，能够有礼貌地回应“不客气”；不小心做错事情时，要勇于认错，说“对不起”，并表示道歉；听到别人说“对不起”时，要回应“没关系”表示原谅。在礼仪行为中学会接递物品时身体前倾双手递送，并能使用相应的礼貌用语，懂得一些特殊物品的递送方式。玩玩具时，要学会和大家一起分享。与同伴发生冲突时，尝试协商、交换、谦让、合作等方式解决。当同伴遇到困难时，能一起克服。与人交流时双目注视对方，认真倾听他人讲话，不插嘴，如有意见可在他人话语结束后表达自己的想法和缘由。尊重、体贴长辈，礼让长辈，帮助父母做一些力所能及的事情。

（四）幼儿拥抱的礼仪

按国际礼仪，通常第二次见面行拥抱礼。如何拥抱？两人相对而立，各自上身稍稍倾斜，右臂偏上，左臂偏下，右手环拥对方左肩部位，左手环拥对方右腰部位，彼此将胸部各向左倾而紧紧相抱，并头部相贴，然后再向右倾而相抱，接着再做一次左倾相抱，一共三个回合。

素养提升

一些国家和地区打招呼的传统礼节

中国：拱手礼（作揖）
美国：挥手礼
日本：鞠躬礼
泰国：双手合十礼
欧洲：拥抱礼
新西兰：碰鼻礼
阿拉伯：贴面礼

（五）幼儿基本餐桌礼仪

一般来说，我们对于餐桌礼仪重视不够，很少能够看见一个孩子在吃饭的时候彬彬有礼，也很少看到有孩子懂得餐桌礼仪，更是很少看到孩子谦让大人吃饭，让长辈开吃之后晚辈再吃。我们都是反过来的，反而是孩子吃完我们再吃，孩子的餐桌礼仪意识非常薄弱，甚至根本不知道什么叫餐桌礼仪。

而有些孩子，在学校用餐时能做到安静、礼貌，但是回家，什么都忘了，父母并没有很重视，直到带孩子参加重要场合，出去用餐，才知道餐桌礼仪对孩子有多重要！

1. 什么是餐桌礼仪？

俗话说，站有站相，坐有坐相，吃有吃相，餐桌礼仪顾名思义就是用餐时的一些需要执行的礼仪，学会餐桌礼仪不仅能让人更加有礼貌，还显得有教养，谁都不希望自己的孩子出去被别人说没教养，学会餐桌礼仪的孩子会显得非常有教养，孩子的教养就要从小培养起。

【思政小窗口】

为何餐桌礼仪对孩子如此重要?

(1) 孩子学会了尊重理解并且感恩

朋友小西的孩子,每次用餐时,父母都会告诉他要使用餐桌礼仪,小小的他被带出去,每次都会被夸有礼貌。有一次聚会,我们在一起吃饭,我夹到了一块我不喜欢的青椒,然后不想吃,我就把它放到盘子里面,谁知道被这个小屁孩说了:“农民伯伯很辛苦的,我们不能浪费食物。我每次吃饭妈妈都跟我说吃多少盛多少。不然农民伯伯辛辛苦苦的杰作就被我们浪费了。”很少孩子从小有这种意识,说完我都觉得不好意思,给孩子这样一说,我又把它夹起来吃了,其他人全部都笑了,夸这个孩子从小就知道感恩。

(2) 教孩子讲究卫生

有些孩子没有餐前洗手这个习惯,通常就是看到喜欢的东西,拿到就吃;有些孩子吃东西时滴得衣服上到处都是,或者吃得满嘴都是,父母还很高兴;还有些孩子狼吞虎咽,或者直接这个还没吃完,又去吃下一样。吃相也是很重要的,孩子的吃相从小没有培养,对孩子长大的影响是很大的,他总是要出去面对社会的,从小没有培养孩子的餐桌礼仪,会导致孩子将来出去面对社会的时候被人笑话,这些都是基本的常识。饭前便后洗手,要从小培养孩子这个好习惯。就算父母不说,孩子也知道要吃饭了主动地去洗手。

(3) 让孩子感受礼貌礼节

我们的孩子从小都是被捧在手心长大,一家人围着孩子转,很多都是饭来张口,衣来伸手,不怕孩子吃得多就怕饿着孩子,对于礼貌礼节这些也不那么注重。学会餐桌礼仪,孩子会更加的有礼貌,知道长辈开始吃后孩子才能吃,知道吃完饭后要跟家人说“我吃饱了,你们慢慢吃”。家长也要注重礼貌礼节和餐桌礼仪,让孩子感受这个氛围。孩子的技能大多数是从父母那里学来的,家长做得好孩子才能做得更好,家长自己首先就要学会餐桌礼仪,做给孩子看,孩子慢慢也就习惯了,慢慢地知道大人用餐的一些礼仪。父母有礼貌了,孩子也会跟着父母有礼貌。如果父母只老是只说不做,那孩子也很难坚持下去,孩子会觉得父母只是嘴巴上说说而已,并没有实际行动。想让孩子在用餐礼仪上,或者是平常至常生活中变得有礼貌,家长就要从小让孩子感受到礼貌礼仪的细节,让孩子知道有这么一回事。

(4) 孩子学会餐桌礼仪后更加自律

朋友见小西的孩子这么优秀,他也想让自己的孩子学会餐桌礼仪,他就自己学会做好,然后慢慢地跟孩子一起学习餐桌礼仪。过了一段时间,他非常开心地跟我说,他的孩子以前不好好吃饭的问题,现在统统解决了,吃饭不看电视了,吃饭不慢慢吞吞了,吃饭不满地都是饭粒了,吃饭变得更加自律了,这些都是学会餐桌礼仪之后才改变的。

餐桌礼仪真的可以让孩子变得更加自律，孩子学会了，餐桌上就知道吃饭的时候应该怎么做，有些家长在孩子吃饭的时候要哄着他吃，喂着他吃，再不然就是一直催他吃，甚至有些家长为了等孩子自己专门吃得很慢，这些都是因为家长没有好好培养孩子的用餐礼仪和一些用餐习惯。

当孩子越长越大，一些不良习惯就会越来越难改进，所以要从小就注重培养孩子的餐桌礼仪，教孩子学会餐桌礼仪的同时，也教孩子学会了更加自律，有助于孩子在其他方面做得更好！

2. 培养儿童的具体餐桌礼仪

（1）吃多少盛多少，不浪费

教会孩子吃多少就盛多少，食物不可浪费。从小要培养孩子食物不能浪费的意识，每当吃饭的时候，孩子就会自己掂量差不多要吃多少，而不会去浪费食物。

（2）尊重长辈，学会给长辈盛饭

让孩子学会尊重长辈，学会给爸爸妈妈盛饭，学会理解爸爸妈妈工作的辛苦，学会尊重大人。

（3）吃饭的时候要专心，不可边吃边看电视

孩子在吃饭的时候，如果边看电视边吃饭，对孩子的危害是很大的，不能用心吃饭，吃进去的食物也难以很好地消化，孩子的注意力全部都在电视上。

（4）坐姿正确

用餐时要教会孩子正确的坐姿，人坐直，两腿平放。忌跷二郎腿、抖腿或把一条腿放在椅子上。不能趴在桌子上或者站着吃。饭菜送入口中，闭上嘴巴咀嚼，不出声。忌吧唧嘴，貌似吃得很香，实则很不雅观。打喷嚏和咳嗽时，要背过身去，用手捂住嘴巴。

（5）拿筷子汤勺姿势正确

有一些小孩子到了七八岁还不会拿筷子和汤勺，或者拿筷子和汤勺的姿势都不对，导致孩子在幼儿园的时候吃得比别人慢，还很容易弄得满身都是。从小教会孩子拿筷子和汤勺的正确方式，孩子长大了才能独立。

（6）不能边吃边走

有些孩子特别喜欢边走边吃，在家里跑来跑去，这是很不好的习惯，家长最好要教育孩子在用餐的时候不能离开餐桌。边走边吃，除了会掉得满地都是饭，孩子的注意力也会不集中。

（7）夹菜时的注意事项

夹菜的时候应该教孩子用公筷去夹，不能老是夹自己喜欢的，每一样都要夹。如果自己夹不到，也不可以站起来，可以让爸爸妈妈帮自己夹。

（8）饭后要说“我吃饱了你们慢慢吃”

要教会孩子饭后要跟家人说“我吃饱了，你们慢慢吃”，培养孩子的用餐时仪式感。

想要孩子有好的教养、好的习惯还有好的用餐习惯，餐桌礼仪可千万不能少！

拓展延伸

1. 座序：依照礼仪习惯，就餐入座以面对正门者为上坐，背对正门者为下座，上菜、倒酒以顺时针方向旋转，通常以右为上，左为下，另外在大厅里就是观景方便的为上座，贴墙的为上座。宴会厅有讲台时，靠讲台的餐桌为主桌。

2. 祝酒：在相对正式的宴会上，由男主人向来宾提议为某个事由干杯，提议干杯时，应起身站立，右手端起酒杯，左手托扶杯底，面带微笑，目视大家特别是自己的祝酒对象，说出祝福的话。

3. 有人提议干杯后，要手拿起酒杯起身站立，即使滴酒不沾，也要拿起酒杯做做样子，将酒杯拿到与眼睛平行的高度，说“干杯”后，将酒一饮而尽或喝适量，然后，手拿酒杯与提议者对视一下，碰杯的时候，应该让自己的酒杯低于对方的酒杯，表示对对方的尊敬，敬酒原则：①主人敬主宾；②陪客敬主宾；③主宾回敬；④陪客互敬。作客不能喧宾夺主乱敬酒，那样很不礼貌，也是很不尊重主人的。

4. 小辈要给长辈敬茶，茶要倒七分满，倒茶后，茶壶嘴不要对着别人，如果别人给你倒茶，要起身说谢谢，最起码用食指和中指扣桌面两下以示谢意。

5. 别人请客，被要求点菜时，可以点一个自己爱吃又价位适中的菜，不要点太贵的。等候用餐时，小孩子不要用筷子敲桌子，不要把筷子含在嘴里，不要用筷子当玩具打打闹闹。

6. 上菜后，长辈动筷，方可动筷，如果要给长辈、客人布菜，最好用公筷、公勺。

7. 别人夹菜时，不要转转盘，吃哪块夹哪块，不要用筷子在餐盘里乱翻。

8. 吃饭时不要吧唧嘴，要闭上嘴咀嚼。打喷嚏或咳嗽要捂住嘴背过身，如果要剔牙，要用手遮住嘴。

学练结合

1. 幼儿礼仪教育的内容有哪些？
2. 如果你是一名幼儿教师，你打算对幼儿介绍哪些礼貌用语呢？

学习单元二　家庭礼仪

一、家庭礼仪教育的必要性

世界首富比尔·盖茨说过这样的话：“……其实在孩子幼年时，对他良好的行为习惯及品格的培养要远远重于知识的灌输。因为好的行为习惯及品格形成好的价值观，好的价值观就像迷雾中的导航仪，任何时候，任何地点，都会引领孩子走向正确的道路，而不致误入歧途。我的成功就是得益于父母从小对我良好价值观的培养。”

家长是孩子的第一任教师，家庭是孩子的第一所学校，在幼儿未进幼儿园之前，家庭几乎担任了全部的教育内容，即使幼儿进入幼儿园，开始了集体教育，而家庭教育的影响仍然是重要的，不可代替的。孩子能否成功进入社会，适应社会，为社会所悦纳，取决于他接受的家庭礼仪教育，而现在很多都是独生子女家庭，孩子从小就受到过多的呵护和溺爱，习惯于以自我为中心，缺乏一种与人谦让、合作的思想，不懂得尊重、关心、体谅别人，缺乏必要的家庭礼仪教育修养。

二、对待长辈的礼仪

（一）问候长辈

要正确使用称呼，如，比自己父母辈分大的，称呼爷爷、奶奶；与自己父母同辈，但岁数大的，称呼伯伯、伯母；与自己父母年龄相仿或比父母小的，称呼叔叔、阿姨。对长辈应谦虚有礼，不能直呼其名。在家里，除了爸爸妈妈外，还有爷爷、奶奶、外公、外婆等长辈。对于长辈，同样要处处尊敬，讲究礼貌。在家里，早晚要主动向长辈问好和问安；长辈身体不适，应主动照顾，要端药送水，问寒问暖；逢年过节向长辈问候、祝福。

①早起时应问候。如："爷爷，您起来了！昨晚睡得好吧?"

②放学回家应告知。如："奶奶！我放学回来了！"

③离家外出时应告别。如："姥姥，我要上街一趟，很快就回来的，您要买点什么东西吗?"

④分离时间较长时，应致电问候家中长辈。如：节假日和爸爸妈妈到外地游玩，出去的时间比较长的话，应记得用合适的方式向家里的爷爷、奶奶问好，并希望他们多多保重身体。

⑤长辈身体不佳或心情不快时，应主动慰问，劝解。

（二）听从长辈的教导

尊敬长辈，要孝顺体贴，言辞温婉，听从长辈的正确教诲，不随便顶撞，有不同想法可同长辈商量，心平气和讲道理，不与长辈闹对立。孝敬长辈，就应该体谅长辈的艰辛，尽可能少让长辈为自己操心，多为父母分忧解难；在父母有困难时，尽力去关心照顾父母，协助父母；让父母少为自己担忧。

（三）关心长辈的健康

长辈劳累时，应主动帮助或请他们休息；要力所能及地承担家务劳动。当长辈情绪不佳时，要格外小心谨慎，要理解他们的烦躁心情，切忌与他们争执。长辈因为年纪大，说话比较唠叨，我们做晚辈的不该有厌烦情绪，也不应粗暴地打断他们的絮语，要充分理解他们的良苦用心。

（四）用行动帮助长辈

①参与家务劳动。大家都是家庭的成员，应承担必须完成的家务劳动，哪怕是吃饭时摆筷子，餐后洗碗筷、扫地，整理自己的房间，打扫家里的卫生，接待客人。不要光强调"自己的事自己干"，还要强调"家里的事情主动干"。

②外出乘车、船，要主动帮助长辈，给长辈让路、让座。上下车时，不要抢路，不要着急，扶他们上下车，或提拿物品。

③对左邻右舍的老人，在日常生活中，要给予尊重和照顾，当他们遇到困难时，要及时给予帮助。

三、对父母应有的礼仪

①要尊敬孝顺。儿女应该报答父母的养育之恩，在日常生活中要注意经常与父母交流、沟通，求得他们的教育、帮助，听取他们的教导和指点，绝不可以嫌父母唠叨。

②要体贴父母，关心父母身体健康。一旦父母身体不适，应该主动问候，端药送水，加以劝慰。承担力所能及的家务劳动，学会料理个人生活，自己的用品收放整齐，不乱摆放。主动为父母服务，尽可能地减轻他们的负担。就餐先请父母就座，自己方可就位，就餐中也要注意礼让。

③生活节俭，不浪费，不摆阔气，不向父母提超越家庭经济条件的过分要求。

④进父母房间要先敲门，经允许后进入。不得随意翻动父母的私人用品。离家或回家与父母打招呼，未经父母同意不在外留宿。

四、兄弟姐妹相处的礼仪

兄弟之间讲求“兄友弟恭”，也就是一个“悌”字。兄弟是手足，且辈分相同，因此情感较浓，烦琐的规矩较少。但因我国讲究“长幼有序”，所以做弟弟的须对哥哥恭敬有礼，而做哥哥的要爱护弟弟，并为弟弟树立好榜样，教导弟弟。

在处理兄弟姐妹之间的关系时，最重要的就是要注意加强团结、彼此爱护、相互尊重、互相谦让、互相支持、互相帮助。哥哥姐姐要照顾、谦让弟弟妹妹，做好榜样，弟弟妹妹要关心哥哥姐姐。

（一）对待弟弟妹妹的礼仪

假如幼儿在家中是哥哥或姐姐，那就应教育幼儿时时以身作则，努力成为父母的得力助手，多干家务活。遇事要宽宏大量，不与弟弟、妹妹斤斤计较，更不要以为他们比自己小就随意指挥他们干活。当弟弟妹妹求教或请求帮忙时，应耐心帮助和解答，切忌不耐烦或不屑帮忙。弟弟妹妹有错时，不要在父母或他人面前斥责他们，以免伤害他们的自尊心，更不能经常在父母面前“告状”，引起他们的反感。万一与弟弟妹妹发生争吵，应当着弟弟妹妹的面，在父母面前做自我批评。兄弟姐妹要和睦，如有意见通过父母解决，不可相互争吵。

（二）对待哥哥、姐姐的礼仪

假如幼儿在家是弟弟或妹妹，就要教育幼儿尊重哥哥姐姐。不能有优越感，更不能骄蛮无理，做什么事都不把哥哥姐姐放在眼里，为所欲为，不为他人着想。与哥哥姐姐发生争执时，不要利用自己的得宠地位到父母亲面前去“告状”，以免加深兄弟姐妹间的隔阂。

称呼自己的哥哥姐姐、堂（表）兄堂（表）姐，不应直呼姓名或小名，也不能为其起外号。如果在场的堂（表）兄弟姐妹多，称呼某位时，可在称谓前加上他（她）的名字。

五、去朋友家做客的礼仪

（一）预约

教育幼儿去别人家做客，一定要提前电话预约，一来确保你不会扑空，二来也让对方有个准备的时间。每个人都希望给客人展示自己干净、整洁的一面，但大多数人做不到家里时时刻刻都很整洁，所以告诉人家拜访的时间，给人家留出收拾的时间，这也是一种得体的表现，最早不要早于5分钟到。

（二）守时

守时是一个人的基本素质，如果一个人连时间都不能遵守的话，还能遵守什么承诺？再者时间和金钱相比，时间应该比金钱更重要，因为时间代表生命。浪费别人的时间，就是在浪费别人的生命，这比浪费别人的金钱后果更严重。因此无论是开会还是赴约，有教养的人从不迟到，迟到对准时到场的人来说是不尊重。

（三）进门首先要和长辈打招呼

很多幼儿在去小朋友家给小朋友过生日时，往往家长一开门，他就直奔同学而去，完全没有看到站在一旁的小朋友的父母，这是很失礼的。幼儿去小朋友家，如果小朋友父母在，首先要向叔叔阿姨行礼问候，再和小朋友打招呼。

初次拜访人家一定要带礼物，空手去人家做客是不礼貌的。礼物不必贵重，能代表心意就好。送礼物时，最好对礼物进行一番说明，表明你挑选礼物时的用心。不可以把自己不喜欢的、用旧的东西送给人家。

（四）参观别人家里不要做负面评价

有的幼儿去别人家做客时，会发出各种惊叹："你家房子好小哦！我家是上下两层呢！""你家连钢琴都没有呀，我家有三角钢琴呢！""你家的浴缸这样呀？我家是特大的按摩浴缸。"虽说童言无忌，但这样的聊天多少会让主人甚至家长有些尴尬和不舒服。每家的经济条件和生活习惯不一样，不要让幼儿养成攀比的习惯，用一双发现美的眼睛去寻找别人家里独特的地方，这才是一个有教养孩子的表现。教育幼儿当主人带着参观时，要认真地看，用心欣赏，既不要眼睛一扫，草草一看，满脸的不屑，也不要对什么都充满好奇，东翻翻，西摸摸。在没有经过主人允许的情况下，不可以翻别人的抽屉、衣柜、书柜、橱柜，只有主人拿给自己看才可以看。

（五）要学会和小朋友家长交流

小朋友家长给幼儿递水、递东西时，幼儿一定要起身双手接过来。和叔叔阿姨聊天时，幼儿一定要目光看向大人，认真作答，而不是眼睛盯着手中的手机或游戏敷衍着。要学着答话，并主动问候大人，这样才可以把谈话友好地进行下去。既然幼儿是去小朋友家做客的，就要有做客的样子。做客是面对面交流的最好时机，即使幼儿是想和小朋友聚在一起游戏，也要做到起码的礼貌。

（六）学会和同伴交流

去小朋友家做客，要对主人表示一定的尊重。不要三五成群去别人家里做客，你们同去的小朋友聊得热火朝天，却把主人晾在一边，这是做客的大忌。爱说话的人要学会聆听别人说话，千万不要中途打断别人，自己总是插话。不爱说话的人也要努力地说上一两句，不要冷场。

（七）坐要有坐相

在别人家里坐沙发时，脚要放到地上。不要上来就脱鞋，盘腿窝在沙发里。坐椅子时椅子的四条腿一定要着地，如果椅子是可以旋转的，不要不停地转来转去，让人看着眼晕。

（八）牢记餐桌礼节

在伙伴家，吃饭时要牢记餐桌礼节，可以用饮料代酒敬叔叔阿姨感谢他们的热情招待。吃饭时不忘对叔叔阿姨的手艺加以夸奖，爱吃的菜可以多吃几口，但不能一个劲儿地夹，也要留给别人。叔叔阿姨给幼儿夹菜，幼儿要记得说“谢谢”。吃完饭后，主动帮助大人收拾碗筷，一般情况下，叔叔阿姨不会让你做，但你也要说一下。

（九）礼貌地告别

到人家做客不宜太久，两三个小时后就要起身告别，临走时要鞠躬感谢叔叔阿姨的盛情款待，回到家中要打电话给小朋友家告知自己已经安全到家，今天玩得很愉快，再次感谢叔叔阿姨。

六、邀请小朋友来家里做客礼仪

（一）邀请

邀请可分正式邀请和非正式邀请，正式邀请要写请柬并亲自送达，非正式邀请可以电话邀请或当面口头邀请。

（二）准备工作

首先帮助父母把家里收拾干净，给别人展示一个整洁的家，是对自己更是对客人的一种尊重。只有对非常非常熟悉的朋友或者很不在意的人，我们才会把一个乱七八糟的家展现给人家。如果有兴致，还可以买一些鲜花来装点居室。

准备客人所需的水果、饮料和用餐的食材。

（三）热情欢迎

听到敲门声，主动开门，招呼小朋友，并把小朋友一一介绍给自己的父母。如果小朋友有送礼物，要双手接过礼物，表示感谢，并对礼物做恰如其分的赞美。比如，这正是我特别想买的那本书，这正是我喜欢的款式。千万不能看了礼物后说，我都有了，我自己的那个比这个还好呢。这样会让送礼物的人非常尴尬，即使是自己不喜欢的礼物，或者已经有了的礼物，也要礼貌地表示感谢然后收下。

（四）介绍自己的家

如果小朋友第一次来家里做客，幼儿可以带小朋友参观一下家里，特别是自己的小房间。即使自己的家不是豪宅，或者很小，那也是爸爸妈妈和自己最温馨的家，完全不必因为家里的房子没有别人家大而感到自卑，记住家的幸福不取决于面积和装饰，而在于是否有家的氛围。用最饱满的热情来介绍自己的家，介绍挂在墙上的那些照片，介绍家庭的其他成员，会让客人很快爱上自己的家。

（五）招待客人

给小朋友递水要用双手，请小朋友吃水果，不要把整个苹果或橘子递过去，而应该事先削皮、切成块，装在盘子里端出来，然后用叉子插上水果递给小朋友。招待小朋友时一定注意关照到每一个小朋友，而不要顾此失彼，只和自己要好的小朋友说话，冷落了其他人。用餐时可以用公筷和公勺给小朋友夹菜，席间最好有交谈，不要闷头吃饭。不要因为小朋友来了就指使父母做这做那，父母是在帮助幼儿招待自己的小朋友，幼儿要随时向父母表示感谢，幼儿对父母的尊重也会换来同学对自己父母的尊重。用餐完毕要主动帮助父母收拾桌子，擦桌子的时候一定要往自己的方向抹。和小朋友聊天、玩游戏时，要照顾到每一个小朋友的兴趣、爱好和情绪，不要冷落在场的任何一个小朋友。

（六）送客

小朋友们要离开了，和父母一起把小朋友送到电梯口，说欢迎下次再来，扶好电梯门，看小朋友都进去了再挥手告别。

如果是父母的朋友来家中拜访，客人走时，同样要走出自己的房间和父母一起送客。

学练结合

1. 幼儿邀请朋友来家里做客时要注意哪些礼仪？
2. 幼儿去朋友家做客时又要注意哪些礼仪？

学习单元三　幼儿园礼仪

【知识学习】

一、幼儿园礼仪教育的目标

幼儿园礼仪教育的目标定位于促进幼儿良好的行为规范和个性和谐发展的基础上。幼儿在教师或成人的引导下，学习用一些礼仪要求来控制自己的行为，逐步形成习惯。由于每个年龄阶段幼儿的认知能力和心理发展各不相同，幼儿礼仪的形成和发展具有持续性的特点，幼儿礼仪教育可以有三个层次的要求。小班：初步了解一些礼仪知识；中班：学习一些礼仪知识；大班：逐步养成一些习惯。各年龄班幼儿礼仪教育具体目标如下：

（一）小班幼儿礼仪教育目标

①认识国旗，能分辨是不是国歌。

②每天上幼儿园时，在成人提醒下见到老师会问好，离开幼儿园时说“再见”。

③见到认识的人能够主动打招呼，如“老师”“阿姨”“叔叔”等。

④听老师和家长的话，在家长面前不撒娇，不缠人。

⑤有了好吃的先让父母，不吃独食。

⑥别人讲话时，自己不乱嚷嚷。

⑦在老师提醒下能遵守游戏规则，遵守幼儿园秩序。

⑧在老师提醒下不争抢玩具，不独占玩具。

⑨讲究个人卫生，每天洗脸、洗脚，早晚漱口、刷牙。

⑩在成人的帮助下做一些力所能及的自我服务性劳动。

⑪爱惜食品、玩具、图书等物品。

⑫爱护花草，在公共场所不掐花折枝。

⑬自己不单独外出，外出一定要有大人带领。

⑭不惧怕生人，敢在全班小朋友面前讲话。

（二）中班幼儿礼仪教育目标

①认识国旗，知道爱护国旗。

②会使用“您好”“谢谢”“再见”等礼貌用语。

③会礼貌地称呼人，见到熟人主动打招呼。

④听老师、家长的话，服从管教。

⑤有了好吃的先让父母，不吃独食，不挑食。

⑥别人对自己讲话时注意听，不乱插嘴。

⑦遵守纪律，不打扰别人做游戏，上课时不打闹。

⑧懂得和小朋友友好相处，在游戏中不争抢玩具，不独占玩具。

⑨讲究个人卫生，每天洗脸、洗脚，早晚漱口、刷牙，勤剪指甲、勤洗头。

⑩能做力所能及的自我服务性劳动，如独立穿、脱衣服，穿鞋，洗衣，洗脸，刷牙，梳头。

⑪爱惜食品、玩具、图书、衣物等物品，注意节约。

⑫学习做值日，在老师的指导下会擦桌子、收拾玩具和整理书本。

⑬爱护公物，不践踏草坪，不掐花，不在墙上乱画。

⑭自己不外出，不在马路上乱跑，过马路要有大人带领。

⑮在集体面前能大胆地表演歌舞，不认生、不胆小，不忸怩。

（三）大班幼儿礼仪教育目标

①认识国旗、国徽，知道尊敬国旗、国徽，升国旗、奏国歌时要肃立。

②会使用“您好”“谢谢”“再见”“对不起”“没关系”等礼貌用语。

③能礼貌地称呼自己所接近的人。

④听老师、家长的话，关心老师和家长。在家长面前不撒娇、不任性。

⑤有了好吃的先让父母，不吃独食、不偏食。

⑥别人说话时不乱插嘴，不随便打断别人说话。当别人问自己问题时，要有礼貌地回答。

⑦遵守纪律，上课时不打闹，不随便说话。

⑧玩玩具时能谦让，能主动把玩具让给别的小朋友玩。

⑨不欺负小同学，不讥笑别人的缺陷。不给别人起外号。

⑩自己的事情力争自己干，会穿、脱衣服，会整理自己的被褥，会洗袜子、手绢。

⑪讲究个人卫生，保持环境卫生，不随地扔果皮、纸屑，不往地上吐痰、吐唾沫。

⑫爱护公共财物，爱护桌椅、花草树木。

⑬爱惜粮食、书本、玩具、衣物，不浪费水电、肥皂等。

⑭认真做值日，不偷懒。

⑮自己的东西摆放有秩序，办事有始有终。

⑯遵守交通规则，不在马路上追跑打闹。

⑰能勇敢地在大人面前讲话，能在全班面前发言、表演节目。

二、幼儿园礼仪教育内容

（一）入园离园礼仪

1. 入园礼仪

幼儿每天入园时，衣着整洁，愉快入园，能主动有礼貌地和老师、小朋友见面打招呼，有礼貌地和家长告别。

2. 离园礼仪

幼儿每天晚上放学离园时，要主动与幼儿教师告别，说："老师再见！"这样，既展现文明礼貌，又能让老师知晓自己是爸爸妈妈接回家，是安全离园的，可以放心。

（二）盥洗礼仪

习惯养得好，终身受其福。要实现幼儿园盥洗环节的趣味性，让幼儿从小建立良好的生活习惯，教师必须首先明确幼儿园盥洗环节的内容有哪些、各个环节中幼儿应达到的目标是什么，这样才能在盥洗活动中给予有效的帮助和指导。

幼儿在园的盥洗活动主要包括洗手、漱口、洗脸、梳头四个环节，在幼儿一日生活中各盥洗环节所占的时间各不相同。洗手是进行最频繁的一项活动，如幼儿饭前饭后、便前便后、活动前后等都需要将手清洗干净；漱口活动在幼儿每餐点后进行，一般每天要进行四次左右；洗脸和梳头活动一般在幼儿每天午睡起床后进行。

1. 洗手环节

①学习用六步洗手法（湿、搓、冲、捧、甩、擦）洗干净双手。

②洗手时不湿衣袖、不玩水、节约用水。

③知道洗手的好处，饭前、便后、手脏时能及时洗手。

④养成认真有序洗手的良好习惯。

2. 漱口环节

①知道漱口能清洁口腔，喜欢漱口。

②会用鼓漱的方法漱口。

③餐后能坚持用正确的方法漱口。

3. 洗脸环节

①学习用正确的方法洗脸。

②洗脸时不湿衣袖、衣襟，不玩水。

③知道起床后、脸脏时要及时洗脸。

4. 梳头环节

①学习梳头发的基本方法。

②梳头结束后，学习清洁梳子和地面。

③知道梳理头发前后要洗净双手。

④知道起床后、头发凌乱时要及时梳头。

（三）教学活动礼仪

①在老师的指导启发下，养成动脑、动手的习惯，能够认真、专心地做好每一件事情。

②在活动过程中，积极思考，踊跃举手发言或提问，学会倾听。

③学会分享，与小朋友友好相处，互相照顾，学会合作；活动中，遵守活动秩序，不干扰别人。

（四）户外活动礼仪

①能够自觉地排队，不推挤、有秩序地上下楼，自然地进入活动场地。

②活动中听从指挥，精神饱满、情绪愉快，注意力集中；有事需先出列，遵守游戏规则，在规定范围内活动，集合解散听口令。

③爱护玩具和器械，活动结束后，会收拾、整理玩具和器械，将其整齐地放回原处。

（五）进餐礼仪

①用餐前主动洗手，不拥挤，不玩水，掌握洗手的正确顺序和方法。

②愉快、安静地进餐，能正确使用餐具，细嚼慢咽，不东张西望，不挑食，不用手抓食物；保持桌面、地面和衣服的干净。骨头、残渣放在渣盘里，不剩饭菜。

③饭后能用干净的餐巾擦嘴、擦手。

④用自己的口杯喝水，喝水时不说话，不边走边喝，不将水洒在桌面、地面及衣服上。

（六）午睡礼仪

①餐后散步，保持安静情绪，不高声讲话或嬉笑喧闹，轻轻进入寝室。

②先脱鞋袜、裤子，最后脱上衣，折叠整齐放在固定地方，鞋子整齐地放在床头下。

③不带小玩物上床，迅速盖好被（毯），不要蒙着头，闭上眼睛，安静入睡。

④早醒幼儿应安静躺在床上，不发出声音，不影响其他小朋友。

学练结合

1. 各年龄班幼儿礼仪教育具体目标什么？
2. 幼儿园礼仪教育有哪些内容？

学习单元四 幼儿公共场所礼仪

【知识学习】

一、乘坐地铁、公交车、出租车的礼仪

（一）乘坐地铁

幼儿上地铁前要排队，地铁门开了，要先下后上，不能为了抢座，乘客还没有下车就一窝蜂地涌上前。如果拥挤碰到别人，要礼貌地说声“对不起”。乘坐地铁尽量不要吃东西，地铁车厢是密封的，食物的味道难以散发出去。有人释放“有毒气体”时，不要大声说“谁放屁了”，或者嫌恶地捂鼻子或用手扇，要装作若无其事，不要让别人难堪。

（二）乘坐公交车

等车要在站台或指定的地方等候，不要站在车道上候车。遵守候车秩序不仅方便而且安全。上车前把公交卡准备好，上车时按顺序上车，快速刷卡，不要上车了你再找卡，这样会耽误后面乘客的时间。不要把头、手、胳膊伸出窗外，这样会有生命危险。无论发生什么情况，都不可以去骚扰驾驶员开车，更不可以去抢夺方向盘。

（三）乘坐出租车

带孩子一起坐出租车时，告诉孩子不要把脚蹬在椅背上，这样会把车上白色的座套弄脏，给司机叔叔带来麻烦。不要在出租车里吃东西，更不要把垃圾扔得到处都是。

二、参观博物馆、美术馆的礼仪

幼儿一定要保持安静、不可大声喧哗、议论。与作品保持距离，不触碰作品。未经允许不要拍照、录像，尊重知识产权。不要让孩子在馆内四处追跑，要按照指示牌顺序参观。不吃东西、不喝水。服装得体，不可穿拖鞋、背心、短裤入内。

三、去书店、图书馆的礼仪

幼儿一定要保持安静，绝不可以大声喧哗。走路要放轻脚步，不要跑来跑去，影响正在看书的人。书看完要放回原处，不要随手乱放。不可以穿拖鞋、背心进入。不可以在里面吃东西。

四、探望病人的礼仪

事先征得病人的同意。不是所有的病人都可以探视，有些人得了传染病不可以探视，或者生小孩在月子里不方便探视，还有些人因为在生病期间一脸病容，不愿意见人，也不能强求探示。虽然看望病人是我们的一番好心，但也要尊重病人自己的意愿，在征得同意的情况下再去探视。

遵守探视时间。去医院探望病人，一定要遵守探视时间，病人在生病期间身体虚弱，没有精力和体力招呼客人，所以一般探视时间控制在5~20分钟为宜。

举手投足要轻声。为了避免惊扰到其他病人，探视时说话声音要小，动作要轻手轻脚。

赠送礼物要恰当。探望病人可以送水果篮、营养品，但一定要根据病人的喜好和身体状况来定，对于患肠胃病的人不宜送太多吃的，对于糖尿病患者不宜送太甜的食物。鲜花可以给病人带来好心情，但是有一些病人会对花粉过敏，并且病房里也不宜放置太多的鲜花。

五、遛狗的礼仪

无论大狗还是小狗，带狗出门都要拴上链子，既是对狗狗的保护也是对路人的保护。遛狗要在规定时间，巨型犬出门要带上笼口，最好在晚上10点以后遛。你喜欢狗狗的同时也要知道还有不喜欢狗狗和怕狗狗的人，所以尽量不要让狗狗影响别人。不要让你的狗狗随地大小便，出门带上废报纸和工具，这样可以随时处理狗狗的粪便。在禁止宠物进入的区域如商场、影院、餐厅，不要将狗狗带入。

六、公共洗手间的礼仪

公共洗手间人多要排队，但不是门对门地排，而是整体排成一排，出来一个，进去一个，这样既快又有秩序。在洗手间里洗完手，如果发现没有手纸，一定在水池边把手甩干再离去，这样既保持了地面的整洁，又不容易让别人滑倒。

七、观看体育比赛的礼仪

在体育馆或体育场观看体育比赛，要遵守公共道德，自觉维护秩序。

（一）进场退场中

观看体育比赛，应该准时入场，以免入座时打扰别人。入场后，应该对号入座。不要因为自己的座位不好，而占别人的座位。如果赛后你还有其他约会，想快点退场，你就应该在终场前几分钟悄悄走，不要等散场时在人群中乱穿乱挤。散场的时候，要跟着人流一步步地走向门口。挤、推的话，可能谁也出不去，甚至还会出现危险。万一被推挤的观众围困，要记住“向最近便的出口缓行”和“顺着人流前进，切勿乱钻”。

（二）比赛中

观看体育比赛时，要注意自己的言行举止。幼儿的言行举止不仅是个人涵养的问题，也关系到社会风气。精彩的体育比赛振奋人心，欢呼和呐喊是很自然的事情，可以为自己所喜欢的一方叫好，但不应该辱骂另一方。在体育比赛的现场集体暴粗口是不可容忍的错误行为。如果是精彩的场面，不管是主队的还是客队的，都应该鼓掌加油，表现出公道和友好。

在比赛中起哄、乱叫、向场内扔东西、鼓倒掌、喝倒彩的行为，是违背体育精神的，更是没有教养的表现。在比赛的紧要关头，尽量不要因一时激动而从座位上跳起来，挡住后面的观众。要知道，越是关键的时刻，大家的心情越是一样的。

如果喜欢吃零食的话，记得不要把果皮纸屑随地乱扔。能产生较大噪声的零食最好别吃，因为大的噪声会影响身边其他观众的情绪。

看比赛的时候，年龄太小的孩子不适合带到现场。小孩往往只有三分钟热度，很快就会对比赛没兴趣，继而来回跑甚至哭闹。这样的话，会影响周围的观众。

观看体育比赛时的穿着，可以随气候、场所和个人爱好而定，但也要注意公共场所礼节。即便再热，不能只穿一件小背心，更不能光着膀子观看比赛，这样太不雅观。

在比赛中如果觉得裁判有问题，要按照程序向有关人员提出。谩骂、起哄甚至围攻裁判都是不应该的。

拓展延伸

观看几种有特殊礼仪要求的比赛

（一）花样滑冰

想在比赛中拍照的话，必须关掉闪光灯。在花样滑冰比赛中，运动员经常会做一些高难度的动作，比如双人滑中的抛接等动作。如果选手正在做这些高难度动作的时候被看台上的闪光灯晃了眼，就很有可能发生危险。

抛掷毛绒玩具等礼物和鲜花是花滑运动的一个惯例与习俗，但礼物和鲜花一定要用透明的包装纸包装严密。如果花瓣和细小的毛绒散落在冰面上，没有得到及时的清理，选手的冰刀滑到上面就非常容易出危险。毛绒玩具往往是礼物的首选。鼓掌和喝彩要选择合适的时机。当选手摆好开场姿势准备开始表演时，观众应该安静下来，以便选手进入比赛状态，当选手完成了高难度的动作之后观众可以给予掌声和喝彩。滑冰选手得到的最高荣誉是，在节目结束后全场观众起立鼓掌。

（二）网球比赛

网球赛场要求安静的观看秩序。进入网球赛场后，首先要关闭手机或者将铃声调成震动，比赛过程中不大声喧哗，照相机不要使用闪光灯。

即使选手的比赛打得再精彩，观众也不能在任何时间随意鼓掌喝彩，一定要等一个球死球之后再鼓掌或者喝彩。鼓掌的时间也要适可而止。选手在准备发球的时候，现场要保持安静，如果现场迟迟不能安静下来，选手就不会发球或者向裁判提出抗议。在网球的比赛过程中，观众是不可以任意走动的，如去洗手间或者买水等，最好在选手进行90秒休息的时候走动，在一个球成为死球的时候再回到座位上。

如果选手把球打到观众席上，观众应该将球退回去。否则，如果没到换球时间的话，比赛会因此而中断，直到观众退回球或是等到换球时间。

（三）高尔夫球赛

高尔夫运动被称为贵族运动，不仅参赛的选手要穿专业的服装，在现场观看的观众也有一定的服装限制。在国外的高水平高尔夫比赛中有一个不成文的规定，就是进入高尔夫球场不能穿牛仔裤。另外，为了保护草坪，严禁观众穿着高跟鞋进入球场。

观看高尔夫比赛时不能进入选手比赛的球道，一般比赛组织方会将观众区与比赛区分开，如果没有区分的明显标志，观众也不要走到球道上。有些对高尔夫运动一知半解的观众在进场地观看比赛的时候，经常会做一些影响选手比赛的行为，比如在选手推杆的时候发出声响或者鼓掌。

高尔夫是一项相对比较“静”的运动，在选手准备推杆和推杆的过程中要绝对保持安静。所以，观众除了要把手机关掉或者将铃声调成振动外，也不能随意鼓掌喝彩。为了保持安静，比赛要求观众的相机除了不能使用闪光灯之外，快门也不能有声音。

任何情况下都严禁触摸、移动球员的高尔夫球。

（四）击剑比赛

击剑是一种绅士、贵族运动。在观看击剑比赛时，观众要保持安静。在击剑比赛过程中，运动员会根据对方的特点选择出剑、进攻的方式，这时观众不应发出助威声，以便运动员更好地思考和出招。

裁判员发出比赛或叫停的令时，观众应保持安静，裁判员判罚之后，观众可为双方运动员鼓掌加油。击剑场内不得使用闪光灯拍照，不得接打手机。

（五）马术比赛

在有一定经济基础的前提下，欧洲人会让孩子拥有一匹马，这并不是为了彰显身份和地位，而是让孩子在与爱马的相处过程中，履行自己对马的关爱、责任和对自然的尊重。这种人与马的和谐关系正是马术运动的核心所在。

在马术赛场上，非常强调自我成绩的提升。同时如何面对失败，也是马术运动参赛选手需要学习的。赛场上有一句流行语叫“good winner，good looser”，赢得起也要输得起。这样的理念渗透在欧洲人对孩子成长的教育中。

在所有马类项目比赛中，骑手都必须着盛装参赛。马术中，骑手必须戴高帽子和穿燕尾服。男选手必须穿白马裤，而女选手穿白或浅黄褐色的马裤，同时着黑靴子。在国外，一般的马术比赛都是在沙龙和俱乐部举行，比赛结束后，还将举行派对、鸡尾酒会等活动，因此，很多国外的马术迷都会穿着正装观看比赛，有的女士甚至会穿上晚礼服。

学练结合

1. 公共场所礼仪都有哪些内容？
2. 乘车时应注意哪些礼仪？

学习单元五　教育之路

【知识学习】

一、幼儿礼仪教育的途径

（一）在日常生活中渗透礼仪教育

幼儿只有在社会生活中才能积累社会经验，学习怎样做人、怎样生活。这就要求教师把礼仪教育灵活地渗透到幼儿日常生活的各个方面，随机进行。

幼儿在园的日常生活活动主要包括入园、进餐、盥洗、午睡、离园等环节。日常生活的各个环节为礼仪教育提供了很多契机，教师要在日常生活的各个环节中，为幼儿提供各种各样的情境，制定各项行为规则。同时对每个环节的行为提出具体的要求，把礼仪内容细化到各环节中。例如，入园时要求幼儿仪表整洁，进园主动与老师、同伴打招呼，与父母说“再见”等。进餐做到文明用餐，保持桌面干净，爱惜粮食，吃完自己的一份饭菜，餐后自觉收拾餐具，饭后养成漱口和擦嘴的好习惯。

总之，教师只有将礼仪教育渗透于幼儿的日常生活之中，随人、随事、随时、随地、随境地进行随机的礼仪教育，才能取得良好效果。

（二）在游戏活动中融入礼仪教育

游戏是幼儿的主导活动。游戏是孩子们最喜欢的活动，通过游戏孩子们不但巩固了礼仪教育，并理解其行为背后的意义。

《幼儿园工作规程》明确指出：幼儿园“以游戏为基本活动，寓教育于各种活动之中”。这不仅突出了游戏在幼儿教育中的地位，同时将其专门作为幼儿园教育的一条指导原则，指出：“游戏是对幼儿进行全面发展教育的重要形式。”实践告诉我们，游戏是幼儿的主导活动，在游戏中，不仅需要幼儿克服困难，还需要与他人合作共享成功的乐趣，这时向幼儿进行礼仪行为养成教育，能获得最佳效果。幼儿通过游戏认识社会、熟悉社会、适应社会，在游戏中能培养孩子应有的道德品质，如礼貌、独立、友善，等等。游戏本身具有一定的规则性，孩子们在游戏中扮演各种社会角色，学习各种社会规范，用不同的方式、语气与周围的人交往。这时，教师可根据幼儿礼仪行为品质形成的发展特点，充分调动幼儿游戏的主动性、积极性、创造性，培养幼儿对待周围人和事的正确态度，发展其观察、语言、想象等社会交往能力，从而促进幼儿良好的道德情感和行为习惯的形成。因此，礼仪养成教育可通过游戏活动具体生动地体现出来，对幼儿会产生入脑入心的效果。把礼仪培养与游戏相结合可以提高礼仪教育的效果。幼儿的思维是形象直观的，通过多种生动有趣的活动，激发幼儿对礼仪认知的情感认同，利用游戏、情景练习等激发幼儿学习的兴趣，让幼儿在与生活实践相结合的过程中，达到习惯养成的目标。因为礼仪习惯的养成需要一个从生疏到熟练，再由熟练到运用自如的过程，所以，要为幼儿提供各种实践的机会，让礼仪与幼儿的生活密切联系起来，及时抓住机会，适时地启发、诱导，培养幼儿的礼仪行为。通过反复地演练，让幼儿获得情感的体验，促进价值内化，形成良好的礼仪习惯，提高幼儿的礼仪水平。

（三）在教学活动中贯穿礼仪教育

幼儿教育课程是对幼儿实施的有目的、有计划的教学活动，将幼儿礼仪教育纳入幼儿教育课程中，旨在将幼儿礼仪教育作为一种有目的、有计划地实施幼儿素质启蒙教育的手段。所以，在教育过程中，应将礼仪教育渗透在各学科中，使幼儿时时刻刻受到良好行为习惯的熏陶，促进幼儿全面、和谐、平衡的发展。例如，在语言活动中，可以讲礼仪故事，背礼仪歌谣；在社会活动中，可以模拟生活情境，进行礼仪情景表演；在美术活动中，幼儿在操作的过程中不免要向其他幼儿借东西用，比如剪刀、胶水等。教师可以要求幼儿在借东西的时候要讲礼貌，要和别人说“请”“谢谢”；不小心把别人的作品弄坏了要说“对不起”。这样一来，幼儿不但在操作活动中得到了锻炼，还懂得了一些礼仪方面的知识，可以说是两全其美。

总之，在幼儿园的教学活动中，教师应加强探索和研究，找准教育契机，并组织相关的主题活动，将礼仪教育渗透到学科教学中，促进幼儿全面和谐的发展。

（四）幼儿园与家庭紧密配合进行礼仪教育

对幼儿进行文明礼仪教育，必须要家园合力，密切配合。

家庭教育是幼儿园教育的基础，二者相辅相成，缺一不可，发挥着各自的不可替代的作用。幼儿园和家庭应该携起手来，内外结合，共同参与到孩子的文明礼仪教育中来。

父母是孩子的首任教师，也是孩子模仿的榜样，从孩子身上，我们总能找到父母的影子。孩子基本素质的形成和家长的培养、教育是密不可分的。在对幼儿进行礼仪教育时，如果在家庭没有以同样的礼仪规范来要求幼儿，那二者之间就会出现教育断层。而这样的断层，会大大影响幼儿园的教育，有可能使幼儿行为出现反复现象。另外，幼儿在家庭中的时间要多于在幼儿园的时间，由于父母与幼儿的亲情关系的影响，他们往往对来自家庭中的教育因素的影响接受得更快一些，更多一些。所以要培养幼儿的礼仪，必须要有家庭教育的配合，使礼仪教育连贯起来，才能达到预期的教育目的。因此教师应该与家长保持经常性的联系，了解幼儿在家庭中的活动与表现，掌握幼儿在家庭中变化的情况，以便采取有效的教育措施。同时教师还应向家长介绍幼儿在园内的学习情况和表现，宣传幼儿园的教育主张和对幼儿礼仪教育的要求，促使家长能够按照幼儿园的教育要求在家庭中对幼儿进行礼仪教育，才能使幼儿的礼仪水平得到提升。

（五）加强社区幼儿礼仪实践活动

幼儿的发展来源于实践活动，幼儿的思想品德、礼仪习惯是在实践中逐渐形成的。社区是实践第一大环境，我们可以为幼儿创设实践的机会与条件，充分发挥幼儿的主动性，如上超市购物、亲子春游等，让幼儿走向社会进行礼仪实践锻炼，让幼儿的礼仪行为影响家长，辐射社会，从而营造文明礼仪大环境。

二、幼儿礼仪教育的方法

（一）行为训练法

礼仪教育是文明行为的训练和良好习惯的养成。在教育过程中，必须经常坚持行为训练，并给予幼儿具体的指导与必要督促，因势利导，持之以恒，帮助幼儿将行为内化成习惯。

礼仪教育不是单纯的知识教育，它具有十分鲜明的操作性和实践性。只有经过实际的行为训练，礼仪教育才能收到较好的成效。幼儿良好礼仪行为的培养，是由“行”到“情”，再由“情”到“知”的转化，然后将知、情、行合而为一的过程，所以，必须为幼儿提供实践活动的机会，让幼儿在实践中体会礼仪行为的意义，内化礼仪品质，学会做人，学会生活。因此，可以布置适当的任务让幼儿去做，或者创设一定的情境让幼儿练习，使他们在实践中体会乐趣，加深印象，学会礼仪。

（二）榜样示范法

榜样对于孩子来说具有极大的感召力。作为教师和家长，首先要以自身的形象风度、语言、行为为孩子做榜样。另外，还可以结合古今中外文明礼仪方面的典范人物、典型事例对幼儿进行礼仪教育，帮助幼儿在心中树立起礼仪方面的优秀榜样，使幼儿经常受到熏染，慢慢内化为习惯。

幼儿的思维是直观、具体形象的。模仿是幼儿最初和最基本的学习行为方式。生动的榜样、活动的范例，比语言的说教更容易使幼儿信服，能产生最直接、最具体的影响，并留下深刻的印象。正因为如此，幼儿生活环境中的成人都应当具有自觉的文明礼仪行为，在点滴的生活小事上为孩子做出榜样，潜移默化地影响和感染幼儿。

教师对幼儿心理发展和品德形成的影响是非常大的。教师是幼儿的镜子，幼儿是教师的影子。幼儿对教师的高度崇拜心理，使他们对教师的各种行为表现都能认真地模仿和学习，因此，教师一定要注意自己的示范性影响。孔子云：“其身正，不令而行；其身不正，虽令不从。”可见身教重于言教。教师的一言一行，一举一动，都会潜移默化地影响和感染孩子。教师应时刻注意自己的言行举动，做到举止端庄、仪表大方、语言文明，以带给幼儿潜移默化的影响。

家庭是幼儿主要的生活环境，父母是幼儿接触最多的人，所以家长的礼仪行为在幼儿礼仪行为养成教育中起着最直接和最重要的作用，我国古人就提倡“教子以德”。许多教育家与名人更是强调家庭中重视礼仪教育。幼儿的模仿性强，他们是在模仿中学习做人的。父母是孩子在生活中模仿的主要对象，如果父母平时文明礼貌，敬老爱幼，关心帮助有困难的人，这种善良的情感和行为会深深地影响孩子。有的家长会让孩子尊重别人，但自己的行为表现出对长辈不尊敬或是对他人很苛刻，当孩子看到你的行为不文明，这时再讲道理也全部都抵消了。当然，道理还是要讲。什么能做什么不能做，要告诉孩子。比如去别人家作客前，有些事情和孩子要有所约定，像是穿戴整齐，敲门问好，主人不允许的不要做，不要打断长辈的交流等，不要让孩子觉得可以无法无天。为此，家长应以身作则，为孩子树立礼仪典范。

（三）情景感染法

情景感染法就是教师在礼仪教育过程中，积极创设情境，烘托一种陶冶情感的气氛，把孩子引入喜、怒、哀、乐的情境之中，使其为情境所感动，产生情感共鸣。

为幼儿创设主题情境，让幼儿通过情境演练，获得并强化第一情感体验，这是对礼仪教育内容的复习、运用和巩固，是对幼儿的综合考察，有助于促进内化，最终形成良好的礼仪习惯；如可以开展“娃娃家”“小医院”“小超市”等情境表演，让幼儿在所创设的情境中进行实际演练，体会礼仪教育过程中强调的礼貌用语、人际交往等方面的要求，最终形成稳定的礼仪习惯。我们可以在班上播放电视中的公益广告片段（如让座、尊老爱幼等），让孩子们围绕不同主题进行讨论和展开情境表演，通过回答教师预设的问题来使他们从情感上、从行动中懂得礼仪行为的意义。

（四）启发引导法

在礼仪教育过程中，教师适时适度地引导点拨，让幼儿清楚为什么要这样做，哪些是好的礼仪行为，帮助幼儿克服行为上的盲目性和形式上的机械模仿。

幼儿年龄小，思维水平较低，理解能力较差。面对这样的教育群体，幼儿教师在礼仪教育的过程中，就需要采用启发引导的方法，对幼儿进行点拨，唤醒幼儿对礼仪教育的主动性，同时防止幼儿的盲目行为。

某幼儿园的一位教师想训练孩子使用文明礼貌用语，于是对孩子说“咱们都要用‘您好’‘谢谢’‘再见’‘对不起’等文明用语，谁使用了这些文明用语，就给谁贴一朵小红花”。教师既没给孩子讲为什么要这样做，也没给孩子讲什么场合要这么做，孩子为了得小红花，就总是围在老师跟前叫“老师好！”弄得老师都不耐烦了，说“叫什么，叫什么！”由于教育方法比较简单，孩子就会闹出笑话，甚至出现为了个人受表扬去说文明话的情况。有一个孩子每天都说“您好”“谢谢”“再见”，得了不少小红花。有一天，他发现自己没说过“对不起”，心想，我得用“对不起”挣一朵小红花，可是到哪儿找说“对不起”的机会呢？他想了一下，在操场找到一个小朋友，突然地向小朋友跑过去，猛地把小朋友撞了一个跟头，然后把小朋友扶起来说："对不起，对不起。"回到教室后他得意地向老师汇报："我说了'对不起'了。"教师说："好，给你贴一朵小红花。"下课后他又看准一个小同学，跑过去把人家撞个跟头，又连声说"对不起，对不起"……这种只知说文明用语，不知为何说文明用语的教育，显然是一种失败的教育。所以，在礼仪教育过程中，教师适时适度地启发、引导、点拨幼儿，是十分必要的。

（五）环境熏陶法

所谓环境熏陶法是指教师、家长创设和利用良好的礼仪环境来教育幼儿的方法。这是一种以隐性教育为主的间接教育法。环境熏陶法具有潜移默化的作用，有极强的渗透力，能够塑造孩子的人格。

要想孩子养成文明行为，最重要的是环境。良好的环境是一种强大的精神氛围，它具有极强的能量和深刻的内涵，对培养幼儿的礼仪行为十分有利。幼儿所处的环境应该是有秩序的、整洁的、和谐欢乐的，生活制度有规律，人与人之间文明礼貌，团结友爱，这样的环境是培养幼儿良好礼仪习惯的重要条件。这里所说的环境主要包括幼儿园、家庭和社会的精神环境以及物质环境。

可以把有关礼仪教育的主题活动的图片张贴在教室主墙上，提醒幼儿一言一行要符合礼仪规范；在教室的图书角放置礼仪方面的书籍，使幼儿在欣赏故事的同时，进行故事表演，受到模范人物典范的感染；等等。另外，还可以美化物质环境，让幼儿生活在整洁、优美的环境中，感受到环境的美，用美的环境引导幼儿注意环境的整洁卫生，爱护花草树木，使幼儿在环境中自觉遵守秩序，学习礼仪之道。还可以在幼儿园中创设讲礼仪的氛围，让幼儿在进礼仪的氛围中，学会礼仪规范。每天早上幼儿来园时，从幼儿园的大门到大厅一直到教室，有值周老师、保健医生、班级教师，用热情的微笑、真诚的问候，一路迎接所有小朋友的到来，一声声亲切的问候，一个个爱护的动作，感染着家长，影响着孩子。每天幼儿来园、离园期间，整个幼儿园洋溢着温馨，问候声、道别声传播着礼仪的气息，在潜移默化中使幼儿初步形成了文明礼貌的良好行为习惯。

充满温情的家庭氛围对培养孩子的爱心起着潜移默化的作用。家庭成员之间要互相关心，特别是夫妻之间、晚辈与长辈之间要相互体贴，日积月累，孩子在良好的人文环境影响下，自然就形成了良好的礼仪习惯。如果父母间经常争吵、谩骂甚至打闹，孩子时常处于恐惧、忧郁、仇视的环境里，又怎能要求他去关心别人呢？

（六）及时称赞法

当儿童出现文明行为时，家长一定要及时、具体地表扬，不能只是说说"你真是个好孩子！你真是个能干的孩子！"而是要说些具体的优点，如"今天过马路你表现非常好，能够学会看红绿灯，耐心等待"。

但注意不要过度，不要太张扬，有时候甚至是摸他一下，点个头，孩子就觉得，爸妈说我这个行为是对的，于是这个行为就会重复出现。

当儿童发生不文明行为时，家长一定要注意态度坚决。比如在火车上打搅别人，有些家长会说，孩子还小，算了，并希望旁人原谅孩子，其实这不对。如果在公共场合，孩子有这样的不文明行为，家长应该坚决立刻制止，并把他带离这个场景，而不能认为大人应该原谅小孩，因为孩子也是要守规矩的。

（七）默契合作法

幼儿园和家庭要有一致的要求，幼儿园提的要求家长一定要配合。此外，家庭成员之间要有默契，祖辈或是夫妻之间做到要求一致，不能一个抓得很紧，一个可以无所谓，不然孩子就会很难辨别到底应该遵循谁的要求。

总之，对幼儿进行礼仪教育可以采用多种方法，通过多种渠道。只要我们针对幼儿的心理让他们乐中有学，玩中有学，在多种有趣的活动中挖掘素材，循循善诱地加以引导，使他们在学习中受启发，明道理，在实践中见行动，就能使他们学会以礼待人、文明礼貌。

学练结合

1. 你认为对幼儿进行礼仪教育的有效途径有哪些？
2. 如果你是一名幼儿教师，你打算采用什么方法对幼儿进行礼仪教育？

实践训练项目

1. 拟订一份幼儿礼仪教育的活动方案。
2. 如何将礼仪教育贯穿于幼儿的一日生活中？

综合测评

幼儿教师教育活动礼仪学习评价表

评价内容	评价标准	自评	组评	师评	综合
教育活动环节幼儿教师形象礼仪、语言等	明确教育活动环节教师的任务				
	明确教育活动环节教师的具体礼仪规范				
	形象礼仪符合幼儿教师职业礼仪规范				
	语言礼仪符合幼儿教师职业礼仪规范				
教育活动环节幼儿礼仪行为的培养情况	明确教育活动环节幼儿的具体礼仪规范				
	能根据不同的模拟情境采取科学有效的礼仪培养方法				
	教师礼仪行为示范正确